Z 59857

Paris
1840

Schiller, Frederich von

Mélanges philosophiques, esthétiques et litteraires

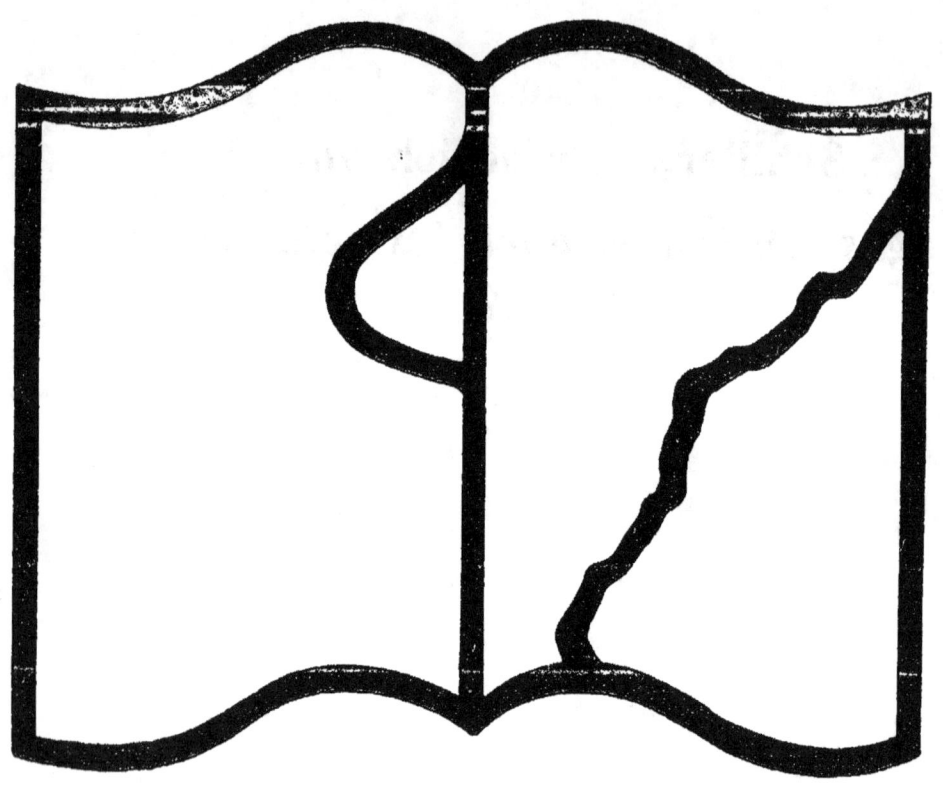

Symbole applicable
pour tout, ou partie
des documents microfilmés

Texte détérioré — reliure défectueuse

NF Z 43-120-11

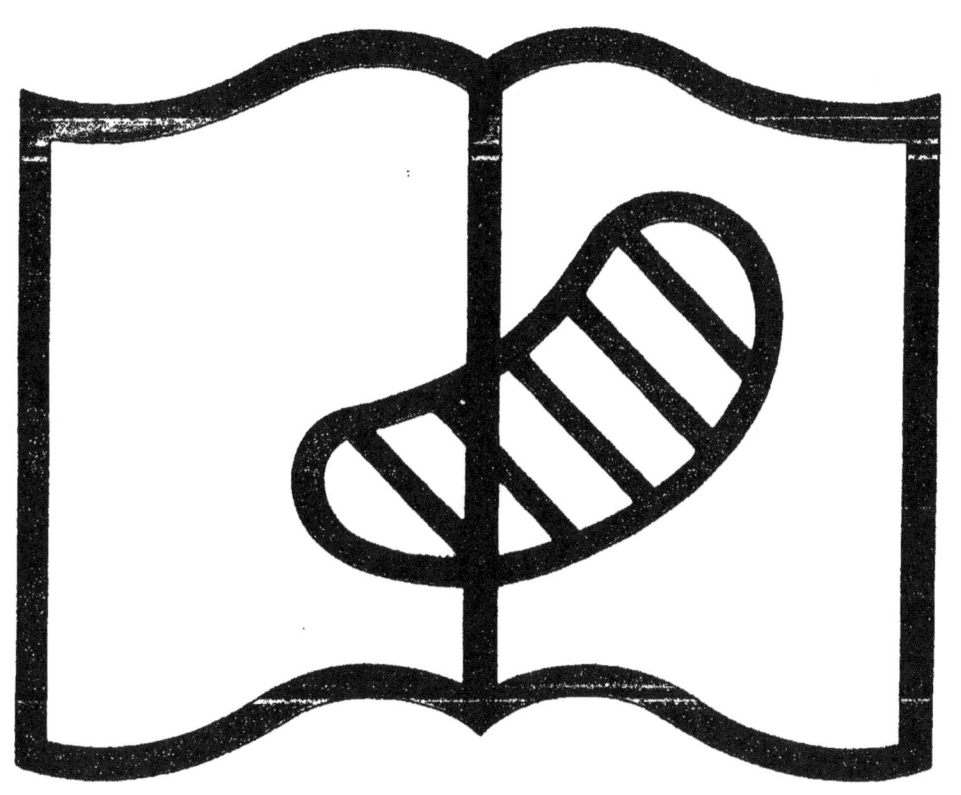

Symbole applicable
pour tout, ou partie
des documents microfilmés

Original illisible

NF Z 43-120-10

MÉLANGES

PHILOSOPHIQUES, ESTHÉTIQUES ET LITTÉRAIRES

de F. SCHILLER.

MÉLANGES

PHILOSOPHIQUES, ESTHÉTIQUES ET LITTÉRAIRES

de F. SCHILLER,

TRADUITS POUR LA PREMIÈRE FOIS,

Par F. WEGE.

PARIS.
Librairie classique de HACHETTE,
Rue Pierre-Sarrazin, 12.

M. DCCC. XL.

Charleville. — Imprimerie de L. GARET.

AVANT-PROPOS.

Les traités qui composent ce volume sont tirés des quatre volumes que Schiller a publiés sous le titre de *petits écrits en prose*. J'ai commencé cette traduction dans les premières années de la

Restauration, lorsque la littérature allemande, et surtout Schiller, commençait à prendre faveur parmi nous. Je m'étonnais qu'après le *théâtre* et *l'histoire*, on ne traduisît pas ces quatre volumes, où le grand homme a déposé les principes de philosophie et d'esthétique qui ont constamment été, et qui sont encore aujourd'hui la règle de tout esprit qui veut s'exercer dans les arts d'imagination et surtout dans l'art si difficile de la critique.

Comme je ne voyais personne entreprendre cette tâche, persuadé que j'étais de l'utilité d'un pareil ouvrage, je résolus d'essayer moi-même une traduction qui exigeait non-seulement une connaissance approfondie de la langue allemande, mais encore une étude longue et réfléchie des doctrines professées par Schiller, doctrines toutes nouvelles à beaucoup d'égards, car le mot d'*esthétique* commençait à peine à être compris en France. Je mis donc la main à l'œuvre, et, depuis lors, ce travail a été l'objet constant de mes pensées et de ma prédilection.

Mon manuscrit a été mis sous les yeux d'un

de nos plus profonds penseurs, qui a eu la bonté de m'en dire du bien et de m'encourager à le publier.

Toutefois comme je me défiais encore de mes forces, et que je craignais, malgré tous mes soins et toute mon attention, que quelques germanismes se fussent glissés dans ma traduction à la faveur des idées de l'original et de ma langue maternelle, je la confiai à M. Hubert, professeur de philosophie à Charleville, qui l'a relue et discutée avec moi tout entière. Je pense que le bon goût qui distingue tout ce qu'a écrit jusqu'à présent ce jeune professeur, m'a été fort utile, et justifiera la confiance que j'ai eue, de livrer ma traduction au public éclairé.

Je sais qu'il est certaines théories de Schiller qui pourront encore effaroucher quelques esprits; mais peu à peu ces théories viendront prendre place dans nos idées littéraires, et l'esthétique, encore si incomplète et si mal définie dans la plupart des livres modernes, verra ses formules acquérir chaque jour plus de précision et de netteté.

Si, pour ma faible part, je puis contribuer à ce progrès, je m'en féliciterai.

Au lecteur maintenant de juger, non l'œuvre de Schiller (elle est depuis longtemps dignement appréciée des hommes sérieux), mais la traduction que j'ai osé en faire, et de décider si j'ai été, avant tout, traducteur fidèle et consciencieux.

F. WÈGE.

10 Avril 1840.

CHAPITRE PREMIER.

Réflexions sur les Migrations des Peuples, les Croisades et le Moyen âge.

Le nouveau système d'organisation sociale, qui, né dans le nord de l'Asie et de l'Europe, fut établi par une nouvelle race d'hommes sur les débris de l'empire d'Occident, avait eu, pendant sept siècles, assez de temps pour s'essayer sur ce théâtre spacieux et nouveau, et parmi tant de relations nouvelles, pour développer des formes différentes, et pour parcourir le cercle entier de ses modifications. Les descendans des

Vandales, des Suèves, des Alains, des Goths, des Hérules, des Lombards, des Francs, des Bourguignons, etc. s'étaient enfin acclimatés sur le sol envahi par leurs pères, lorsqu'à la fin du douzième siècle, l'esprit d'aventures et de conquêtes qui les y avait amenés, se réveilla sous une forme et pour une cause nouvelles.

L'Europe rendit au sud-ouest de l'Asie, les essaims de peuple et les dévastations, qui, sept cents ans auparavant, lui avaient été envoyés du nord de cette partie du monde. Mais ce fut avec un succès bien différent : si les barbares avaient versé des torrens de sang pour fonder des empires éternels, la conquête, dans la Syrie, de quelques misérables bourgades qu'ils devaient bientôt abandonner pour toujours, ne coûta pas moins cher à leurs descendans chrétiens.

Le délire frénétique qui enfanta le projet des croisades, et les violences qui souillèrent son accomplissement ne sont pas de nature à nous exciter vivement à jeter nos regards sur un tableau aussi hideux, nous qui sommes tout absorbés par les évènemens de notre époque. Toutefois si l'on examine cet évènement dans ses rapports avec les siècles qui le précédèrent et avec ceux qui le suivirent, il nous paraît trop naturel dans son origine pour nous surprendre, et trop heureux dans ses résultats pour ne pas convertir notre désapprobation en un sentiment tout-à-fait contraire. Si nous considérons les causes des diverses expéditions en Terre sainte, ces causes se présentent à nous comme une conséquence si rationnelle et même si nécessaire de l'état des choses à cette époque, qu'un homme ignorant à qui l'on viendrait en exposer complètement les prémisses historiques, ne pourrait s'empêcher de les comprendre pour ainsi dire sans effort. Si, d'un autre côté, nous examinons les croisades dans leurs résultats, nous y reconnaissons les premiers pas que fit la superstition, pour réparer les maux qu'elle avait, pendant des siècles, attirés sur la société. Peut-être n'y a-t-il aucun problème historique que le temps ait mieux résolu que celui-ci, aucun dont *le génie qui file la trame de l'histoire*, se soit justifié d'une manière aussi satisfaisante devant la raison humaine.

Du repos forcé et énervant où la vieille Rome plongeait tous les peuples soumis à son joug ; du mol esclavage sous lequel elle étouffait toutes les *forces* des nations, nous voyons sortir l'espèce humaine ; nous la voyons traverser l'orageuse anarchie du moyen-âge, pour respirer enfin entre les deux extrêmes, et fondre dans une heureuse harmonie la liberté avec l'ordre, l'uniformité avec la diversité.

Demanderons-nous si l'état de bien-être dont nous jouissons actuellement, ou, du moins, dont nous sentons l'approche, peut être considéré comme un mieux, lorsque nous le comparons aux époques les plus florissantes de l'antiquité, aux beaux jours d'Athènes et de Rome?

Rome et la Grèce pouvaient tout au plus produire d'excellens *Romains*, d'excellens *Grecs*. — Jamais ces nations n'ont produit d'excellens *hommes*. Tout le reste du monde, hors la Grèce, semblait, aux yeux d'un Athénien, un désert peuplé de barbares; on sait que l'Athénien comptait pour beaucoup cet orgueil dans l'évaluation de son bonheur. Les Romains furent punis par leurs propres bras, puisqu'ils n'avaient laissé subsister, dans le vaste champ de leur domination, que des *citoyens* et des *esclaves romains*. Aucun de nos empires européens n'établirait un droit semblable au droit civique des Romains; mais, en revanche, nous possédons un droit que nul Romain ne devait connaître pour que Rome subsistât : la liberté *de l'homme*. Et ce droit, nous le tenons d'une main qui ne ravit pas aux uns ce qu'elle donne aux autres, qui ne reprend pas ce qu'une fois elle a accordé; ce droit, bien différent du droit civique romain, augmente en *mérite*, à mesure que s'accroît le nombre de ceux qui le partagent; indépendant des formes variables des gouvernemens, imprescriptible au milieu des révolutions, il repose sur deux bases solides et inébranlables, la raison et l'équité.

Il est donc évident que notre état s'est amélioré; il s'agit seulement de savoir si nous ne pouvions pas y arriver par une voie plus courte? si ce changement salutaire ne pouvait sortir d'une manière moins violente de l'empire romain? s'il fallait indispensablement que le genre humain traversât la déplorable période qui s'étend du quatrième au seizième siècle?

La raison ne saurait se plaire dans un monde anarchique. Tendant continuellement à l'accord, elle aime mieux s'exposer au danger de défendre l'ordre sans succès, que de s'en passer avec indifférence.

Or, les migrations des peuples, et le moyen-âge qui les suivit, étaient-ils une condition nécessaire de notre mieux-être?

Sur cette question, l'Asie peut nous donner quelques éclaircissemens. Pourquoi ne s'élevait-il pas de république grecque sur les pas du conquérant Alexandre? Pourquoi voyons-nous la Chine, condamnée à une triste immobilité, vieillir dans une enfance éternelle? Parce que Alexandre était un conquérant humain; parce que la petite armée de ses grecs disparut parmi les millions de sujets du grand roi; parce que les hordes de Mantchous se perdirent inaperçues dans la vaste Chine! Ils n'avaient soumis que les hommes; les lois, les mœurs, la religion et l'état, étaient restés debout et vainqueurs. Pour les états despotiquement gouvernés, il n'y a d'autre salut que la destruction. Les conquérans qui épargnent les vaincus, ne font autre chose que leur amener quelques colons, que nourrir un corps qui dépérit, qu'éterniser sa maladie. Si le vainqueur vigoureux voulait se préserver de la contagion du pays empesté, si le Germain en Gaule ne voulait pas dégénérer en Romain, comme le Grec à Babylone dégénéra en Persan, il fallait briser la forme qui pouvait devenir dangereuse à son esprit d'imitation; il fallait que, sous tous les rapports, il restât le plus fort sur la scène dont il s'était emparé.

Les déserts de la Scythie s'ouvrent et vomissent sur l'Occident une race farouche, dont la route est marquée de sang, et derrière laquelle les villes tombent en poussière. Avec une égale fureur elle foule aux pieds et l'œuvre de l'homme et les fruits de la terre; la peste et la famine achèvent ce que le feu et le fer ont épargné. Tout ce qui a vie périt, mais ce n'est que pour laisser place au germe d'une vie meilleure. Ne comptons pas les cadavres amoncelés, ni les villes incendiées; celles-ci sortiront plus belles de leurs cendres au souffle de la liberté, et une génération meilleure les habitera. Tous les arts de la beauté et de la magnificence, du luxe et du raffinement sont anéantis. Des monumens précieux érigés pour l'éternité sont réduits en poudre, et un arbitraire insensé porte sa main grossière sur les rouages délicats d'un ordre spirituel; mais au milieu même de ce tumulte déréglé, la main de l'ordre est active, et ce que, des trésors de l'antiquité, elle destine aux générations à venir, elle sait le soustraire silencieusement à la fureur de la génération présente. Un ténébreux désert succède au vaste incendie, et les restes misérables des anciens habitans ont aussi peu de séduction que de résistance à opposer aux vainqueurs.

La scène ainsi déblayée est occupée par des peuples élevés tranquillement dans les forêts du nord, pour devenir à leur insu une colonie regénératrice de l'occident épuisé. Leurs lois et leurs mœurs sont grossières et sauvages, mais, dans leur rudesse, elles respectent la nature humaine que le pouvoir monarchique ne respecte pas à l'égard de ses esclaves civilisés. Immuable comme s'il était encore sur la terre salique, méprisant les dons que lui offre le Romain vaincu, le Frank reste fidèle aux lois qui l'ont conduit à la victoire, trop fier et trop prudent pour recevoir, des mains du malheur, des instrumens de félicité. Sur les cendres fumantes de la pompe romaine, il dresse ses tentes nomades : il arbore la lance de fer, son bien le plus cher, sur le sol conquis et devant les tribunaux de justice; enfin le christianisme lui-même, s'il veut dompter les barbares, est obligé de ceindre le glaive redoutable.

C'est maintenant que toute puissance étrangère s'éloigne du fils de la nature. Les ponts entre Byzance et Marseille, entre Alexandrie et Rome, sont brisés; le marchand s'enfuit épouvanté, et le vaisseau gît démâté sur la plage. Un désert d'eaux et de montagnes, une nuit de mœurs farouches se roulent devant l'entrée de l'Europe, et ferment entièrement cette partie du monde.

Bientôt commence une lutte longue, difficile et mémorable; l'esprit inculte des Germains est aux prises avec les séductions d'un ciel plus doux, avec des passions nouvelles, avec la tranquille puissance de l'exemple, avec l'héritage de Rome renversée, qui l'environne encore de mille prestiges. Malheur au successeur de Clodion qui, sur la terre de Trajan, se croirait un Trajan! Mille épées sont tirées pour lui rappeler les déserts de la Scythie. L'ambition et la liberté, la fermeté et l'orgueil se livrent de rudes combats. L'astuce essaie d'enchaîner l'audace, l'épouvantable droit du plus fort se rétablit, et, pendant des siècles, le glaive fumant ne se refroidit pas. Une triste obscurité descend sur l'Europe, et quelques lueurs jaillissant par intervalles ne servent qu'à mieux faire voir l'horreur qui leur succèdent. L'ordre éternel semble avoir abandonné le gouvernail du monde, ou, poursuivant un autre but plus éloigné, avoir lâché la bride à cette génération.

Cependant la Providence, mère attentive pour tous ses enfans, ouvre d'abord aux pieds des autels un asile à la faiblesse chancelante, et, contre une nécessité qu'elle ne peut éloigner, elle fortifie le cœur par la foi et la résignation. Elle confie les mœurs à la protection d'un christianisme dégénéré, et permet aux races moyennes de s'appuyer sur cette fragile béquille, qu'elle brisera entre les mains de leurs neveux devenus plus forts.

Cette guerre longue et terrible retrempe et les hommes et les empires. L'esprit germanique se défend vigoureusement contre le despotisme qui resserre le cœur, et qui opprima le Romain de bonne heure efféminé. La source de la liberté jaillit toujours avec abondance, et la génération suivante arrive *fraîche* et *indomptée* aux portes du beau siècle, où enfin, amenées par les efforts réunis de la fortune et de l'homme, la lumière de la pensée se joint à la fermeté du vouloir, et la valeur militaire aux connaissances de l'esprit. Quand Rome produisait des Scipions et des Fabius, elle manquait de sages pour montrer le but où devaient tendre leurs vertus : quand ses sages florissaient, le despotisme avait dévoré sa victime, et le bienfait de leur apparition fut perdu pour un siècle énervé. La vertu des Grecs mêmes ne revint jamais aux époques brillantes de Périclès et d'Alexandre, et quand Harourn-al-Raschid apprit à penser à ses Arabes, le feu de leurs âmes était éteint. Un génie plus favorable veillait sur la nouvelle Europe. Les longs exercices des armes, pendant le moyen-âge, avaient donné une génération saine et forte au seizième siècle, et des champions vigoureux à la raison qui commençait à déployer sa bannière.

Dans quelle autre partie de la terre a-t-on jamais vu la *tête enflammer le cœur*, et la vérité (1) armer le bras de la vaillance? Où a-t-on vu, si ce n'est ici, le phénomène étonnant des principes rationnels devenir le mot de ralliement des batailles les plus meurtrières ? la voix de l'amour de soi-même se taire devant le pouvoir plus puissant de la conviction? l'homme enfin risquer son bien le plus *précieux* pour gagner un autre bien plus *noble?* Les efforts les plus sublimes de la vertu des Romains et des Grecs ne se sont jamais élevés au-dessus des devoirs du citoyen , si ce n'est chez un seul sage, dont le nom est un sujet de reproches pour son siècle. Le plus grand sacrifice qu'offrit jamais la nation, dans son âge héroïque, était pour

---

(1) La vérité, ou ce qu'on a cru être la vérité. — Je ne crois pas avoir besoin de dire qu'il ne s'agit pas ici du *mérite de la matière* qui fut conquise, mais de la peine du travail qu'on entreprit, des *efforts* et non du résultat. Quelle que fût la chose pour laquelle on se disputait, c'était un combat pour la raison; car par la raison seule on avait connu le droit, et c'était précisément pour ce droit que l'on combattait. *Note du Trad.*

la patrie. Mais ce n'est qu'à la fin du moyen-âge qu'on vit en Europe un enthousiasme capable d'offrir la patrie elle-même en sacrifice à l'idole sublime de la raison. Pourquoi ne vit-on ce phénomène qu'ici seulement, et pourquoi ne l'y vit-on qu'une seule fois? Parce que, dans l'Europe seule, et seulement à la fin du moyen-âge, l'énergie de la volonté se rencontra avec la lumière de l'intelligence, et parce qu'ici seulement une génération encore vigoureuse consentit à se laisser conduire par la main de la sagesse.

Dans tout le domaine de l'histoire nous voyons le développement des *états* et le développement de l'intelligence marcher d'un pas très inégal. Les états sont des plantes annuelles qui, pendant un court été, passent de la plénitude de la sève et de la vie à la corruption. La pensée, au contraire, se développe comme une plante tardive dont la maturité exige un ciel heureux, beaucoup de soins et une longue suite de printemps. Et d'où vient cette différence? De ce que les états sont confiés à la passion qui trouve son amorce dans le cœur de tout homme, tandis que les progrès des lumières sont confiés à l'intelligence, qui ne se développe qu'à l'aide de secours étrangers, et à la faveur des découvertes que le hasard et le temps amènent toujours lentement. Combien de fois ne verra-t-on pas l'une de ces plantes fleurir et se faner avant que l'autre ait commencé son développement! Combien il est difficile que les états attendent ces lumières pour s'instituer, et que la raison du soir retrouve encore la liberté du matin ! Une seule fois, dans tout le cours de l'histoire, la Providence s'est proposé ce problème, et nous avons vu comment elle l'a résolu. Avec les guerres prolongées du moyen-âge, elle conserva fraîche la vie politique en Europe, jusqu'à ce qu'il y eût enfin assez de matériaux recueillis pour que la vie morale commençât son développement.

Autant la liberté et la civilisation sont inséparablement unies lorsqu'elles existent dans toute leur plénitude, autant il est difficile de les trouver réunies dans leur enfance. Le repos est une condition nécessaire de la civilisation, mais aussi rien n'est plus dangereux à la liberté. Toutes les nations de l'antiquité n'ont vu fleurir leur civilisation qu'au prix de leur liberté, parce que l'oppression était la cause de leur repos; et leur progrès devint la cause de leur ruine, par cela même qu'il se basait sur la ruine.

Pour que la nouvelle race fût exempte de ce sacrifice, c'est-à-dire, pour qu'elle réunît la liberté à la civilisation, il fallait qu'elle obtînt son repos par une autre voie que celle du despotisme. Or nulle autre voie n'était possible que celle *des lois*, et celles-ci, l'homme encore libre ne peut les recevoir que de lui-même. Pour se donner des lois, il faut qu'il y soit déterminé, ou par la conviction et l'expérience de leur utilité, ou par la crainte des maux qui résultent de leur absence. Mais le premier motif présupposerait la connaissance de l'avenir, car on ne peut être convaincu de l'utilité des lois qu'après qu'on en a fait usage ; l'homme libre ne consent donc à se soumettre aux lois que par crainte des inconvéniens de l'anarchie. Mais l'anarchie est de courte durée, et elle conduit, par une subite transition, au pouvoir arbitraire. Avant que la raison eût pu rédiger des lois, le despotisme aurait déjà succédé à l'anarchie. Ainsi, pour que la raison gagnât le temps nécessaire à la confection des lois, il fallait que l'anarchie se *prolongeât*, et c'est ce qui eut effectivement lieu au moyen-âge.

La seule Europe a des états éclairés, policés et *soumis* en même temps ; partout ailleurs la férocité habite avec la liberté, l'esclavage avec la civilisation. Mais aussi l'Europe seule s'est frayé un chemin pénible à travers mille années de guerre, qui ne pouvaient être amenées que par les dévastations du cinquième et du sixième siècle. Ce n'est pas le sang de leurs ayeux ni leur caractère national, qui préservèrent nos pères du joug de l'oppression, car leurs frères les Turcomans et les Mantchous, d'abord aussi libres qu'eux, ont courbé leurs têtes sous le despotisme. Ce n'est pas non plus le sol et le climat d'Europe qui leur épargnèrent cette destinée, car sur le mêmesol et sous le même ciel, les Gaulois et les Bretons, les Etrusques et les Lusitaniens ont porté le joug des Romains. Le sabre des Vandales et des Huns, qui moissonna sans pitié les peuples de l'Occident ; les races vigoureuses qui occupèrent la scène déblayée par elles, et qui sortirent *invaincues* d'une guerre de mille ans : voilà les créateurs de notre bonheur actuel ! et voilà comme nous retrouvons le génie de l'ordre dans les deux phénomènes les plus terribles dont l'histoire fasse mention.

Je ne crois pas avoir besoin de m'excuser de cette longue digression. Les grandes époques de l'histoire ont trop de rapport entre elles pour que l'une puisse être expliquée sans l'autre : les croisades ne sont que la première explication de la grande énigme que les migrations des peuples proposent à l'historien philosophe.

C'est au treizième siècle que le génie du monde soulève un coin du voile, pour laisser voir une partie de l'ouvrage que son activité créatrice avait préparé dans les ténèbres. Les brouillards épais qui, pendant un millier d'années, avaient obscurci l'Europe, se dissipent tout à coup et permettent à l'œil d'entrevoir un ciel brillant. Le double fléau de l'uniformité ecclésiastique et de la discorde politique, de l'hiérarchie et de la féodalité, toutes deux complètes à la fin du onzième siècle, va préparer sa propre fin dans ce qu'il a enfanté de plus monstrueux : le délire de la guerre sainte. Un zèle fanatique r'ouvre l'Occident fermé, et le fils émancipé sort de la maison paternelle. Il voit avec étonnement sa propre image se réfléchir dans les nouveaux peuples qui se présentent à ses regards. Fier de sa liberté et de sa valeur sur le Bosphore de Thrace, il rougit à Byzance, de son goût inculte, de sa grossièreté, de son ignorance, et s'effraie en Asie de sa pauvreté. Les annales de l'Europe nous disent ce qu'il a acquis et ce qu'il a rapporté chez lui de ces contrées; l'histoire de l'Asie, si nous en avions une, nous dirait ce qu'il lui laissa en échange. Mais ne semble-t-il pas que l'esprit guerrier des Francs ait encore ranimé pour un moment la vie défaillante de Byzance elle-même ? Contre toute attente, Byzance se relève avec ses Comnènes, et, fortifiée par la courte visite des Germains, elle s'avance d'un pas plus noble vers sa chute.

Derrière les croisés, le marchand jette ses ponts, et les relations entre l'Occident et l'Orient, d'abord légèrement rétablies par une tentative aventureuse, se consolident par les entreprises commerciales. Le vaisseau sillonne de nouveau les eaux du levant, et sa riche cargaison excite l'activité de l'Europe. Bientôt le pilote abandonne la boussole incertaine de l'Arcture, et, muni d'un meilleur guide, il s'élance sur des mers que jamais l'homme n'avait traversées.

Les mœurs et les goûts de l'Asie accompagnent l'Européen dans sa patrie; mais là, ses forêts ne le reconnaissent plus, et d'autres bannières flottent sur ses châteaux. Il s'est appauvri dans son pays, pour briller sur les bords de l'Euphrate; il renonce enfin à l'idole chérie de l'indépendance, à la puissance seigneuriale, et il permet à ses anciens serfs de racheter avec de l'or les droits imprescriptibles de la nature. Il offre volontairement ses mains aux chaînes qui le parent en le domptant, lui, qui n'avait jamais été dompté. La majesté des rois se relève en même temps que l'*esclave de la glèbe* redevient *homme*, et au milieu d'une mer de dévastations surgit une terre fertile : les *Communes*.

Celui-là seul, qui avait été le moteur de l'entreprise pour laquelle il avait épuisé toute la chétienté, le Hiérarque de Rome se voit déçu de toutes ses espérances. En poursuivant un vain fantôme dans l'Orient, il a perdu une couronne réelle en Europe. La faiblesse des rois était sa force; l'anarchie et la guerre civile étaient les arsenaux inépuisables d'où il tirait ses foudres. Il les lance encore de temps en temps, mais la puissance affermie des rois lui fait défaut. Ni les anathèmes, ni les interdictions, ni les dispenses de droits sacrés, ne peuvent plus rompre les nœuds salutaires qui lient les peuples à leurs souverains légitimes. C'est en vain que sa colère impuissante lutte contre le temps qui jadis l'éleva sur le trône, et qui maintenant l'en fait descendre. La superstition avait enfanté cet épouvantail du moyen-âge, et la discorde l'avait nourri. Son accroissement, pendant le onzième siècle, fut aussi rapide qu'avaient été faibles ses débuts. Nulle autre époque n'avait jamais vu son pareil. Qui aurait cru que cet ennemi de la liberté la plus sacrée, fût lui-même envoyé au secours de la liberté! Lorsque la lutte entre les rois et les nobles vint à s'échauffer, il se jeta au milieu des combattans inégaux, et suspendit ainsi la décision fatale, jusqu'à ce qu'enfin un meilleur champion pût se développer dans le *tiers-état* pour remplacer cette créature du moment. Enfant de l'anarchie, le monstre maigrit dans l'ordre, et l'enfant des ténèbres s'évanouit devant la lumière. Or, pouvons-nous en dire autant du dictateur qui vint au secours de Rome succombant sous les coups de Pompée? ou de Pisistrate qui dissipa les factions athéniennes? De la guerre civile, Rome et Athènes passent à l'esclavage, la nouvelle Europe à la liberté. Pourquoi l'Europe fut-elle plus heureuse? C'est qu'ici un fantôme passager effectua ce qui, là, fut l'effet d'un pouvoir permanent; c'est qu'il se trouva ici un bras assez fort pour empêcher l'oppression, mais trop faible pour devenir lui-même oppresseur.

Combien les évènemens sont souvent contraires aux calculs des hommes! Pour enchaîner l'Asie aux pieds de son trône, le saint père livre un million de ses héros au glaive des Sarrazins; mais avec eux il perd les plus solides soutiens de son pouvoir en Europe. La noblesse, qui ne rêvait que nouveaux trophées, que nouvelles couronnes à conquérir en Asie, rapporte aux pieds de ses souverains un cœur soumis et fidèle. Le pieux pélerin, qui était allé obtenir au Saint-Sépulcre le pardon de ses péchés et l'entrée du paradis, obtient seul plus qu'il ne lui avait été promis. C'est son *humanité* qu'il a retrouvée en Asie ; ce sont les semences de la liberté qu'il rapporte à ses frères d'Europe : acquisition bien plus importante que les clefs de Jérusalem et que les clous de la croix du Rédempteur.

CHAPITRE II.

Qu'appelle-t-on Histoire universelle, et pourquoi l'étudie-t-on ? (1)

Messieurs, la tâche qui vient de m'être imposée m'honore autant qu'elle est satisfaisante pour mon cœur. J'ai à parcourir avec vous un champ qui offre à l'observateur d'innombrables objets d'instruction, à l'homme d'état de sublimes modèles à imiter, au philosophe d'importantes ré-

---

(1) Discours prononcé en 1789, par Schiller, à l'ouverture de son cours d'histoire, à l'université d'Iéna.

vélations ; à tous enfin une infinité de sources de nobles plaisirs. Tant est vaste, messieurs, le champ de l'histoire universelle !

Cette réunion autour de moi d'un si grand nombre de jeunes gens animés de la noble ardeur de s'instruire, et parmi lesquels je vois éclore des génies, précieuses richesses pour les siècles futurs ; cette réunion, dis-je, me réjouit et convertit mon devoir en plaisir, tout en me faisant sentir son importance et sa gravité.

Et quoi de plus beau, de plus précieux peut offrir l'homme à l'homme que la vérité? Si donc il est grand le don que j'ai à vous faire, je dois de mon côté être attentif à ce qu'en passant par mes mains, il ne perde rien de son mérite. Plus l'heureuse époque de votre âge dispose l'esprit à saisir avec vivacité, et l'imagination à s'enflammer avec promptitude, plus je dois veiller à ce que ce noble enthousiasme, que la vérité seule a le droit d'inspirer, ne soit pas un jour la proie de l'erreur et de l'imposture.

Le domaine de l'histoire est vaste et fécond. Le monde moral tout entier s'y trouve renfermé. Elle retrace toutes les situations de la destinée humaine. Elle nous montre les formes toujours variables de l'opinion ; elle nous fait parcourir le théâtre de nos folies et de notre raison, les époques de nos progrès et de nos décadences ; enfin, elle nous raconte et tout ce dont l'homme s'est privé, et tout ce dont il s'est enrichi.

Il n'est personne parmi vous à qui l'histoire n'ait quelque chose d'utile à apprendre, et les voies par lesquelles vous avancez vers votre destination future, quelque différentes qu'elles puissent être, toutes, elles touchent à l'histoire par un point quelconque ; mais il est une destination qui vous est commune à tous, et que vous avez apportée en ce monde en naissant : votre développement et votre perfectionnement comme hommes. Or c'est précisément à l'homme que parle l'histoire.

Mais avant que j'en vienne à déterminer ce que vous devez attendre de cet objet de votre application ; avant que je signale ses rapports avec le principal but de vos études, il est utile que préalablement nous nous soyons bien entendus sur le but lui-même.

Le plan que se trace le savant de profession est tout autre que celui du philosophe. Le premier, dont les travaux n'ont pour but que de remplir les conditions nécessaires pour gérer un emploi ; qui ne cultive les facultés de son intelligence que pour améliorer sa situation physique ou pour satisfaire à sa chétive ambition, celui-là en entrant dans la carrière des études n'aura pas d'affaire plus importante que de séparer soigneusement les sciences dont il a besoin pour ses projets, de toutes celles qui ne plaisent à l'esprit que comme esprit. Les momens qu'il consacrera à ces dernières, lui paraîtront des infractions à ses devoirs à venir. Toute son application se distribuera en vue de ce que le maître futur de son sort exigera de lui, et il croira avoir assez fait, s'il est parvenu à ne plus avoir de crainte sur son avenir. Aussitôt qu'il a fini son cours, qu'il a atteint le but de ses désirs, il congédie les livres qui l'ont instruit, car pourquoi s'en fatiguerait-il plus long-temps? Toutes ses vues se bornent désormais à faire parade des trésors que sa mémoire a accumulés, et à veiller surtout à ce qu'ils ne perdent rien de leur mérite. Toute extension de la science qui le nourrit l'alarme, parce qu'elle l'oblige à de nouveaux travaux, et parce qu'elle lui rend inutiles les précédens. Toute importante innovation le jette dans le trouble, car elle détruit les formes surannées de l'école qu'il s'est si péniblement appropriées, et l'expose à perdre tout le fruit de ses études. Aussi qui a plus déclamé contre les réformateurs que la cohorte des savans de profession? et qui plus qu'eux s'est opposé à la marche des révolutions utiles? Toute lumière qu'un génie porte dans une science quelconque, met au grand jour leur pauvreté. Ils combattent donc, mais avec animosité, avec désespoir, avec mauvaise foi, parce qu'en défendant le système de l'école, ils défendent leur existence entière. C'est pour cela qu'il n'y a pas d'ennemi plus irréconciliable, pas de collègue plus jaloux, pas de limier d'hérésie plus acharné que le savant de profession. Moins il trouve de récompenses dans l'étude, plus il en cherche hors d'elle. Pour le mérite du travail mercenaire et pour celui du travail intellectuel, il n'a qu'une seule mesure : *la peine*. Aussi nul ne se plaint plus souvent de l'ingratitude que le savant de profession. Les couronnes des muses sont sans attraits pour lui. Ce sont des places, des honneurs qu'il lui faut. Si ses prétentions ne se réalisent pas, quel malheur est le sien ! Pour lui, c'est un vain travail que la recherche de la vérité, si elle ne se convertit pas en or, en faveurs de cour, et en louanges de gazettes.

Qu'il est à plaindre l'homme qui, avec les instrumens les plus nobles, l'art et la science, ne veut et n'obtient pas plus que le manouvrier avec les moyens les plus communs, et qui, sous le régime de la plus parfaite liberté, traine une âme servile ! Mais plus à plaindre encore est le jeune homme de génie, dont la marche naturellement belle vient à s'égarer dans cette fausse route, à la suite de systèmes et de modèles pernicieux, et qui s'est laissé persuader que c'est bien préparer son sort futur, que de recueillir et d'amasser avec une étroite et mesquine sollicitude ! Bientôt sa science lui répugnera comme un ouvrage imparfait. Elle ne pourra satisfaire les besoins de son âme, et son génie se révoltera contre sa destination. Tout ce qu'il fait désormais lui paraît fragmenté et incomplet. Il n'entrevoit que ce but pour son activité ; et cependant rien ne lui semble plus insupportable que d'être et de travailler sans but. Le pénible, le minutieux de ses fonctions l'accable, parce qu'il n'a pas à leur opposer le joyeux courage que, seules, peuvent inspirer les lumières de l'esprit et le pressentiment de la perfection. Il se sent isolé, détaché de la grande chaîne qui lie les choses, parce qu'il a négligé de rattacher son activité au grand tout de l'univers. Le juriste se dégoûtera de sa science, aussitôt que la lumière de la civilisation lui en fera voir les vides, tandis qu'il devrait en être maintenant le restaurateur, et suppléer à ses lacunes par ses propres richesses. Le médecin se brouillera avec son art, aussitôt que des conjectures déçues lui auront prouvé l'incertitude de ses systèmes. Le théologien perdra l'amour de son état, dès que commencera à chanceler sa foi dans l'infaillibilité de sa doctrine.

Combien il en est autrement du philosophe ! Autant le savant de profession s'empresse d'isoler sa science de toutes les autres, autant le philosophe a soin d'étendre le domaine de la sienne et de rétablir ses rapports avec les autres sciences. Je dis *rétablir*, car c'est l'intelligence abstrayante qui seule a tracé ces limites et séparé les sciences les unes des autres. Là où le savant de profession sépare, le philosophe cherche à réunir. Dès longtemps convaincu que dans le domaine de l'intelligence, comme dans le monde des sens, tout se lie et s'enchaîne, son instinct toujours actif, qui tend à l'harmonie, ne peut se contenter de parties divisées. Tous ses efforts sont dirigés vers le perfectionnement de sa conscience. Une noble impatience le tient dans une continuelle activité, jusqu'à ce que ces notions se soient réunies en un tout concordant, et jusqu'à ce qu'il se soit placé dans le centre de son art ou de sa science, d'où il embrasse toute leur étendue d'un œil satisfait. Les découvertes nouvelles dans la sphère de son activité le ravissent, tandis qu'elles terrifient le savant de profession. Il espère, le philosophe, que peut-être ces découvertes vont remplir les lacunes auxquelles l'harmonie naissante de ses pensées avait mal suppléé; que peut-être elles lui fourniront la dernière pierre pour achever l'édifice de ses idées. Mais arrive-t-il même qu'elles sapent cet édifice, qu'une nouvelle succession des pensées, qu'un nouveau phénomène de la nature, qu'une loi nouvellement trouvée du monde corporel, le renversent de fond en comble, il s'en console, car il aura du moins aimé la vérité plus que son système, et il abandonnera volontiers la vieille forme défectueuse, pour une forme nouvelle revêtue de plus de beautés. Il ira plus loin : si des coups venant du dehors n'ébranlent pas l'édifice de ses idées, lui-même, contraint par un continuel instinct de perfectionnement, lui-même sera le premier à le renverser pour le rétablir avec plus de perfection par une succession de formes toujours plus neuves, toujours plus belles. Il marchera vers cette perfection, tandis que le savant de profession, éternellement stationnaire, veillera avec opiniâtreté sur l'inféconde monotonie de ses idées d'école.

Le philosophe est un juge impartial de tout mérite étranger. Assez pénétrant, assez inventif pour mettre à profit toutes les activités, il est assez équitable pour rendre justice à l'auteur même de la plus petite. Toutes les têtes travaillent pour lui, tandis qu'elles travaillent contre le savant de profession. Il sait faire sa propriété de tout ce qui est pensé et découvert autour de lui, car il y a communauté de biens spirituels entre les têtes pensantes, et ce que l'une acquiert dans l'empire de la vérité est acquis à tous. L'autre, au contraire, se retranche contre tous ses voisins auxquels il envie la lumière et le soleil, et garde avec anxiété la barrière délabrée qui ne lui prête qu'une faible défense contre l'invasion de la raison conquérante. Les motifs, les stimulans de toutes ses entreprises viennent du dehors; mais le philosophe trouve le charme et la récompense dans son objet et dans son travail; sa tâche l'inspire; son zèle est plus ardent; son courage et son activité sont plus soutenus, parce que, chez lui, le travail nourrit le travail. Le savant de profession n'envisage que le petit dans le grand : mais le philosophe ayant toujours les yeux fixés sur le grand, le petit même devient plus grand sous sa main créatrice. Ce qui le distingue, ce n'est pas l'objet qu'il traite, mais la manière dont il le traite. En quelqu'endroit qu'il se trouve placé, il est toujours au centre de tout. Et à quelque distance que l'objet de ses efforts le tienne de ses confrères, il leur est allié, il leur est proche par la sympathie d'une intelligence qui poursuit le même but ; il finit par les rencontrer là où toutes les têtes éclairées se rencontrent.

Faut-il que je développe davantage ce tableau, ou puis-je espérer que des deux portraits que je viens de tracer, vous avez déjà décidé lequel des deux vous prendrez pour modèle ? C'est le choix que vous ferez qui décidera s'il faut vous recommander l'étude de l'histoire universelle, ou vous en tenir quittes. Quant à moi, je ne veux avoir affaire qu'au philosophe, car les efforts que je ferais pour me rendre utile au savant de profession, m'éloigneraient trop du véritable but de la science ; et le petit avantage que je lui procurerais serait acheté par un sacrifice trop grand.

Le point de vue ainsi bien déterminé entre nous, sous lequel on doit envisager le mérite d'une science, je puis maintenant aborder la question de l'histoire universelle, objet de notre séance aujourd'hui.

Les découvertes faites par les navigateurs européens dans des mers et sur des côtes lointaines, nous présentent un spectacle aussi instructif qu'agréable. Nous y apercevons des peuplades avec des dégrés de civilisation variés jusqu'à l'infini. Elles se groupent autour de nous, comme des enfans d'âges divers entourent un homme dans la maturité de la vie, et lui rappellent ce qu'il fut et de quel point il est parti. Une main prudente paraît n'avoir voulu nous montrer ces tribus sauvages, qu'à une époque où nous serions suffisamment avancés dans notre civilisation, pour pouvoir faire de cette découverte une application utile à nous-mêmes, et rétablir, d'après ce miroir fidèle, le commencement perdu de notre espèce. Mais qu'il est triste, qu'il est humiliant le tableau que ces peuplades nous présentent de notre enfance ! Encore n'est-ce plus même au premier dégré que nous les trouvons. L'homme a eu un commencement bien plus misérable. Ceux-ci du moins sont déjà réunis en corps de peuple. Or, ce n'est qu'après des efforts extraordinaires, que l'homme parvient à l'état de société.

Voyons ce que les voyageurs nous disent de ces sauvages.

Ils trouvèrent les uns dénués des arts les plus indispensables, sans fer, sans charrue, plusieurs même privés du feu. Là, l'homme misérable disputait son habitation et sa nourriture aux bêtes sauvages ; ici, la parole se distinguait à peine des sons inarticulés des animaux. Là, il n'avait pas encore l'idée si simple du lien conjugal ; ici, celle de la propriété lui était inconnue. Là, son âme sans énergie ne pouvait pas même conserver une expérience dont elle faisait pourtant une épreuve journalière. On le vit quitter avec insouciance le gîte où il avait dormi la nuit, ne se doutant pas qu'il eût encore à dormir le lendemain. Mais, chez tous, la guerre féroce et la chair du vaincu étaient souvent le prix, sinon le but, de la victoire.

D'autres qui, jouissant de plus d'aisance, étaient déjà parvenus à un dégré de civilisation plus élevé, offrirent l'effrayante image de l'esclavage et du despotisme le plus grossiers : là, on vit un chef africain vendre ses sujets pour une gorgée d'eau-de-vie; ici on les immolait sur sa tombe pour le servir dans l'autre monde. Là, une stupide piété les amenait aux pieds d'un ridicule Fétiche, ou d'un monstre sanguinaire; or, nous savons que l'homme se révèle dans les Dieux. Si, dans une contrée, il est écrasé sous le triple fléau de l'esclavage, de l'ignorance et de la superstition, dans une autre, son malheur vient d'une liberté sans loi. Constamment armé pour l'attaque et pour la défense, tressaillant au moindre bruit, le sauvage tend une oreille soupçonneuse dans le désert. Il appelle ennemi tout ce qu'il voit de nouveau. Malheur à l'étranger que la tempête a jeté sur sa côte ; il ne verra pas s'élever la fumée d'une cabane hospitalière !

Mais là même, où d'une solitude hostile l'homme s'est élevé à la société ; où de l'état de dénuement il a passé à celui d'aisance, et de la crainte à la connaissance des plaisirs ; là même, quel spectacle grotesque et monstrueux ne présente-il pas encore à nos yeux ! Son goût inculte cherche la joie dans l'étourdissement, le beau dans les contorsions, la gloire dans l'extravagance. Sa vertu même nous saisit d'horreur, et ce qu'il nomme sa félicité ne peut nous inspirer que du dégoût et de la pitié.

Nous fûmes ainsi ; et César et Tacite ne nous trouvèrent pas beaucoup mieux il y a dix-huit cents ans.

Que sommes-nous aujourd'hui ? Arrêtons-nous un instant devant le siècle où nous vivons, devant la forme actuelle du monde que nous habitons.

La main de l'homme l'a fertilisé. Il a vaincu l'avarice du sol par son travail, sa constance et son génie. Ici, il a arraché la terre aux vagues de la mer. Là, il a conduit des rivières à travers une terre desséchée. Il a confondu pêle-mêle les zônes et les saisons, acclimaté les délicates productions de l'Orient sous un ciel âpre et sans soleil ; et de même qu'il a transporté l'Europe dans les Indes occidentales et dans la mer du sud, de même il a fait renaître l'Asie dans l'Europe. Un ciel serein brille aujourd'hui sur les forêts germaniques que la main puissante de l'homme déchira et ouvrit aux rayons du soleil, et les vignes de la Natolie se reflètent dans les ondes bleuâtres du Rhin. Le long de ses rives s'élèvent des villes populeuses, qui retentissent du bruit du travail et de la joie. Nous y voyons l'homme jouissant de la paisible possession du fruit de ses travaux, en sécurité au milieu d'un million de voisins, lui à qui autrefois un seul homme eût ravi le sommeil. L'égalité qu'il a sacrifiée en entrant dans la société, il l'a récupérée sous le règne de sages lois. Échappant à l'aveugle despotisme du hasard et de la nécessité, il s'est réfugié sous l'empire plus doux des traités, renonçant à la liberté des bêtes sauvages pour s'assurer celle bien plus noble de l'homme. Ses soins et son activité se sont partagés d'une manière égale. Ce n'est plus la voix impérieuse du besoin qui seule l'enchaîne à la charrue. La nation entière ne la quitte plus pour courir à la défense des Pénates; mais, tandis que le bras du cultivateur remplit les granges, les armes du guerrier défendent la frontière. La loi veille sur la propriété, et laisse au citoyen le droit inappréciable de choisir lui-même son état.

Combien de productions de l'art, de prodiges de l'industrie, et de lumières dans toutes les branches des connaissances humaines, depuis que l'homme ne consume plus toutes ses forces dans la triste défense personnelle; depuis qu'il est le maître de se soustraire quelquefois, par une transaction, aux lois de l'impérieuse nécessité ; depuis qu'il possède surtout la prérogative de disposer à son gré de ses talens et de suivre la vocation de son génie! Quelle activité répandue partout, depuis que la multiplication des besoins a donné de nouvelles ailes à l'esprit d'invention, et ouvert de nouvelles routes à l'industrie!

Les barrières, qu'un égoïsme hostile plaçait entre les pays et les nations, ont été renversées. Toutes les têtes pensantes se sont unies dans une fédération cosmo-politique ; et lorsque de nouveaux Gallées, de nouveaux Erasmes paraîtront, ils pourront librement s'éclairer de toutes les lumières de leur siècle.

Depuis que les lois sont descendues au niveau de la faiblesse humaine, l'homme est venu au devant de la loi. Avec elle, les mœurs se sont adoucies, comme elles avaient dégénéré avec elle. A mesure que les punitions barbares disparaissent, les crimes épouvantent plus rarement la société. Un grand pas vers la perfection a été fait, depuis que la loi est devenue vertueuse, quoique les hommes soient encore loin d'être vertueux. Là où l'homme cesse d'être sous le pouvoir des lois, les mœurs le soumettent à leur empire ; et celui même qu'aucune punition n'effraie, pour qui la conscience n'est pas un frein, se voit pourtant retenu par les règles de la décence et de l'honneur.

Quelques restes de barbarie, enfans du hasard et du pouvoir, se sont, il est vrai, glissés des siècles précédens jusques dans le nôtre, qui, plus éclairé, devrait s'en défaire enfin. Mais l'esprit de l'homme a été jusqu'à donner de l'utilité même à cet héritage de l'antiquité et du moyen-âge. Il a su rendre sans danger et mettre à profit ce qu'il ne devait pas encore oser détruire. Sur la base grossière de l'anarchie féodale, l'Allemagne éleva l'édifice de la liberté politique et ecclésiastique. Le simulacre d'empereur romain, qui s'est conservé en deçà des Apennins, fait aujourd'hui (1789) beaucoup plus de bien au monde que n'en fit jamais son redoutable prototype dans la vieille Rome; car il sert à lier par la concorde un utile système d'états, tandis que l'autre comprima les forces actives de l'humanité dans une servile uniformité. Notre religion même, tout altérée qu'elle soit par les mains infidèles qui nous l'ont transmise, qui pourrait méconnaître en elle l'heureuse influence d'une meilleure philosophie? (1) Nos Leibnitz et nos Locke se sont rendus aussi utiles au dogme et à la morale du Christianisme, que les pinceaux de Raphaël et du Corrége à l'histoire sainte.

Enfin, voyez nos états : avec quelle intimité, avec quel art ne sont-ils pas liés ensemble! Ne

---

(1) On voit que Schiller appartient encore au 18e siècle et à l'école de Voltaire; nous lui laissons donc toute la responsabilité de ses assertions.

(*Note du Traducteur.*)

sont-ils pas plus unis par la force de la nécessité qu'ils ne l'étaient autrefois pas les alliances les plus solennelles? Mars, toujours armé, veille sur la paix. L'intérêt et la politique de l'un sont la sauve-garde de l'autre. Les sociétés de l'Europe semblent former une grande famille, dont les membres pourront encore se quereller, mais, espérons-le, jamais plus se dévorer.

Que de contrastes dans ces tableaux ! Qui pourrait croire que l'Européen civilisé du 18°. siècle n'est qu'un frère plus avancé du Canadien ou de l'antique Celte? Tous ces progrès, tous ces instincts d'art, toutes ces expériences, toutes ces créations de la raison ont été semés et se sont développés dans l'espace de quelques milliers d'années. Et toutes ces merveilles, tous ces travaux gigantesques, conceptions de l'art et de l'industrie, sont tour-à-tour sortis de leur sein. Qui est-ce qui fit éclore les uns, qui est-ce qui protégea les autres? l'histoire universelle nous le dira.

Le même peuple, sur le même sol, considéré dans des temps différens, nous présente des dissemblances inconcevables. Non moins grandes sont celles que nous offre la race contemporaine, mais dans des pays différens. Quelle variété dans les usages, dans les mœurs, dans les formes politiques; quelles surprenantes transitions des ténèbres aux lumières, de l'anarchie à l'ordre social, de la prospérité au dénûment, lorsque nous considérons l'homme, ne fût-ce que dans notre petite Europe ! libre sur la Tamise, et ne devant sa liberté qu'à ses propres efforts; ici, indomptable derrière ses Alpes; là, invincible au milieu de ses canaux et de ses marais; sans force et malheureux par ses discordes sur la Vistule; par son indolence derrière les Pyrénées; opulent et heureux à Amsterdam sans récoltes; pauvre et misérable dans le paradis inutile qu'arrose l'Ebre. Ici deux peuples, séparés par le vaste Océan, devenus voisins par leurs besoins, leur industrie et leurs liens politiques; là, les habitans des rives opposées du même fleuve immensément séparés par une liturgie différente. Qui conduisit la puissance de l'Espagne à travers l'Océan Atlantique, non pas seulement au-delà du Tage et de la Guadiana, mais encore jusque dans le centre des deux Amériques ? qui conserva tant de trônes en Italie et en Allemagne, et les fit en France disparaître tous, un seul excepté ? l'histoire universelle nous répondra.

Et nous-mêmes, si dans ce moment nous nous trouvons réunis ici, avec ce degré de culture nationale, avec ce langage, ces mœurs, ces avantages civils, ce degré de liberté de conscience, n'est-ce pas peut-être le résultat de tous les évènemens précédens ? Il ne faut pas moins que toute l'histoire pour expliquer ce seul moment.

Pour que nous ayons pu nous rencontrer ici chrétiens, il a fallu que le Christianisme, préparé par d'innombrables révolutions, sortît du sein du Judaïsme; et qu'il trouvât l'empire romain précisément dans l'état où il était alors, pour qu'il lui fût donné de se répandre par une victoire rapide sur la surface de la terre, et de monter enfin sur le trône même des Césars.

Pour que nous soyons ici réunis chrétiens-protestans, il a fallu que nos aïeux, farouches habitans des forêts de la Thuringe, succombassent sous les armes plus nombreuses des Francs, et qu'ils adoptassent leur religion. Il a fallu que le clergé, séduit par sa richesse toujours croissante, par l'ignorance des peuples, et par la faiblesse des gouvernemens, abusât de son crédit, et convertît le pouvoir paisible des consciences en un pouvoir temporel et armé. Il a fallu que le pouvoir hiérarchique, dans la personne d'un Grégoire et d'un Innocent, versât toutes ses rigueurs sur la race humaine, jusqu'à ce que le comble de la corruption des mœurs et le scandale révoltant du despotisme sacerdotal, aient excité un moine courageux à lever la bannière de la défection, et à arracher la moitié de l'Europe à l'hiérarque romain.

Pour que cet évènement ait pu avoir lieu, il a fallu que les armes de nos princes forçassent Charles V à la conclusion de la paix religieuse, qu'un Gustave-Adophe en vengeât la violation, et qu'un traité nouveau et général l'assurât pour des siècles. Il a fallu que des villes libres s'élevassent en Italie et en Allemagne; qu'elles ouvrissent leurs portes à l'industrie et aux arts; qu'elles brisassent les chaînes de la servitude féodale; qu'elles arrachassent le glaive de la justice aux mains d'ignorans despotes, et qu'elles se fissent respecter en se réunissant en une confédération armée, pour qu'on vît dans la suite fleurir le commerce et l'industrie; l'abondance, appeler les beaux-arts; l'état, honorer l'utile agriculteur; enfin, le tiers-état, source de notre civilisation, se développer et préparer au genre humain une prospérité durable.

Pour que le chaos incohérent ait pu se débrouiller, et les forces hétérogènes de l'état rentrer dans l'heureux équilibre dont notre loisir actuel est le prix, il a fallu que les empereurs d'Allemagne s'affaiblissent dans leurs guerres éternelles contre les papes, contre leurs vassaux, et contre leurs jaloux voisins; que l'Europe se déchargeât de sa dangereuse abondance dans les tombeaux de la Syrie, et qu'une noblesse insolente exhalât tout son esprit séditieux dans une anarchie meurtrière.

Pour que l'esprit de l'homme ait pu se décrasser de la stupide ignorance où le tenaient le joug spirituel et le joug temporel, il a fallu que le germe long-temps étouffé des lumières perçât de nouveau au milieu de ceux-là mêmes qui avaient été ses plus acharnés persécuteurs; qu'un Al-Mamoun restituât aux sciences ce que leur avait dérobé le calife Omar; que les malheurs insupportables de la barbarie poussassent nos pères à renoncer aux terribles ordalies et à demander justice aux tribunaux humains; que des contagions dévastatrices rappelassent à l'observation de la nature la médecine égarée; que la fainéantise des moines, en compensation du mal occasionné par leur trop pernicieuse activité, préparât de loin une riche récompense, en conservant et multipliant les restes épars du siècle d'Auguste, jusqu'à l'époque de l'invention de l'imprimerie.

Enfin, pour que la science ait pu trouver le chemin du cœur et travailler à la civilisation de l'espèce humaine, il a fallu qu'elle fît alliance avec les muses et les grâces, et que le génie comprimé des barbares septentrionaux se relevât à la vue des modèles de la Grèce et de Rome.

Mais la Grèce aurait-elle produit un Thucydide, un Platon, un Aristote; Rome, un Horace, un Cicéron, un Virgile, un Tite-Live, si ces deux pays n'eussent pas atteint, à cette époque, cette hauteur de prospérité politique à laquelle ils s'étaient effectivement élevés, en un mot, si *toute* leur histoire ne les eût précédés? Combien d'inventions, de découvertes, de révolutions politiques et religieuses ont dû coïncider, pour donner de l'accroissement et de l'étendue aux germes tendres et délicats de l'art et de la science ! Que de guerres, de traités conclus, rompus et reconclus, jusqu'à ce qu'enfin l'Europe ait été amenée à ce principe de paix qui permet seul aux arts, comme aux citoyens, de diriger leur attention sur eux-mêmes, et de réunir leurs facultés vers un but intelligent.

Même dans les occupations journalières de la vie bourgeoise, nous ne pouvons éviter de devenir les débiteurs des siècles précédens. Les époques les plus dissemblables de l'histoire de l'homme contribuent à notre civilisation, comme les terres les plus éloignées contribuent à notre luxe. Les vêtemens que nous portons, l'assaisonnement de notre table, le prix auquel nous les acquérons, nombre de nos meilleurs médicamens, et tant de sources nouvelles de notre ruine, ne supposent-ils pas un Christophe Colomb qui découvrit l'Amérique, un Vasco de Gama qui doubla la pointe de l'Afrique ?

Ainsi une longue suite d'évènemens, dont les chaînons s'entrelacent comme effets et causes, remonte du moment actuel au commencement de l'espèce humaine. L'intelligence infinie peut seule embrasser l'ensemble de ces évènemens; mais des limites plus étroites sont imposées à l'homme.

1° Un nombre immense de ces évènemens qui manquent ou de témoignages d'hommes — *qui* les aient observés, ou de monumens qui les aient transmis à la mémoire; de ce nombre sont tous ceux qui ont précédé l'espèce humaine elle-même et l'invention des caractères. La tradition est la source de toute histoire ; et l'organe de la tradition, c'est la langue. Toute l'époque antérieure à la langue, quelqu'influence qu'elle ait dû avoir sur les temps ultérieurs, est perdue pour l'histoire.

2° Après même qu'une langue fut parlée, et qu'il y eut ainsi possibilité d'exprimer et de transmettre des faits arrivés, cette transmission ne se fit d'abord que par la voie incertaine et variable des *sagas*. Elle se propagea de bouche en bouche à travers une longue suite de générations, mais en passant par des intermédiaires variables et variés. L'évènement aussi dut subir des altérations. La tradition vivante et le conte verbal ne sont donc que des sources très incertaines pour l'histoire; aussi tous les évènemens antérieurs à l'invention de l'écriture sont-ils comme perdus pour l'histoire.

3° L'écriture même n'est pas impérissable. D'innombrables documens émanés de l'antiquité ont été détruits par le hasard ou par le temps; mais un petit nombre de fragmens se sont conservés jusqu'à la découverte de l'imprimerie. Quant à la majeure partie des restes de l'antiquité, ainsi qu'aux lumières qu'ils devaient nous transmettre, tout cela est également perdu pour l'histoire.

4° Enfin de ce petit nombre des restes qui sont

parvenus jusqu'à nous, la grande partie a été altérée et rendue méconnaissable par la passion, par la sottise, et souvent même par le génie de ceux qui en ont fait la description. La méfiance nous accompagne auprès des monumens les plus anciens de l'histoire; elle nous assiège encore à la lecture d'une chronique de nos jours. Si, pour connaître un évènement qui s'est passé aujourd'hui parmi des personnes de notre connaissance, dans notre propre ville, nous sommes obligés d'interroger des témoins ; si nous avons de la peine à découvrir la vérité dans leurs rapports contradictoires, quel courage pouvons-nous apporter dans l'examen des nations et des temps qui sont plus loin de nous encore par la différence des mœurs, que par les siècles mêmes qui nous en séparent ? La petite somme qui nous reste des évènemens, après toutes ces déductions faites, est ce qui forme la matière de l'histoire dans le sens le plus étendu. Or examinons combien, et quelle partie, de cette matière historique appartient à l'histoire universelle.

L'historien universel extrait de la somme entière de ces évènemens, ceux qui ont eu sur la forme du monde *d'aujourd'hui* et sur les générations vivantes, une influence essentielle, incontestable et facile à suivre.

C'est donc le rapport d'une date historique avec la constitution du monde actuel qu'il doit examiner, s'il veut recueillir des matériaux pour l'histoire universelle. Celle-ci part d'un principe diamétralement opposé au commencement du monde. La succession effective des évènemens descend de l'origine des choses jusqu'à leur ordre le plus récent. L'historien universel, au contraire, part de l'ordre actuel, pour remonter à l'origine des choses. Si sa pensée remonte, de l'an et du siècle courant vers le siècle qui les précède, en prenant note, sur sa route, parmi les évènemens que celui-ci lui présente, de ceux qui lui donnent l'explication des évènemens subséquens ; s'il continue cette marche, pas à pas, jusqu'au commencement, non pas du monde, car nul guide ne conduit là, mais jusqu'au commencement des documens, alors il ne tient qu'à lui de revenir ensuite par la route ainsi frayée, et de redescendre, à l'aide des faits qu'il a été recueillir, du commencement des monumens jusqu'aux temps modernes.

Voilà, messieurs, l'histoire universelle que nous possédons, et dont nous allons faire le cours.

L'histoire étant indépendante de la richesse ou de la pauvreté des sources où elle puise, il en doit résulter autant de lacunes dans l'histoire universelle qu'il y a de vides dans les transmissions.

Autant il y a d'uniformité, de nécessité, et de précision dans les développemens des révolutions du monde, autant l'histoire nous les montre découpés, isolés et accidentels. On remarquera donc une sensible disproportion entre la marche des évènemens et celle de l'histoire. La première peut se comparer au cours continuel d'un fleuve, dont quelques vagues seulement sont éclairées de loin en loin par l'histoire. Et puisqu'il arrive souvent que la connexion d'évènemens reculés avec l'état actuel des choses est plus facilement aperçue que leur rapport avec des faits qui les précédèrent ou qui leur furent simultanés, il est probable aussi que les évènemens qui se lient le mieux avec le monde d'aujourd'hui, ont paru, lorsqu'ils se sont accomplis, comme des faits isolés au milieu de leur siècle.

Citons l'un d'eux pour preuve, l'origine du christianisme, et surtout de la morale chrétienne. Cette religion a eu tant d'influence sur la forme du monde actuel, que son apparition doit être considérée comme le fait le plus important de l'histoire universelle... Hé bien ! ni le siècle qui la vit naître, ni le peuple au milieu duquel elle s'établit, ne renferment, faute de documens, aucun principe suffisant pour expliquer son apparition.

Notre histoire universelle ne serait donc jamais autre chose qu'un agrégat de fragmens; elle ne mériterait jamais le nom de science, si l'intelligence philosophique ne venait à son secours, en liant ensemble les fragmens par des moyens artificiels, tels que les *raisonnemens*, les *inductions* et les *conclusions*, et en transformant ainsi l'agrégat en un ensemble cohérent autant que possible. L'autorisation de procéder ainsi, le philosophe la trouve dans l'uniformité, dans l'invariable unité des lois naturelles et de l'âme : unité qui fait que des évènemens de l'antiquité la plus reculée, se renouvellent de nos jours sous le conflit de circonstances analogues, et que des évènemens les plus modernes, on peut, en remontant, conclure à ceux qui sont au-delà des documens, et porter ainsi la lumière, là où l'histoire nous abandonne. Dans l'histoire, comme dans toute autre chose, la méthode de conclure par analogie est d'un puissant secours ; mais il faut qu'elle soit justifiée par l'importance du but, et employée avec autant de jugement que de circonspection.

A peine l'esprit philosophique se sera-t-il ainsi occupé des matériaux de l'histoire universelle, qu'un instinct nouveau s'emparera de lui, qui le fera employer tous ses efforts à mettre de l'accord en tout, et l'entraînera irrésistiblement à assimiler tout ce qui l'entoure à sa propre nature rationnelle, et à élever tout phénomène qu'il aperçoit, à l'effet le plus sublime qu'il connaisse : la pensée. Or, plus il renouvellera ses heureux essais de rattacher le présent au passé, plus il inclinera à lier comme *moyen* et *but* ce qu'il a vu s'engrener comme *cause* et *effet*. Il verra bientôt les phénomènes se soustraire successivement à l'aveugle hasard, et se joindre, comme des membres sympathiques, en un tout concordant. Bientôt le philosophe aura peine à se persuader que cette suite de phénomènes dans laquelle il avait reconnu tant de régularité et d'intention, ne doive plus conserver ces qualités dans la réalité. Il aura peine à remettre sous l'empire de la nécessité, ce qui, éclairé par le flambeau de l'intelligence, avait déjà commencé à paraître sous une forme si riante.

Mais cette harmonie qu'il ne trouve plus dans les phénomènes, elle est dans son être, à lui. C'est de sa propre raison qu'il la tire, pour la transporter dans l'ordre des choses extérieures, c'est-à-dire qu'il prête un but raisonnable à la marche du monde, un principe téléologique à l'histoire universelle. Accompagné de ce principe, il la parcourt une seconde fois, l'appliquant alternativement à chacun des phénomènes que lui présente ce vaste théâtre. Il trouve ce principe constaté par des milliers de faits, et réfuté par autant d'autres. Alors, tant qu'il voit encore des lacunes dans la longue série des révolutions du monde, tant que la destinée lui refuse encore la dernière explication de tant d'évènemens, il ne tient pas la question pour résolue ; mais l'opinion la plus satisfaisante pour l'intelligence, celle qui satisfait le plus son cœur, celle-là l'emporte sur les autres.

Toutefois une histoire universelle, d'après ce

plan, ne pourra être écrite que dans un avenir encore bien loin de nous. L'application trop précipitée de cette grande mesure pourrait facilement entraîner l'historien à faire violence aux faits, ce qui retarderait cette heureuse époque d'autant qu'il aurait cherché à la hâter. Quoi qu'il en soit, l'attention ne saurait être attirée trop tôt vers ce côté lumineux, quoique négligé, de l'histoire du monde, et qui la rattache à l'objet le plus élevé des efforts humains. Le seul regard jeté sur cet avenir, ne fût-il qu'un avenir *possible*, doit animer le philosophe à redoubler de soins dans ses recherches, et doit lui offrir la plus douce récompense de ses travaux. La plus petite recherche même lui paraîtra importante, s'il se voit ou s'il conduit un successeur sur le chemin qui mène à la solution du grand problème de l'ordre universel, et à la rencontre de l'intelligence suprême dans ses plus belles manifestations.

En la traitant ainsi, messieurs, l'histoire universelle sera pour vous une étude pleine d'attraits et d'utilité. Elle portera la lumière dans votre intelligence, et l'enthousiasme dans votre âme. Elle préservera votre esprit de la manière triviale et superficielle d'envisager les choses morales. En déroulant devant vos yeux le grand tableau des temps et des peuples, elle corrigera les décisions précipitées du moment et les jugemens étroits de l'égoïsme. En habituant l'homme à se mettre en rapport avec le passé tout entier, et à devancer l'avenir par ses conjectures, l'histoire universelle cache les limites de la naissance et de la mort qui resserrent si étroitement, si péniblement notre existence. Elle les transforme, comme par une illusion d'optique, en un espace infini, et substitue insensiblement l'espèce à l'individu.

Sur le théâtre du monde, l'homme, dans toutes sortes de rôles, paraît, agit et disparaît ; ses opinions changent et disparaissent avec lui ; l'histoire seule reste toujours en scène, citoyenne immortelle de tous les pays et de tous les temps. Semblable au Jupiter d'Homère, elle regarde d'un œil tranquille, et les travaux sanglans de la guerre, et les paisibles occupations des peuples qui se nourrissent du lait de leurs troupeaux. Quelqu'irrégularité que la liberté de l'homme paraisse apporter dans la marche des choses, elle considère avec calme ce jeu désordonné, car ses yeux pénétrans voient de loin le point où cette liberté vagabonde se trouvera enchaînée par les liens de la nécessité. Cette vérité, qu'elle cache aux consciences des Cromwel et des Grégoire, elle s'empresse de la proclamer aux hommes, à savoir : que l'homme égoïste peut poursuivre un but détestable, mais que sans le vouloir il concourt au triomphe du bien.

Nul faux-brillant ne peut l'éblouir, nul préjugé du jour, l'entraîner, car elle prévoit le sort de toutes choses. Tout ce qui *cesse* est pour elle d'une durée également courte. Elle conserve la fraîcheur à l'olivier mérité, alors même qu'elle renverse le mausolée que la vanité érigea. En exposant à nos yeux l'admirable mécanisme par lequel la main tranquille de la nature développe judicieusement, et depuis le commencement du monde, les facultés de l'homme; en nous indiquant avec exactitude ce qui, dans chaque siècle, a été fait pour le grand plan de la nature, elle rétablit la véritable mesure du bonheur et du mérite que l'erreur dominante de chaque siècle avait faussés d'une manière différente. Elle nous guérit de l'admiration outrée pour l'antiquité, et nous faisant apprécier ce que nous possédons, elle nous apprend à ne plus tant désirer le retour des siècles vantés des Alexandre et des Auguste.

Sans l'avoir eue pour but, à leur insçu même, tous les âges précédens ont fait des efforts pour amener notre siècle d'*humanité*. Nous possédons tous les trésors que le travail et le génie, la raison et l'expérience ont récoltés dans la longue suite des âges ; et l'histoire nous enseigne à apprécier les biens que l'habitude et une possession incontestée soustraient trop volontiers à notre reconnaissance: biens chers et précieux, acquis au prix du plus noble sang de nos pères, fruits des pénibles travaux d'une infinité de générations.

Et, qui parmi vous, joignant un esprit éclairé à un cœur sensible, pourra comprendre cette instante obligation, et ne pas éprouver le secret désir de payer à la génération prochaine la dette dont il ne peut plus s'acquitter envers la génération passée? Ne devons-nous pas être animés de la noble ardeur d'ajouter quelque chose de nos propres moyens, à la riche succession de vérité, de moralité et de liberté que nous avons recueillie de nos ancêtres, pour la transmettre nous-mêmes, ainsi augmentée, à ceux qui nous succéderont? de la noble ardeur d'attacher notre existence rapide à la chaîne ininterrompue qui traverse toutes les générations?

Enfin, quelque différentes que puissent être les carrières que vous aurez à parcourir dans la société, chacun de vous, messieurs, peut contribuer au bien général. Le chemin de l'immortalité est ouvert à tout le monde; j'entends le chemin de la vraie immortalité, de celle qui donne la vie aux actions et qui les propage, lors même que les noms de leurs auteurs viennent à tomber dans l'oubli.

CHAPITRE III.

Des premières sociétés (Système de Moïse).

§. 1. Passage de l'homme à la liberté et à l'humanité.

La Providence, en introduisant l'homme dans le cercle de la vie, n'a pu d'abord lui donner d'autre guide que l'instinct auquel obéit l'animal; et la raison n'étant point encore développée en lui, elle a dû se tenir près de lui comme une nourrice auprès de son enfant. La faim et la soif lui indiquèrent le besoin de la nourriture, et tout ce qu'il lui fallait, pour satisfaire ce besoin, était abondamment disposé autour de lui. L'odorat et le goût guidèrent son choix. Un climat tempéré protégea sa nudité ; la paix universelle qui l'entourait, assura sa vie sans défense, et l'instinct de génération, la conservation de sa race. Comme plante et comme animal, l'homme était donc parfait. Sa raison même avait, de loin, commencé à se déployer ; comme la nature pensait et agissait pour lui, ses facultés se dirigeaient d'autant plus facilement vers la tranquille contemplation ; et sa raison n'étant pas encore distraite par les soins de la vie, il pouvait se livrer à la construction de la langue et accorder le jeu délicat de la pensée. Ses regards heureux se fixèrent sur la création qui l'environnait ; son âme joyeuse saisit tous les phénomènes dans leur pureté et sans égoïsme, et les déposa purs et sans mélange dans une mémoire encore fraîche et active. Le commencement de l'homme fut donc doux et riant, et cela devait être, afin qu'il se fortifiât pour la lutte qui l'attendait.

Supposons que la Providence se fut arrêtée à ce premier dégré. L'homme aurait été le plus heureux et le plus spirituel des animaux, mais il ne serait jamais sorti de la tutelle de l'instinct; ses actions n'auraient jamais été libres, ni par conséquent morales ; en un mot, il n'aurait jamais franchi les bornes de l'animalité. Il aurait passé une éternelle enfance au sein d'un repos sensuel, et le cercle de son mouvement aurait été le plus restreint possible ; il n'aurait pu qu'aller de l'appétit à la jouissance, de la jouissance au repos, et du repos à de nouveaux appétits.

Mais l'homme avait une autre destination, et les forces qui reposaient en lui, l'appelaient à une toute autre félicité. Ce que jusqu'ici la nature avait fait à sa place, sa tâche était d'en prendre soin désormais, une fois arrivé à son émancipation. La Providence voulait qu'il pût devenir lui-même le créateur du bien-être dont le degré allait dépendre de la part qu'il prendrait à le former. L'état d'innocence qu'il perdit dès lors, il devait apprendre à le récupérer à l'aide de la raison, et revenir, comme un *esprit* libre et raisonnable, au point d'où il était parti comme *plante*, comme créature purement instinctive. D'un paradis d'ignorance et de servitude, il devait, ne fût-ce qu'après de longs siècles, s'élever, par ses propres efforts, à un paradis de connaissances et de liberté, je veux dire à cette condition où il obéirait aussi invariablement à la loi morale gravée dans son cœur, qu'il avait obéi jusqu'alors à l'instinct, ainsi que les plantes et les animaux lui obéissent encore.

Quelle chose était donc inévitable? Quel évènement devait donc arriver pour que l'homme pût approcher d'un but placé si loin de lui? A peine sa raison eut-elle fait le premier essai de ses forces, que la nature le repoussa de ses bras protecteurs, ou, pour mieux dire, lui-même, suivant un instinct qu'il ne connaissait pas encore, et sans savoir ce qu'il allait faire de grand, lui-même, abandonnant son guide, se livra aux orages de la vie, et, sans autres lumières que celles de sa raison faible encore, se hasarda sur la route dangereuse de la liberté morale.

Si donc, à cette voix du Dieu de l'Eden, qui lui défendit l'arbre de la connaissance, nous substituons la voix de l'instinct qui le repoussa de cet arbre, sa prétendue désobéissance à l'injonction divine, n'est autre chose que son affranchissement de cet instinct; par conséquent elle est la manifestation de sa spontanéité, le premier coup d'essai de sa raison, le premier commencement de son existence morale. (1) Cette défection envers l'instinct, qui, à la vérité,

---

(1) Les prétendus philosophes qui dédaignent l'étude des livres de Moïse, comme tissu grossier de traditions d'un peuple grossier, peuvent ici, comme en mille autres occasions, se convaincre qu'il y a plus de philosophie et de poésie divine dans cet immortel législateur, que dans tout le fatras de ceux qui ont faussé la raison humaine, surtout en France, jusqu'au moment où Kant est venu les livrer à la dérision que méritait leur superficialité. Mais il faut, pour apprécier Moïse, se dépouiller de toute prévention, et apporter à l'étude de son système, un esprit vraiment philosophique, et un cœur sain et ouvert à la vérité. Voyez à cet égard le traité de la *Mission de Moïse*.

(*Note du Traducteur.*)

porta le mal moral dans la création, mais qui ne l'y porta que pour rendre le bien moral possible, cette défection est sans doute l'évènement le plus heureux et le plus important de l'histoire de l'homme ; c'est de cette époque que date sa liberté, c'est en ce moment que fut placée la première pierre fondamentale de l'édifice de sa moralité.

L'instruction populaire a raison de considérer cet évènement comme une *chute* de l'homme, et d'en tirer en temps et lieu d'utiles préceptes de moralité ; mais le philosophe a également raison de féliciter la nature humaine en général de ce premier pas vers la perfection. La première l'appelle, à juste titre, une *chute*, puisque de créature innocente, l'homme devint créature coupable ; puisque d'élève parfait de la nature, il devint un être moral très imparfait ; puisqu'enfin d'instrument heureux il devint artiste malheureux.

Le philosophe a raison de nommer cet évènement un pas gigantesque de l'humanité ; car d'esclave de l'instinct qu'il était, l'homme devint créature libre ; d'automate, il devint un être moral. Ce pas le plaça sur l'échelle, qui, après des milliers d'années, doit le conduire à l'autocratie. Dès lors, le chemin par lequel il arrivait à la jouissance se prolongea. Il n'avait d'abord qu'à tendre la main pour atteindre les objets de ses désirs ; désormais il lui fallut réfléchir, et placer le travail et la peine entre le désir et la satisfaction. La paix, qui avait régné entre lui et les animaux, fut rompue; le besoin les poussa contre ses plantations et contre lui-même. Il dut avoir recours à sa raison pour se mettre à l'abri de leurs attaques, et se créer artificiellement une supériorité de forces que la nature lui avait refusée. Il dut inventer des armes et des habitations solides pour protéger son sommeil. Mais en cela même, la nature le récompensa déjà par des plaisirs spirituels qu'il n'avait pu connaître dans son repos primitif. Les fruits, cultivés par ses mains, le surprirent par une saveur qu'il n'avait pas encore goûtée. Après les travaux de la journée, le sommeil l'assoupit plus agréablement sous le toit construit par ses mains, que dans la molle oisiveté du paradis qu'il avait perdu. Dans le combat contre le tigre agresseur, la découverte de la force de ses muscles et de son adresse le rendit heureux, et sa vie acquit un nouveau prix après chaque danger qu'il surmontait par ses propres efforts.

Arrivé à ce point, il était déjà trop noble pour le paradis d'où il sortait; et si, dans l'urgence des besoins, dans les tourmens de la vie, parfois il le regrettait, c'est qu'il ne se connaissait pas lui-même. Un instinct intérieur, impatient, l'instinct éveillé de la spontanéité, l'eût bientôt poursuivi dans l'oisiveté de son état primitif, et l'eût dégoûté de jouissances qu'il ne se serait pas procurées lui-même. Il eût tout bouleversé dans son paradis, pour en reconstruire un autre plus conforme à sa nature nouvelle.

Il eût été heureux pour l'homme de n'avoir pas de plus dangereux ennemis à combattre, que l'ingratitude du sol, la fureur des animaux et l'inclémence des saisons. Mais les besoins vinrent l'assaillir, les passions s'éveillèrent en lui et l'eurent bientôt armé contre son semblable. Une guerre qui dure encore s'engagea entre les hommes; mais ce n'était que dans cette longue et terrible lutte que l'homme pouvait développer sa raison et sa moralité.

§ 2. La Vie domestique.

Les fils du premier homme avaient un grand avantage sur leurs parens, celui d'avoir été élevés par des hommes. Tous les progrès que ceux-ci avaient dû faire par eux-mêmes et lentement, profitèrent à leurs enfans et leur furent transmis dès l'âge le plus tendre, par manière de jeu, et avec toute la sollicitude de l'amour paternel.

C'est donc avec le premier homme né de la femme, que commence à devenir active la grande cause qui a civilisé le genre humain, et qui continue à le civiliser, je veux dire, la *tradition* ou transmission des idées.

Ici les documens nous abandonnent et franchissent un intervalle d'à peu près quinze ans, pour nous ramener les deux frères tout élevés. Cependant cet intervalle est de la plus grande importance pour l'histoire de l'homme, et si les documens nous manquent, il faut que la raison supplée à la lacune.

La naissance d'un fils, sa nourriture, son alimentation, son éducation, multiplièrent les connaissances, les expériences et les devoirs des premiers hommes dans une proportion telle, qu'elles méritent notre plus sérieuse attention.

C'est incontestablement des animaux que la première mère apprit le plus indispensable des devoirs maternels, comme ce fut probablement la nécessité qui lui fit trouver des secours au moment de l'accouchement. La sollicitude pour ses enfans la rendit attentive à mille petites commodités qui lui avaient été inconnues jusqu'alors. Le nombre des choses dont elle apprit à faire usage, s'augmenta; l'amour maternel devint inventif.

Jusque là, les époux n'avaient connu encore qu'un rapport social, qu'un seul genre d'amour. Mais alors un nouvel objet leur fit connaître une autre affection, une autre relation morale: *l'amour paternel*. Ce nouveau sentiment était d'une espèce plus pure que le premier; il était souverainement désintéressé, tandis que l'autre n'avait d'abord été fondé que sur le plaisir et sur le besoin réciproque de société.

Enrichis de cette nouvelle expérience, les premiers hommes s'élevèrent donc à un dégré supérieur de moralité, ils s'ennoblirent.

Mais cet amour paternel dans lequel ils s'unirent tous deux pour leur enfant, introduisit un changement sensible dans leurs rapports mutuels. La sollicitude, la satisfaction, le tendre intérêt dans lesquels ils se rencontraient pour l'objet de leur affection, furent autant de nouveaux liens entre les époux. Chacun d'eux découvrit chez l'autre de beaux traits moraux, et ces découvertes rendirent leurs rapports plus doux et plus élevés.

L'homme chérit dans la femme, la mère de son fils; la femme aima dans l'homme, le père et le nourricier de son enfant. A un attachement qui, dans le principe, était purement matériel, se joignit l'estime; et de l'amour égoïste des deux sexes, résulta le beau phénomène de l'*amour conjugal*.

Bientôt ces expériences morales se multiplièrent. Les enfans grandirent, et de tendres liens commencèrent peu à peu à s'établir entre eux. L'enfant chercha de préférence l'enfant, parce que toute créature ne s'aime que dans son semblable. De ces liens, d'abord délicats et imperceptibles, la nature fit naître l'*amour fraternel* : découverte nouvelle pour les premiers parens. Pour la première fois ils virent une image de sociabilité et de bienveillance en dehors d'eux; ils reconnurent leurs propres sentimens réfléchis dans un miroir plus brillant.

Tant qu'ils avaient été seuls sur la terre, ils n'avaient vécu que dans le présent et dans le passé ; désormais un avenir lointain leur offrit de nouvelles jouissances. A mesure qu'ils virent leurs enfans grandir et développer leurs facultés, des perspectives riantes s'ouvrirent devant eux, et les transportèrent dans l'avenir où ces enfans seraient des hommes et leur ressembleraient. Un nouveau sentiment prit naissance dans leur cœur, celui de l'*espérance*. Et quel domaine immense ce sentiment n'ouvre-t-il pas à l'homme! Jusque là ses jouissances n'avaient été que momentanées, et renfermées dans le seul présent ; maintenant l'attente des plaisirs futurs les lui fait goûter d'avance et sous une forme mille fois répétée.

Enfin, quand les enfans arrivèrent à l'âge de la maturité, quelle diversité n'introduisirent-ils pas tout-à-coup dans la société! Chaque idée que leurs parens leur avaient communiquée, s'était diversement reproduite dans chaque âme, et venait les surprendre agréablement par sa nouveauté. La circulation des pensées s'anima, le sentiment moral s'exalta et se développa par cet exercice ; la langue s'enrichit, commença à peindre avec plus de précision, et hasarda l'expression de sentimens plus déliés. Nouvelles expériences dans la nature, nouvelles applications de celles qui avaient déjà été faites. L'homme est devenu un objet exclusif d'attention ; il n'y a pas de danger qu'il redescende à l'imitation des bêtes.

§. 3. Différence des genres de vie.

Les progrès de la civilisation se manifestèrent déjà dans les premières générations. Adam cultiva la terre, et nous voyons un de ses fils s'occuper d'une nouvelle industrie, de l'éducation des animaux. Dès lors le genre humain se divisa en deux conditions, celle d'agriculteurs et celle de patres. C'est à l'école de la nature que le premier homme apprit tous les arts nécessaires à la vie. Observateur attentif, il ne pouvait manquer d'apercevoir l'ordre avec lequel les plantes se reproduisent. Il vit la nature semer et arroser elle-même; son instinct d'imitation s'éveilla, et bientôt le besoin le porta à prêter ses mains à la nature, et à aider sa fécondité volontaire par des moyens artificiels.

Il ne faut pourtant pas croire que la première culture ait été celle des blés, qui exige déjà de grands préparatifs ; il est plus conforme à la marche de la nature d'aller du simple au compliqué. Il est donc vraisemblable que le riz fut la première plante que les hommes cultivèrent. La nature les y engagea, car le riz vient naturellement dans l'Inde, et les historiens en parlent comme d'un genre de culture des plus anciens. L'homme remarqua que, dans les sécheresses prolongées, les plantes se flétrissaient, et qu'elles se ranimaient promptement après une pluie. Il remarqua également qu'il y avait une plus grande fertilité dans les lieux ou les débordemens des eaux avaient déposé du limon. Utilisant ces deux expériences, il donna des pluies artificielles à ses plantes, et porta du limon sur les terres où les eaux n'arrivaient pas : il apprit à les arroser et à les fumer.

La découverte de l'utilité des animaux paraît avoir été plus difficile; mais ici, comme partout ailleurs, l'homme commença par ce qu'il y avait de plus naturel et de plus simple, et il est probable qu'il se contenta, pendant plusieurs siècles, du lait des animaux avant d'attenter à leur vie. Ce fut sans doute le lait de sa mère qui l'engagea à faire usage du lait des animaux. A peine se fut-il aperçu de l'utilité de cet aliment, qu'il voulut se l'assurer pour jamais. Pour en avoir en provision, il ne devait pas s'en remettre au hasard, ni espérer qu'il rencontrerait toujours l'animal nourricier, au moment précis de son besoin. Il imagina donc de tenir rassemblé autour de lui, un certain nombre de ces animaux, et c'est ainsi qu'il se procura un troupeau. Ce troupeau dut être choisi parmi les animaux qui vivent en société; il fallut les déshabituer de la liberté, et les mettre dans l'état de servitude et de paisible repos, c'est-à-dire, qu'il fallut les apprivoiser. Mais, avant d'entreprendre l'asservissement des animaux d'un naturel plus sauvage, et dont les forces et les armes étaient supérieures aux siennes, il commença par ceux qui lui étaient inférieurs en force, et qui étaient d'un naturel moins sauvage. Il eut donc des brebis, avant d'avoir des cochons, des bœufs et des chevaux.

Ayant ravi la liberté aux animaux, il se trouva dans la nécessité de les nourrir et d'en avoir soin, c'est ainsi qu'il devint pâtre. Tant que la société fut peu nombreuse, la nature lui offrit en abondance de quoi nourrir son petit troupeau. Il n'eut d'autre peine que de chercher des pâturages, et d'en changer lorsqu'ils étaient épuisés. L'abondance paya ces légères occupations, et le fruit de ses peines n'était sujet à aucun changement ni de saison ni de température. Une jouissance uniforme, la liberté et une joyeuse oisiveté, tel était le partage du pâtre.

Il en était tout autrement de l'agriculteur. Servilement attaché au sol qu'il cultivait, il avait, en choisissant ce genre de vie, renoncé à la liberté de changer d'habitation. Il était obligé de vouer toute sa sollicitude, tout son temps, tout son art aux plantes délicates qu'il cultivait, quand le pâtre abandonnait à son troupeau le soin de trouver sa nourriture. Le manque d'instrumens aratoires lui rendait aussi le travail beaucoup plus difficile, et quand il en eut trouvé, ses mains y suffirent encore à peine. Que sa vie dut être pénible, avant que la charrue fût inventée, avant qu'il eût contraint le taureau subjugué à partager son travail!

Le défrichement du terrain, l'ensemencement, l'irrigation, la moisson même, que de travaux tout cela n'exigeait-il pas ! Combien n'en fallait-il pas encore après la récolte, pour convertir les fruits de la terre en nourriture ! Combien de fois l'agriculteur ne dut-il pas défendre ses champs, au risque de sa vie, contre les animaux sauvages ; les garder ou les entourer de palissades ; et malgré tous ses soins, les voir encore exposés aux injures du temps et des saisons ! Le débordement d'une rivière, une grêle, suffisait pour lui ravir le prix de sa peine au moment de le recueillir, et l'exposait ainsi aux plus rudes privations. Le sort de l'agriculteur était donc dur, incertain et variable, en comparaison de la vie commode et paisible du nomade ; son âme dut nécessairement dégénérer dans un corps endurci par tant de travaux.

Or, s'il lui prit fantaisie de se comparer au pasteur, l'inégalité de son sort dut surprendre son jugement ; le nomade dut lui paraître un favori du ciel.

L'envie s'éveilla dans son cœur ; cette malheureuse passion fut le résultat nécessaire de la première inégalité entre les hommes. Ce fut donc dès lors avec l'œil de l'envie que l'agriculteur regarda le bonheur du berger, paisiblement étendu sous l'ombrage, faisant paître son troupeau, tandis que lui, il était exposé à tous les feux du soleil, et que le travail couvrait son front de sueur. La joyeuse insouciance du pasteur le mortifia, il le prit en haine à cause de son bonheur, et le regarda avec mépris à cause de son oisiveté. Il nourrit ainsi contre lui une disposition malveillante, qui, à la première occasion, devait éclater par des violences. Cette occasion ne pouvait se faire attendre long-temps. A cette époque, les droits et les priviléges n'avaient point encore de limites déterminées; il n'y avait point de lois pour fixer la possession; chacun se croyait un droit sur la terre entière, car la distribution des propriétés ne pouvait être amenée que par des collisions.

Maintenant, supposons que le nomade eût épuisé, par ses troupeaux, tous les pâturages d'alentour, et qu'il ne voulût cependant pas quitter sa famille pour en chercher de nouveaux dans des contrées éloignées; — que dut-il donc faire? à quoi dut-il naturellement penser? Probablement il conduisit ses troupeaux dans les champs de l'agriculteur, ou, du moins, il les laissa en prendre eux-mêmes le chemin. Là, ses brebis trouvèrent une grasse pâture, et nulle loi n'existait encore pour s'y opposer. Tout ce que sa main pouvait atteindre lui appartenait : c'est ainsi que raisonna l'enfance du genre humain.

Pour la première fois donc, l'homme se trouva en collision avec l'homme. En effet, le berger s'était mis à la place des animaux sauvages, contre lesquels l'agriculteur avait eu à combattre jusqu'alors, et celui-ci ne pouvait considérer le berger que comme une bête dangereuse qui menaçait ses champs; il n'est donc pas étonnant qu'il le reçut, comme il avait reçu les animaux sauvages que le berger imitait. La haine qu'il nourrissait depuis si long-temps dans son cœur, augmenta son irritation, et un coup de massue le vengea promptement de la longue félicité de son voisin envié. Telle fut la triste issue de la première collision entre les hommes.

§ 4. L'égalité des conditions abolie.

De quelques mots des documens de Moïse, nous pouvons conclure que la polygamie était fort rare dans les premiers temps, que par conséquent le mariage était établi, et que l'homme se contentait d'une seule épouse. Cependant des mariages réguliers paraissent indiquer une certaine moralité, un degré de perfectionnement dans l'ordre social, auxquels on peut à peine s'attendre dans ces temps reculés. Car ce sont ordinairement les suites du désordre, qui amènent les hommes à l'ordre, comme c'est généralement l'anarchie qui conduit aux lois.

Cette introduction de mariages réguliers, paraît donc avoir été l'effet de la coutume plutôt que des lois. Le premier homme ne pouvait vivre autrement que dans le mariage, et l'exemple du premier avait nécessairement quelque puissance sur le second. La race humaine provenait d'un seul couple; la nature avait donc en quelque sorte proclamé sa volonté dans ce couple.

Si, dans les temps primitifs, le rapport du nombre a été égal entre les deux sexes, c'est la nature elle-même qui aura réglé ce que l'homme ne pouvait encore instituer; chacun aura pris une seule femme, parce qu'il ne lui en revenait pas davantage. Si même il se fût trouvé une disproportion sensible dans le nombre des deux sexes, et qu'un choix eût été possible, comme le premier ordre était déjà sanctionné par la coutume, personne n'eût osé légèrement changer les habitudes établies par ses pères.

De même que l'ordre des mariages, un certain gouvernement naturel s'établit de lui-même dans la société. La nature avait fondé l'autorité paternelle, en ce qu'elle avait rendu le faible enfant dépendant de son père, et l'avait habitué, dès sa tendre jeunesse, à respecter sa volonté. Ce sentiment restait pendant toute sa vie gravé dans le cœur du fils. Quand celui-ci devint père à son tour, ses enfans ne purent regarder sans vénération celui qu'ils virent traité avec tant de respect par leur père, et ils durent, tacitement, reconnaître à leur aïeul une autorité supérieure à celle de leur père. Cette autorité du chef dut s'accroître en proportion de l'accroissement de sa famille et de ses années, et sa grande expérience, fruit d'une vie si longue, dut naturellement lui donner de la supériorité sur les autres membres plus jeunes. Dans toutes les questions litigieuses, le chef prononça donc en dernier ressort, et la longue observation de cette coutume finit par établir un pouvoir doux et naturel, celui du gouvernement patriarchal, qui, loin de supprimer l'égalité commune, servait au contraire à la consolider.

Mais cette égalité ne pouvait pas toujours durer. Quelques membres de la société étaient moins laborieux ; d'autres moins favorisés par la fortune ou le sol; quelques uns étaient nés moins forts que d'autres; il y en avait donc des forts, des braves et des poltrons, puis des faibles, des riches et des pauvres. Les faibles et les pauvres durent demander ; les riches purent donner et refuser. C'est ainsi que commença la dépendance entre les hommes.

La nature des choses voulut que l'âge avancé fût dispensé du travail, que le jeune homme travaillât pour le vieillard, et le fils pour le père âgé. Ce devoir de la nature fut bientôt imité par l'art. Il dut venir à l'idée de plus d'un, de réunir le commode repos du vieillard aux jouissances du jeune âge, et de se procurer quelqu'un qui se chargeât de remplir les devoirs d'un fils à son égard. Ses yeux tombèrent naturellement sur le pauvre, ou sur le faible, qui sollicitait sa protection ou réclamait une part à son abondance. Ceux-ci avaient besoin de sa protection; lui, avait besoin de leur travail; l'un devint donc la condition de l'autre : ainsi le pauvre et le faible reçurent et servirent, le fort et le riche donnèrent et restèrent oisifs.

Voilà comment s'établit la première différence des conditions. Le riche devint plus riche par le travail du pauvre; pour augmenter sa fortune, il augmenta donc le nombre de ses valets. Il y avait donc autour de lui beaucoup d'hommes moins heureux que lui et sous sa dépendance. Il sentit son importance et devint orgueilleux. Il en vint bientôt à considérer les instrumens de sa prospérité comme les instrumens de sa volonté. Le fruit du travail de nombreux individus, tournant à son seul profit, il en conclut qu'ils n'existaient que pour lui ; de là au despotisme il n'y avait qu'un pas.

Le fils du riche se crut meilleur que le fils du valet de son père. Le ciel l'avait favorisé davantage, donc le ciel le préférait. Il se dit le fils du ciel, comme nous appelons enfans de la fortune ceux que la fortune favorise. Le valet n'était pour lui qu'un fils de l'homme. De là cette différence, dans la Génèse, entre les enfans d'Elohim et les enfans de l'homme.

La richesse conduisit à l'oisiveté, celle-ci aux vices. Pour remplir sa vie, le riche dut augmenter le nombre de ses jouissances. Déjà la mesure ordinaire, accordée par la nature, ne suffisait plus à satisfaire sa sensualité, qu'un lâche repos ne faisait qu'accroître. Le valet se contenta d'une seule femme, le riche en prit plusieurs. Mais une jouissance continuelle émousse les sens et les fatigue; il lui fallut donc penser à les exciter par des stimulans artificiels. Voilà donc un pas de plus. Il ne se contenta plus de ce qui ne fait qu'assouvir l'instinct sensuel, mais il demanda pour ses jouissances des plaisirs plus variés et plus délicats. Les jouissances permises ne le satisfaisant plus, ses appétits en inventèrent de secrètes. La femme, simplement femme, n'avait plus pour lui de charmes, il exigea qu'elle eût encore de la beauté.

Il remarqua qu'il y avait de belles femmes parmi les filles de ses valets. La fortune l'avait rendu orgueilleux; l'orgueil et la sécurité le rendirent arrogant. Il se persuada facilement que tout ce qui était à ses valets, était à lui, et puisque rien ne s'opposait à sa volonté, il se permit tout. Il dédaignait la fille de son valet pour épouse, mais elle lui parut bonne pour l'assouvissement de ses désirs : nouveau pas important vers la corruption.

L'exemple une fois donné, cette corruption des mœurs devint bientôt universelle; car moins elle rencontrait de lois qui auraient pu l'arrêter; moins la société dans laquelle elle avait pris naissance, était éloignée de l'innocence primitive, plus elle devait faire de progrès.

Le droit du plus fort s'établit; la puissance autorisa l'oppression, et, pour la première fois, on vit des tyrans. Les documens de Moïse signalent ces tyrans, comme des enfans de la joie, comme des bâtards, nés d'unions illégitimes. S'il faut prendre cette figure à la lettre, on y trouvera une grande finesse de pensée qu'on n'a pas encore remarquée, que je sache. Ces bâtards héritèrent de l'orgueil de leur père; mais, après sa mort, ils furent expulsés par les héritiers légitimes, et chassés du pays. Repoussés d'une famille dans laquelle ils n'étaient qu'intrus, ils se virent abandonnés et isolés dans le monde; ils n'appartenaient à personne, et rien ne leur appartenait. Mais, dans ces temps, il n'y avait que deux genres de vie : il fallait être maître, ou valet dans la maison d'un maître. Sans être maîtres, ils se crurent au-dessus de la condition servile; d'ailleurs ils avaient été élevés trop commodément pour pouvoir se résigner à la servitude. Que pouvaient-ils donc faire? L'orgueil de leur naissance et des membres vigoureux étaient tout ce qui leur restait. Le souvenir d'une opulence passée et un cœur aigri contre la société les accompagnaient dans leur misère. La faim en fit des brigands, et le succès du brigandage en fit des aventuriers et même des héros.

Bientôt leurs exactions les rendirent redoutables au paisible agriculteur. Le bruit de leurs succès et de leurs faits d'armes se répandit au loin, et l'abondance, fruit de ce nouveau genre de vie, leur amena plus d'une recrue. C'est ainsi qu'ils devinrent puissans et *hommes fameux*, comme les appelle l'Ecriture.

Ce désordre croissant dans la société, aurait probablement fini par y constituer l'ordre, et l'égalité des hommes une fois supprimée, ils eussent vraisemblablement été conduits du gouvernement patriarchal à la monarchie. Un de ces aventuriers, plus puissant et plus audacieux que les autres, s'en serait rendu le maître, aurait bâti une ville forte, et fondé ainsi le premier Etat. Mais ce phénomène n'était point encore dans le plan de l'être qui préside aux destins; un évènement terrible vint tout à coup arrêter les pas que le genre humain allait faire vers la civilisation.

§ 5. Le premier Roi.

L'Asie, par suite du déluge, abandonnée des hommes qui l'avaient habitée, dut bientôt devenir la proie des animaux sauvages qui, sur un sol fécondé par les eaux, devaient se multiplier avec profusion, et étendre leur domination partout où l'homme se trouvait trop faible pour s'y opposer. Il fallut donc que la nouvelle race d'hommes conquît sur les animaux les contrées qu'elle voulait cultiver, et qu'elle les défendît par la force ou par l'adresse contre leurs irruptions. L'Europe est aujourd'hui purgée de ces hôtes féroces, et nous pouvons à peine nous faire une idée du fléau qui pesa sur ces temps reculés. Pourtant, nous pouvons en juger d'après quelques passages de l'Ecriture et surtout d'après les usages des anciens peuples de la Grèce, qui décernaient l'immortalité et même la divinité aux destructeurs des bêtes féroces.

C'est ainsi qu'OEdipe-le-Thebain devint roi, pour avoir tué le Sphynx; que Persée, Hercule, Thesée et beaucoup d'autres, gagnèrent l'immortalité et l'apothéose. Quiconque contribua à la destruction de ces ennemis communs, devint le plus grand bienfaiteur des hommes; mais, pour y réussir, il fallait effectivement réunir des qualités rares. Avant que la guerre commençât ses ravages entre les hommes mêmes, cette chasse contre les animaux était le véritable métier des héros. Il est probable qu'on se réunit pour cette chasse en troupes assez nombreuses, et que ce fut toujours le plus vaillant qui les commanda, c'est-à-dire, celui à qui son courage et son intelligence, donnaient une supériorité *naturelle* sur les autres. Celui-ci donna son nom aux plus importantes de ces entreprises héroïques; et ce nom engagea des centaines d'hommes à signaler leur valeur sous sa bannière. Ces chasses devant en outre être exécutées d'après certaines dispositions réglées, tracées et dirigées par le chef, celui-ci acquit tacitement le pouvoir de distribuer les rôles, et de substituer sa volonté à celle de ses compagnons. Insensiblement on s'habitua à lui obéir et à se fier à la supériorité de ses lumières ; s'il se distingua en même temps encore par des actes personnels de bravoure, par l'audace de son âme, ou par la force de son bras, c'en fut assez pour que la crainte et l'admiration agissent tellement à son avantage, qu'on finit par se soumettre aveuglément à ses ordres. Dès lors, s'il vint à éclater quelque querelle dans la troupe, chose qui devait nécessairement arriver parmi un si grand nombre d'hommes, le chef, que tout le monde craignait et honorait, en était naturellement le juge; la crainte et le respect qu'inspirait son courage personnel, suffirent pour donner de la force à ses sentences : c'est ainsi qu'un chef de chasseurs devint chef et juge.

Lorsqu'on partageait le butin, la part du chef était sans doute la plus forte ; et comme elle allait au-delà de ses besoins , il en employait l'excédent à se faire des amis et des partisans. Bientôt il se vit entouré d'une troupe des plus braves, qu'il ne manquait pas d'augmenter chaque fois qu'il avait de nouvelles largesses à faire, et il les convertit insensiblement en une espèce de gardes du corps, en un escadron de Mamelouks, qui soutinrent ses prétentions avec un zèle ardent, et qui effrayèrent, par leur nombre, quiconque eût voulu s'opposer à leur chef.

Comme celui-ci se rendait utile aux propriétaires des champs et aux pâtres, par les chasses qui purgeaient leurs frontières des animaux destructeurs, il est possible que ces propriétaires et ces pâtres lui offrissent des dons volontaires consistant en productions de ses champs et en bétail, dons qu'il se sera fait continuer ensuite comme un tribut mérité, et qu'il finit par exiger comme une redevance légale. Ces recettes furent également distribuées aux plus vaillans de sa suite, et accrurent de nouveau le nombre de ses créatures. Comme ses chasses le conduisaient souvent à travers des récoltes qui souffraient de ce passage, les propriétaires imaginèrent de se garer de ces endommagemens par des dons volontaires qu'il ne tarda pas à réclamer ensuite d'autres propriétaires, auxquels il avait le pouvoir de nuire. Par ces expédiens et d'autres semblables, il augmenta ses revenus et sa richesse, et, par cela même, le nombre de ses partisans, qui devinrent enfin une petite armée, d'autant plus redoutable, que les combats contre le tigre et le lion l'avaient familiarisée avec les fatigues et les périls, et l'avaient rendue rude et farouche. Quand il s'éleva quelque difficulté entre un de ses satellites et un étranger, il était tout simple que le premier en appelât à son chef et protecteur, et qu'il apprît ainsi à étendre cette jurisdiction à des questions mêmes qui n'avaient aucun rapport à la chasse. Pour être roi, il ne manquait donc plus au chef que l'assentiment général de la nation, et, je le demande, pouvait-on le refuser à celui qui était à la tête d'une troupe armée et audacieuse ? Personne mieux que lui ne convenait pour régner, puisqu'il avait toute la puissance nécessaire pour faire exécuter ses ordres. D'ailleurs il était le bienfaiteur de tous, car on lui devait repos et sécurité contre l'ennemi commun. Déjà même il était en possession du pouvoir, puisqu'il commandait aux plus puissans.

C'est d'une manière semblable que les ancêtres d'Alaric, d'Attila et de Merovée devinrent rois de leurs peuples. Il en est de même des rois grecs chantés par Homère dans l'Iliade. Tous n'étaient d'abord que les chefs d'une troupe guerrière, vainqueurs de monstres, bienfaiteurs de leur nation. De chefs militaires, ils devinrent arbitres et juges. Avec le butin, résultat de leurs entreprises, ils soudoyèrent des partisans, qui les rendirent puissans et redoutables, et leur puissance les fit monter sur le trône.

On cite l'exemple de Dejocès le Mède, auquel le peuple offrit volontairement la couronne, après qu'il se fut rendu utile comme juge. Mais on a tort d'appliquer cet exemple à l'érection du premier roi. Quand les Mèdes nommèrent Dejocès leur roi, ils étaient déjà un peuple constitué; ils formaient déjà une société politique; tandis que nous parlons ici du premier roi qui constitua la première société. Les Mèdes avaient porté le joug pesant des rois Assyriens, tandis que le roi dont il est question ici, était le premier qui parût au monde, et le peuple qui se soumit à lui, était une société d'hommes nés libres, n'ayant pas vu jusque-là encore de pouvoir au-dessus d'eux. Un pouvoir qu'on a déjà supporté se laisse facilement rétablir par la voie paisible de l'élection; mais un pouvoir nouveau et inconnu ne s'établit pas aussi pacifiquement.

Il paraît donc plus conforme à la marche des choses, que le premier roi fût un usurpateur, et que ce ne fût pas l'action spontanée et unanime (car alors il n'y avait point encore de nation), mais la force, le bonheur et une milice aguerrie qui le firent monter sur le trône.

CHAPITRE IV.

La mission de Moïse.

La fondation de l'état judaïque par Moïse, est un des évènemens les plus mémorables que l'histoire nous ait conservés. Elle est aussi remarquable par la force d'intelligence qui l'exécuta, qu'importante par l'influence qu'elle a exercée et qu'elle exerce encore de nos jours sur les affaires du monde. Deux religions qui règnent sur la plus grande partie du monde habité, le Christianisme et l'Islamisme, s'appuient sur la religion des Hébreux, sans laquelle il n'y aurait ni Evangile ni Coran.

Dans un certain sens, il est même incontestable que nous devons à la religion de Moïse, une grande partie des lumières que nous possédons. Car c'est elle qui la première annonça cette précieuse vérité, que la raison abandonnée à elle seule n'eût trouvée qu'à la suite d'un développement long et tardif, je veux dire, la doctrine d'un Dieu unique, qu'elle répandit préalablement parmi le peuple, et qu'elle y conserva sous la forme d'un dogme aveuglément adopté, jusqu'à ce qu'elle pût mûrir dans les têtes éclairées et devenir enfin une conception de raison. Par ce moyen, une grande partie de l'espèce humaine fut préservée des tristes égaremens auxquels doit naturellement entraîner le polythéïsme. La constitution hébraïque avait exclusivement l'avantage précieux de ne pas mettre la religion des savans en contradiction directe avec celle du peuple, inconvénient qui avait lieu chez les nations payennes les plus éclairées.

Considérée sous ce point de vue, la nation juive est pour nous un peuple de beaucoup d'importance dans l'histoire universelle, et tout le mal qu'on est habitué d'en entendre, tous les sarcasmes des plaisans, ne nous doivent pas empêcher d'être juste envers elle. L'indignité et la bassesse de la nation ne peut effacer le sublime mérite de son législateur, et moins encore détruire la grande influence qu'à juste titre cette nation a exercée sur l'histoire. Nous devons la considérer comme un vase impur et commun, mais dans lequel fut conservé quelque chose de précieux, — comme un canal infect par lequel la Providence nous fit parvenir le plus riche de ses bienfaits, la vérité, et qu'elle brisa lorsqu'il eut rempli son but. De cette manière nous serons aussi loin de prêter à la nation hébraïque un mérite qu'elle n'a jamais eu, que de lui en contester un, qui lui appartient à bon droit.

Les Hébreux qui arrivèrent en Egypte ne consistaient qu'en une seule famille de nomades, composée d'environ 70 individus, et ce ne fut que dans ce pays qu'ils devinrent corps de peuple. Dans un espace d'à peu près 400 ans, qu'ils restèrent dans ce pays, ils se multiplièrent jusqu'au nombre de 2,000,000, dont 600,000 hommes capables de porter les armes.

Pendant ce long séjour, ils vécurent sans communication avec les Egyptiens, tant à cause de leurs habitations séparées, que de leur vie nomade, qui les rendit en horreur aux indigènes et les exclut de la législation et des droits civils des Egyptiens.

Ils se gouvernaient à la manière des peuples nomades, c'est-à-dire que le père commandait à la famille, le patriarche aux tribus. C'est ainsi qu'ils formaient dans l'Etat un Etat séparé, qui, par suite de son énorme accroissement, finit par donner des inquiétudes aux souverains.

Une si grande population, concentrée dans le cœur de l'empire, fainéante par suite de sa vie nomade, intimement liée entre elle, mais n'ayant aucune communauté d'intérêt avec le reste du pays, une telle masse d'étrangers pouvait devenir dangereuse, dans le cas d'une invasion ennemie, ou pouvait être tentée de profiter de la faiblesse de l'Etat, dans lequel son rôle était celui d'un spectateur oisif. La politique conseilla donc de tenir l'œil ouvert sur les Juifs, de les occuper, et d'aviser aux moyens d'arrêter leur prodigieuse multiplication. Dans ce but, on les chargea de travaux pénibles, et lorsque l'expérience eut appris qu'on pouvait ainsi les rendre utiles à la société, l'avarice se joignit à la politique pour augmenter leurs charges. On les contraignit inhumainement à des corvées publiques, et on leur donna des surveillans pour les diriger et les maltraiter. Mais toutes ces violences n'arrêtèrent pas leur multiplication toujours croissante. Une saine politique aurait dès lors et tout naturellement conseillé de distribuer ces étrangers dans toutes les provinces de l'Egypte, et de les confondre avec les naturels en leur accordant l'égalité des droits. Mais l'aversion universelle qu'ils inspiraient aux Egyptiens n'aurait pas permis l'exécution d'une pareille mesure.

Cette aversion fut encore augmentée par les suites qui devaient en résulter. Lorsque le roi d'Egypte assigna à la famille de Jacob, la province de Gosen, sur la rive orientale du Nil inférieur, il n'entendait sans doute pas qu'une postérité de deux millions d'âmes dût un jour y trouver place. Cette province n'était donc vraisemblablement pas d'une grande étendue, et la concession n'en était pas moins généreuse, calculée d'après la supposition d'un accroissement de population une fois moindre que celui qui arriva en effet. Mais le terrain ne s'étendant pas en proportion de la population, il arriva que les habitations se resserrèrent de plus en plus, jusqu'à ce qu'enfin elles se trouvassent entassées les unes sur les autres, d'une manière nuisible et insalubre. Les suites inévitables d'un pareil encombrement, c'est-à-dire, la malpropreté et les épidémies, se firent bientôt sentir, et voilà la première cause d'un mal qui, jusqu'à nos jours, est resté l'héritage des Juifs. Mais alors, ses ravages devaient être bien plus funestes qu'ils ne le sont aujourd'hui. La lèpre, horrible calamité de cette zône, empoisonna lentement les sources de la vie et de la génération, et d'un fléau accidentel, on vit résulter enfin un mal endémique et héréditaire. Les nombreuses mesures que le législateur a prises contre ce fléau, attestent combien il a dû être répandu; et les témoignages des écrivains profanes, tels que Manetho l'égyptien, Diodore de Sicile, Tacite, Lysimaque, Strabon et beaucoup d'autres, qui tous ne connaissaient du peuple juif que cette maladie endémique, prouvent suffisamment combien a dû être générale et profonde l'impression qu'elle faisait aux Egyptiens.

C'est ainsi que ce fléau, conséquence naturelle des habitations étroites, d'une nourriture malpropre et insuffisante, et des mauvais traitemens, devint le motif de nouvelles injustices. On avait méprisé les Juifs comme nomades, on les avait évités comme étrangers, mais alors on les fuit et on les abhorra comme pestiférés. A la crainte et à l'aversion que les Egyptiens avaient toujours eues de leur approche, se joignit désormais une répugnance profonde. On se crut tout permis envers des hommes sur qui la colère des dieux se manifestait d'une manière si terrible, et l'on ne se fit plus aucun scrupule de les priver des droits les plus sacrés.

Il n'est donc pas surprenant que les cruautés des Egyptiens envers les Juifs, aient augmenté à mesure que se sont manifestées les suites de ces mêmes cruautés, et qu'ils aient été punis plus sévèrement d'un malheur qu'on avait attiré sur eux.

La mauvaise politique des Egyptiens ne sut réparer la faute qu'elle avait commise, que par une faute nouvelle encore plus grossière. N'ayant pu, malgré la plus cruelle oppression, parvenir à tarir les sources de la population, elle inventa l'expédient aussi misérable qu'atroce de faire égorger, par les sages-femmes, les enfans mâles nouveaux nés. Mais, grâce à la nature, les tyrans ne sont pas toujours bien servis quand ils ordonnent des crimes! Aussi les sages-femmes de l'Egypte surent-elles braver cet ordre cruel, et le gouvernement ne put faire exécuter ses violentes mesures que par des moyens infames. Des assassins soudoyés parcoururent, l'ordonnance royale à la main, les habitations des Hébreux, égorgeant dans le berceau tous les enfans mâles. Ce moyen devait assurément conduire le gouvernement à son but, et, à moins qu'un sauveur ne se montrât, détruire en peu de temps toute la nation juive.

Mais d'où pouvait-il donc leur venir, ce sauveur? Ce ne pouvait être du milieu des Egyptiens. Comment un Egyptien se serait-il employé pour une race qui lui était étrangère, dont bien certainement il n'aurait pas voulu se donner la peine d'apprendre la langue, et qui lui paraissait indigne, autant qu'incapable, de jouir d'un meilleur sort?

Ce ne pouvait être non plus du milieu des Hébreux mêmes, car une tyrannie barbare en avait fait, dans le cours de quelques siècles, le peuple le plus sauvage, le plus méchant, le plus vil de la terre. Abruti par la privation de toute éducation physique et morale pendant 3oo ans, devenu lâche et acariâtre par l'effet d'un esclavage prolongé, dégradé à ses propres yeux par une infamie héréditaire, énervé, incapable de tout élan héroïque, encroûté enfin dans une ignorance stationnaire, tellement qu'il était descendu au rang des animaux; comment un tel peuple aurait-il pu produire un homme d'état? Où aurait-on trouvé, parmi eux, l'homme capable de faire respecter un amas de vils esclaves, si profondément méprisés? d'inspirer de l'amour-propre à un peuple si long-temps avili? de donner de la supériorité sur des oppresseurs policés, à une horde de pâtres ignorans et sauvages? Non! la nation juive d'alors était aussi incapable de produire un grand homme, que le paraît être encore aujourd'ui la caste réprouvée des Parias dans l'Inde.

Ici nous devons admirer la Providence, qui, par le procédé le plus simple, sut résoudre le problème le plus difficile; non pas cette Providence qui, par le moyen tranchant des miracles, renverse l'ordre éternel de la nature, mais celle qui elle-même a prescrit à la nature une économie qui lui fait exécuter les choses les plus extraordinaires par les moyens les plus simples. Un Egyptien ne pouvait avoir ni intérêt national, ni motif suffisant pour s'ériger en libérateur des Hébreux. Un simple Hébreu ne pouvait avoir ni l'énergie, ni l'intelligence nécessaire pour l'exécution d'une semblable entreprise; quel moyen restait-il donc au destin? Il choisit un Hébreu, mais il l'enleva de bonne heure à son peuple ignorant, et le nourrit de la sagesse égyptienne, pour en faire ainsi l'instrument de la délivrance de sa nation. Une mère juive de la tribu de Lévi avait su, pendant trois mois, dérober son enfant au fer des assassins toujours à la piste des nouveaux nés, mais elle désespérait de le cacher plus longtemps. La nécessité donc lui suggéra une ruse qui pouvait peut-être le sauver. Elle le plaça dans une petite boîte de papyros, goudronnée en dedans pour empêcher l'eau d'y pénétrer. Ayant épié le moment où la fille du Pharaon se rendait au bain, elle envoya la sœur de l'enfant déposer la boîte au milieu des roseaux de la rive, à un endroit où la princesse devait passer. Celle-ci ne tarde pas à venir; elle aperçoit l'enfant, le trouve gentil et prend la résolution de le sauver. Alors la sœur du petit s'approche comme par hasard, puis apprenant l'intention de la princesse, elle offre de lui procurer une nourrice juive. Son offre acceptée, elle court chercher la mère, qui reçoit ainsi pour la seconde fois un fils qu'elle peut désormais élever publiquement.

C'est ainsi que l'enfant apprit la langue et les mœurs de sa nation, en même temps que sa mère ne manquait probablement pas d'imprimer dans sa jeune âme le tableau touchant des malheurs de ses compatriotes. Lorsqu'il fut en âge de se passer des soins maternels, et qu'il fut temps de le soustraire au sort général de sa race, elle le rendit à la princesse, qui l'adopta pour fils, se chargea de son éducation, et lui donna le nom de Moïse, à cause qu'il avait été retiré de l'eau.

D'enfant esclave, de victime vouée à la mort, il devint donc l'enfant d'une princesse égyptienne, et comme tel, il eut part à tous les avantages des fils d'un roi. Les prêtres, à l'ordre desquels il appartenait dès son entrée dans la famille royale, se chargèrent de son éducation et l'instruisirent dans toute la sagesse égyptienne, qui était le domaine exclusif de leur ordre. Il est même probable qu'ils l'initièrent dans tous les mystères, car Manetho l'historien cite Moïse comme un apostat de la religion égyptienne, comme un prêtre évadé d'Héliopolis : ce qui fait présumer qu'il était destiné au sacerdoce.

Or, pour déterminer ce que Moïse a pu acquérir dans cette école, et quelle influence l'éducation qu'il reçut de ces prêtres a pu avoir sur sa législation postérieure, il nous faut d'abord entrer dans quelques détails sur la nature de leurs institutions, et, pour cela, écouter ce que les historiens rapportent de leurs doctrines et de leurs pratiques.

Déjà l'apôtre St.-Etienne admet que Moïse était instruit dans la sagesse égyptienne. Philo l'historien dit qu'il fut initié par les prêtres d'Egypte dans la philosophie des symboles et des hiéroglyphes, et dans les mystères des animaux sacrés. Ce témoignage est confirmé par plusieurs autres historiens, et lorsqu'on aura jeté un coup d'œil sur ce qu'on appelle la sagesse égyptienne, on reconnaîtra une frappante analogie entre ces mystères et ce que Moïse fit et enseigna par la suite.

On sait que le culte des plus anciens peuples dégénéra bientôt en polythéisme et en superstition. Parmi ceux mêmes que l'Ecriture sainte désigne comme adorateurs du vrai Dieu, les idées de l'Être suprême n'étaient ni pures ni nobles, bien loin d'être le résultat de notions claires et raisonnables. Mais lorsque, par suite d'une meilleure organisation de la société, et par l'établissement de gouvernemens réguliers, les diverses classes de citoyens furent séparées, et le soin des choses divines confié à un ordre particulier ; lorsque l'esprit humain, ainsi débarrassé du soin de l'existence physique, put méditer à loisir sur lui-même et sur la nature; lorsqu'ensuite quelques traits de lumière furent jetés sur l'économie physique de la nature, la raison dut enfin triompher des erreurs grossières, et concevoir de la divinité une pensée plus noble. L'idée d'une connexion universelle des choses dut nécessairement conduire à la notion d'une intelligence suprême et unique, et cette notion, où pouvait-elle germer plutôt que dans la tête d'un prêtre !

L'Egypte étant le premier état civilisé que l'histoire connaisse, et tous les mystères venant originairement de ce pays, il est vraisemblable que c'est là que l'idée de l'unité de Dieu fut, pour la première fois, conçue par la pensée de l'homme. L'heureux mortel qui avait trouvé cette idée sublime, choisit les plus instruits de ceux qui l'entouraient, pour la leur transmettre comme un dépôt sacré. Elle passa ainsi en héritage d'un penseur à l'autre, peut-être à travers plusieurs générations, jusqu'à ce qu'enfin elle devint la propriété d'une petite réunion d'hommes, capables de la comprendre et de la développer. Pour bien concevoir l'idée d'un Dieu unique, et en faire une juste application, il fallait cependant une certaine mesure de connaissances, un certain développement d'intelligence peu commun alors. Cette doctrine de l'unité de Dieu devant en outre mener au mépris du polythéisme, qui était pourtant la religion dominante, on reconnut bientôt qu'il serait imprudent, peut-être même dangereux de proclamer cette nouvelle doctrine, et de la répandre parmi le peuple. Pour l'introduire généralement, il eût fallu d'abord renverser les autels des anciens dieux, et les montrer dans toute leur ridicule nudité. Mais pouvait-on supposer, pouvait-on raisonnablement croire que tous ceux à qui l'on ferait abandonner leurs misérables superstitions seraient aussitôt capables de s'élever à la conception pure et difficile de la vérité ? Au surplus, toute l'organisation sociale était basée sur ces superstitions; en les détruisant, on renversait en même temps les colonnes qui supportaient l'édifice politique; et qui pouvait alors répondre que la nouvelle religion se fût de suite assez solidement assise, pour les remplacer?

Et si d'ailleurs on échouait dans la tentative de renverser les anciens dieux, on se trouvait avoir armé contre soi l'aveugle fanatisme et la fureur populaire dont on pouvait devenir victime. On se contenta donc de faire de la nouvelle, mais dangereuse doctrine, la propriété d'une petite congrégation, où l'on ne devait admettre que ceux qui montreraient les facultés suffisantes pour la comprendre, et l'on convint de couvrir la vérité, qui n'était pas à la portée des profanes, d'un voile impénétrable pour tout autre que les initiés.

C'est à cette fin qu'on inventa les hiéroglyphes, écriture symbolique très expressive, qui, sous l'assemblage de signes sensibles, cacha une notion générale, et se basa sur quelques règles arbitraires dont on convint.

Ces hommes éclairés avaient appris de l'idolâtrie quel pouvoir on peut exercer sur les jeunes cœurs, lorsqu'on sait frapper les sens et l'imagination. Ils n'hésitèrent donc pas à mettre en œuvre, au profit de la vérité, quelques artifices de l'imposture, et de rendre les nouvelles doctrines plus imposantes par l'appareil de certaines solennités extérieures, propres à mettre l'âme des adeptes dans une agitation passionnée qui les rendit plus aptes à recevoir la vérité. De ce genre étaient les ablutions, les lustrations, la prise d'habits de lin, l'abstinence des jouissances sensuelles, les chants graves et majestueux, le silence, le passage alternatif de l'obscurité à la lumière, etc., etc.

Ces cérémonies, combinées avec les figures et les hiéroglyphes mystérieux, ainsi que les vérités qu'elles cachaient, et auxquelles ces rites préparaient les adeptes, étaient comprises ensemble sous la dénomination de *mystères*. Ils avaient leur siége dans les temples d'Isis et de Serapis, et ils devinrent le prototype des mystères d'Eleusis, de Samothrace, et, plus tard, de l'ordre des Francs-Maçons.

Il paraît hors de doute que le fond des plus anciens mystères d'Héliopolis et de Memphis, durant le temps de leur pureté primitive, était la doctrine de l'unité de Dieu et la réfutation du paganisme, et que l'immortalité de l'âme y était enseignée. Ceux qui participaient à ces lumières importantes, portaient le nom d'Epoptes ou Contemplateurs, parce que la connaissance d'une vérité jusque là cachée, est à comparer au passage des ténèbres à la lumière. Peut-être aussi se donnaient-ils ce nom, parce qu'ils contemplaient effectivement la nouvelle vérité sous la forme d'images sensibles.

Mais ils ne pouvaient arriver tout-à-coup à cette contemplation; l'esprit devait préalablement être dégagé de nombreuses erreurs, et passer par une multitude d'intermédiaires, avant de pouvoir supporter l'éclat de la vérité. Il y avait donc des degrés et des grades, et le voile ne tombait entièrement que dans l'intérieur du sanctuaire.

Les Epoptes reconnaissaient une cause unique et dernière de toutes choses, une force primitive de la nature, l'être des êtres, qui était le même que le *démiourgos* des sages de la Grèce. Rien n'est plus sublime que la simplicité avec laquelle ils désignent le créateur de l'univers; ils ne lui donnaient aucun nom. Un nom, disaient-ils, n'est que le besoin d'une distinction; celui qui est seul n'a pas besoin de nom, car il n'est rien avec quoi il pourrait être confondu. On lisait au bas d'une vieille statue d'Isis : *Je suis ce qui est!* et sur une pyramide de Saïs se voyait l'antique et remarquable inscription : *Je suis tout ce qui est, qui fut et qui sera, nul mortel n'a soulevé mon voile.* Aucun homme ne pouvait entrer dans le temple de Serapis, s'il ne portait au front ou sur la poitrine le nom Yoa ou Yo-ha-ho, si semblable au Yehova des Hébreux, et qui a peut-être la même valeur. Aucun nom n'était prononcé, en Egypte, avec plus de vénération que celui de *Yoa*. Dans l'hymne que l'hiérophante, ou président du sanctuaire, chantait devant les adeptes, telle était la première révélation sur la nature de la divinité : » il est unique et par lui-même, tous les êtres doivent leur existence à celui qui est seul. »

La circoncision était une cérémonie nécessaire

à laquelle il fallait se soumettre avant l'initiation; Pythagore même s'y conforma lors de sa réception aux mystères d'Egypte. Par cette distinction d'avec ceux qui n'étaient pas circoncis, on voulait indiquer une communauté plus étroite, une sorte de rapport plus intime avec la divinité, et c'est sous ce point de vue que Moïse l'introduisit plus tard chez les Hébreux.

Dans l'intérieur du Temple, divers ustensiles sacrés, renfermant une signification secrète, se présentaient aux yeux des adeptes. Parmi eux, on remarquait une arche sainte, qu'on nommait le *Cercueil de Sérapis*. Il est probable qu'elle était primitivement le symbole de la sagesse cachée, mais plus tard, lorsque l'institut dégénéra, elle devint une babiole pour les trafiquans de mystères, et un instrument de duperie entre les mains des prêtres. Une classe particulière des ministres du sanctuaire, les Kistophores, avait seule la prérogative de la porter en procession. L'hiérophante seul pouvait la toucher et l'ouvrir, et l'on raconte qu'un Epopte, qui avait eu la témérité de l'ouvrir, en tomba en démence.

Il y avait de plus, dans les mystères d'Egypte, certaines images divines composées de plusieurs conformations animales : le célèbre sphinx est de ce genre. Il devait représenter les qualités réunies dans l'être suprême, peut-être aussi voulait-on accumuler, dans un seul corps, tout ce qu'il y a de plus puissant parmi les créatures vivantes.

On emprunta, pour le composer, quelque chose du plus puissant des oiseaux, de l'aigle; du plus puissant des animaux sauvages, du lion; du plus puissant des animaux privés, du taureau, et enfin, du plus puissant de tous les animaux, de l'homme. Mais on se servit surtout du symbole du taureau ou *apis*, comme emblème de la force, pour indiquer toute la puissance de l'être suprême; or le taureau s'appelle Cherub dans la langue primitive.

Ces figures mystiques, dont les Epoptes avaient seuls la clef, donnaient aux mystères mêmes un côté matériel qui parlait à l'imagination, qui imposait au peuple, et qui avait quelque ressemblance avec le culte des idoles. Les formes extérieures des mystères offraient ainsi une pâture continuelle à la superstition, tandis que dans le sanctuaire on s'en moquait.

On conçoit pourtant comment ce déisme pur pouvait se maintenir en bonne intelligence avec l'idolâtrie, car tout en la sapant intérieurement, il l'entretenait à l'extérieur. Du temps des premiers fondateurs des mystères, cette contradiction entre la religion des prêtres et celle du peuple, était excusée par la nécessité. Entre deux maux, celui-là parut être le moindre, puisqu'il laissait plus l'espoir de remédier aux conséquences fâcheuses du secret qu'on faisait de la vérité, qu'à celles qui eussent résulté de sa divulgation en temps inopportun. Mais quand, par la suite, des membres indignes se furent introduits dans le cercle des initiés, et que cette institution eut perdu de sa pureté primitive, alors on fit de ce qui n'avait été qu'un moyen de nécessité, c'est-à-dire, du mystère, le but de l'institut, et au lieu d'épurer progressivement la superstition, et de préparer le peuple à recevoir la lumière, on trouva plus profitable de l'égarer de plus en plus dans l'erreur, et de le plonger plus profondément dans la superstition. Des supercheries sacerdotales remplacèrent ces intentions pures et innocentes; et la même institution, qui devait recueillir la connaissance du vrai Dieu unique, la conserver et la répandre avec circonspection, finit par devenir le moyen le plus actif de protéger l'erreur, et par dégénérer en une véritable école d'idolâtrie. Pour ne pas perdre leur pouvoir sur les âmes, et pour tenir l'attention continuellement en suspens, les hiérophantes trouvèrent bon de reculer de plus en plus la dernière révélation, et d'encombrer les avenues du sanctuaire, par des coups de théâtre. Enfin la clef des hiéroglyphes et des figures mystérieuses se perdit entièrement, et il en résulta qu'on les prit eux-mêmes pour la vérité, à laquelle ils ne devaient primitivement servir que de voile.

Il est difficile de déterminer si l'éducation de Moïse appartient à l'époque florissante de l'institut, ou à celle où cet institut commençait à se pervertir; mais il est vraisemblable que le temps de Moïse touche à l'époque de son déclin, du moins, quelques tours de main que le législateur lui emprunta, et plusieurs jongleries moins louables dont il usa, le font conjecturer. Mais l'esprit des premiers fondateurs n'avait pas encore entièrement disparu, et la doctrine de l'unité de Dieu récompensait encore l'attente des initiés.

Cette vérité, qui entraîna le mépris décidé du polythéisme, jointe au dogme de l'immortalité, que l'on n'en séparait probablement pas, était le riche trésor que le jeune Hébreu retira des mystères d'Isis. Il y acquit en outre la connaissance des forces naturelles qui étaient également l'objet des sciences secrètes. Ces connaissances le mirent en suite à même de faire des miracles, de lutter, en présence du Pharaon, contre ses maîtres, les magiciens, et de les surpasser même, en plusieurs points. Sa vie antérieure prouve qu'il avait été un disciple studieux, et qu'il était arrivé au dernier degré de la contemplation.

Dans cette même école, il recueillit un trésor d'hiéroglyphes, de figures et de cérémonies mystérieuses que son génie inventif ne manqua pas de mettre plus tard en pratique. Il avait parcouru tout le domaine de la sagesse de l'Egypte; il avait apprécié tout le système des prêtres, pesé ses défauts et ses avantages, sa force et sa faiblesse; enfin il avait jeté un regard pénétrant dans la politique de ce peuple.

On ignore combien de temps il resta parmi ces prêtres; mais son apparition politique n'ayant eu lieu que très tard, quand il avait déjà 80 ans, on peut admettre qu'il a consacré à peu près une vingtaine d'années à l'étude des mystères et de la politique. Son séjour parmi les prêtres ne paraît cependant pas l'avoir tenu hors de communication avec sa nation ; il ne pouvait donc pas manquer d'être témoin des traitemens inhumains qu'on lui faisait endurer.

L'éducation égyptienne n'avait pas éteint dans son âme le sentiment national gravé dans le cœur de tout homme. Les humiliations de sa nation lui rappelaient que lui aussi, il était hébreu; une indignation profonde s'emparait de lui, toutes les fois qu'il la voyait souffrir; et plus il vint à se sentir, plus le traitement indigne des siens dut le révolter.

Un jour, il voit tomber un Juif sous les coups d'un officier égyptien. Cette scène l'indigne, il ne se maîtrise plus, il tue l'Egyptien ! Bientôt le bruit de son action se répand ; sa vie est en danger, il faut qu'il quitte l'Egypte; il s'enfuit dans les déserts de l'Arabie. Plusieurs historiens rapportent cet évènement à sa quarantième année, mais c'est sans preuves ; il nous suffit de remarquer que Moïse ne pouvait plus être jeune, lorsqu'il eut lieu.

Cet exil commence une nouvelle époque de sa vie, et si nous voulons bien juger sa conduite politique ultérieure en Egypte, il faut que nous l'accompagnions dans sa solitude aux déserts de l'Arabie.

Il y porta une haine mortelle contre les oppresseurs de sa nation, ainsi que toutes les connaissances qu'il avait puisées dans les mystères d'Egypte. Son esprit était là sans cesse occupé d'idées et de projets, son ame pleine d'amertume, et rien ne pouvait la distraire dans la terre de l'Asie.

Les documens historiques le font garder les moutons d'un Bedouin nommé Yethro. — Les brillantes espérances qui l'avaient entouré en Egypte, réduites à celles d'un pâtre! Le souverain futur, devenu le valet d'un nomade! — Quelle blessure cette chute énorme ne devait-elle pas faire à son cœur!

Mais sous l'habit d'un berger il porte l'esprit ardent d'un prince, et une ambition que rien ne peut ralentir. Ici, dans ces lieux romantiques où le présent ne lui offre plus rien, son imagination parcourt le passé, ou s'élance dans l'avenir, conversant avec ses pensées silencieuses. Le souvenir des scènes d'oppression et d'injustice occupe toute son ame, et rien ne les empêche d'y enfoncer leurs dards envenimés. Rien n'est plus insupportable pour une grande ame, que de souffrir l'injustice; et ce sont ses frères et sa nation entière qu'elle accable! Un noble orgueil l'enflamme, et un désir invincible d'agir et de se distinguer, se joint à cet orgueil offensé.

Eh quoi ! tout ce qu'il a recueilli de ses études, pendant une longue suite d'années, tout ce qu'il a conçu de beau et de grand, mourra donc avec lui dans ces déserts ! vaines pensées, stériles conceptions ! En vain, repoussant une idée aussi accablante, son ame ardente s'élève au-dessus de son sort; non, ce coin silencieux de la terre ne sera pas la limite de son activité, l'être sublime que les mystères lui ont révélé, l'appelle à de plus hautes destinées. Son imagination, qui s'exalte par la solitude et le calme, se fixe sur l'objet qui l'intéresse le plus : l'oppression des siens. Les sensations similaires se recherchent, et les malheureux prennent volontiers parti pour les malheureux. En Egypte, il aurait été Egyptien, hiérophante ou général; en Arabie, il n'est plus qu'Hébreu : alors une grande et sublime pensée s'élève dans son ame : « *je veux délivrer ce peuple.* »

Mais comment la réaliser? Innombrables sont les obstacles qui s'opposent à cette entreprise, et ceux qu'il rencontrera dans sa nation même, sont les plus décourageans de tous. Il ne peut supposer aux Hébreux ni l'union, ni la confiance, ni l'orgueil, ni le courage, ni l'esprit public, ni l'enthousiasme qui, seul, porte aux grandes actions. Un long esclavage, une misère de quatre cents ans, ont étouffé tout noble sentiment chez eux. Le peuple, à la tête duquel il doit se placer, est aussi indigne qu'incapable d'une entreprise hardie. Moïse ne peut donc rien attendre de ce peuple, et cependant il ne peut rien entreprendre sans lui. Quelles circonstances embarrassantes ! Avant de travailler ouvertement à sa délivrance, il faut qu'il le rende apte à recevoir un bienfait ; il faut qu'il le rétablisse d'abord dans ses droits d'homme qu'il a aliénés ; il faut qu'il lui rende les qualités qu'un abrutissement prolongé depuis longtemps a étouffées, c'est-à-dire, il faut qu'il souffle dans son ame l'espérance, la confiance, l'héroïsme et l'enthousiasme.

Mais ces sentimens ne peuvent exister sans le sentiment vrai ou trompeur de sa force réelle ; et d'où ce sentiment serait-il venu aux ilotes des Egyptiens? Et, supposé même qu'il réussisse à les entraîner un moment par son éloquence, cette inspiration artificielle ne les abandonnera-t-elle pas au premier danger? ne retomberont-ils pas plus découragés que jamais dans l'asthénie complète de l'esclave?

C'est ici que le prêtre égyptien et l'homme d'état viennent au secours de l'Hébreu. Les mystères de l'école d'Héliopolis lui rappellent par quel mobile puissant une petite congrégation de prêtres conduisit, à son gré, des millions d'hommes ignorans. Ce mobile n'était autre chose que la confiance en la protection divine, que la croyance aux pouvoirs surnaturels. Ne découvrant donc rien dans le monde visible, dans la marche naturelle des choses, qui puisse servir à inspirer du courage à sa nation, ne pouvant rattacher sa confiance à rien qui soit de ce monde, il veut la rattacher au ciel. Renonçant à l'espoir de lui inspirer le sentiment de sa propre force, il ne lui reste que de lui donner un Dieu fort et puissant. S'il réussit à la faire croire à ce Dieu, il la rend forte et entreprenante, et la confiance en ce bras puissant sera la flamme à laquelle il allumera toutes les autres vertus. S'il parvient à se légitimer devant ses compatriotes comme l'organe et l'envoyé de ce Dieu, ils seront bientôt un instrument facile entre ses mains, et leur marche désormais sera l'exécution de sa volonté.

Mais quel est le Dieu qu'il leur annoncera? et quels moyens emploiera-t-il pour forcer leur croyance? Leur annoncera-t-il le vrai Dieu, le Demiourgos, l'Yoa, auquel il croit lui-même, qu'il a appris à connaître dans les mystères.

Comment supposer qu'un ramas d'ignorans esclaves puisse se trouver à la hauteur d'une vérité, qui est l'héritage d'un petit nombre de philosophes, et qui exige un sensible degré de lumières pour être comprise? Comment se flatter que le rebut de l'Egypte conçoive ce qui, parmi les plus éclairés du pays, n'était à la portée que du plus petit nombre? Et, dans la supposition même qu'il parvienne à donner aux Hébreux la connaissance du vrai Dieu, dans la situation où ils sont, ce Dieu ne peut pas même les servir, et la connaissance de ce Dieu va renverser ses projets plutôt que les aider. Car le vrai Dieu ne se mêle pas plus du sort des Hébreux que de celui de quelqu'autre peuple que ce soit. Le vrai Dieu ne peut donc combattre pour eux et renverser les lois de l'ordre naturel en leur faveur; il les laisse démêler leurs affaires avec les Egyptiens et n'intervient point dans leur culte par des miracles. A quoi donc peut-il leur servir?

Faut-il donc leur annoncer le faux Dieu, un Dieu fabuleux contre lequel sa raison se révolte, et que les mystères lui ont appris à mépriser?

Son esprit est trop éclairé, son cœur trop loyal et trop généreux pour employer une fraude aussi odieuse. L'imposture ne sera pas la pierre fondamentale de son entreprise généreuse. L'inspiration qui l'anime ne lui prêterait pas son feu sacré pour le mensonge; le courage, la joie et la constance l'abandonneraient bientôt dans un rôle méprisable, si contraire à son intime conviction. Il veut rendre complet le bienfait qu'il médite; rendre sa nation, non seulement libre, mais éclairée, mais heureuse; fonder enfin son ouvrage pour l'éternité. Pour cela il ne faut pas qu'il se base sur l'imposture? il ne peut pas annoncer le vrai Dieu, parce que les Hébreux sont incapables de le comprendre; il ne veut pas leur annoncer un Dieu fabuleux, parce que ce rôle indigne lui répugne; il n'a donc d'autre ressource que *de leur annoncer le vrai Dieu, mais d'une manière fabuleuse.*

Cette résolution prise, Moïse médite sur sa religion rationnelle, pour découvrir ce qu'il en doit retrancher et ce qu'il en doit laisser subsister, afin de s'ouvrir une entrée favorable chez les Hébreux. Il considère leur position physique et morale, le faible essor de leurs facultés, et descend jusqu'au fond de leurs cœurs pour y trouver les fils secrets, auxquels il lui sera possible de rattacher ses vérités.

Il attribue à son Dieu des qualités correspondantes à leur force conceptive, et surtout à leurs besoins actuels. Il met son Yoa à la portée du peuple qui doit l'adorer ; il le modifie selon les circonstances dans lesquelles il l'annonce : c'est ainsi qu'il crée son Yehova !

Le peuple hébraïque n'était pas dépourvu de toute croyance aux choses divines ; mais cette croyance avait dégénéré en superstition. Il s'agit donc d'extirper celle-ci, et de conserver la croyance ; de la détacher de son indigne objet et de la diriger vers la nouvelle divinité. La superstition elle-même lui en fournit les moyens.

Dans l'opinion générale de ces temps reculés, chaque peuple était placé sous la protection de divinités particulières et nationales, et l'orgueil se plaisait à mettre ces divinités au-dessus de celles de tous les autres peuples. On ne leur contestait pas pour cela leur pouvoir, on le reconnaissait même, mais il ne fallait pas qu'elles s'élevassent au-dessus du Dieu de la nation.

C'est à cette erreur populaire que Moïse rattache sa vérité; du Demiourgos des mystères, il fait le Dieu national des Hébreux.

Mais il ne se contente pas de proclamer ce Dieu, le plus puissant de tous, il le fait aussi le Dieu unique, renversant ainsi tous ceux qu'on adorait à l'entour. Il le donne, à la vérité, en propriété aux Hébreux, parce qu'il veut se prêter à leur manière de concevoir; mais il lui soumet en même temps tous les peuples de la terre ainsi que toutes les forces de la nature. En le présentant sous cette image aux Hébreux, il sauve donc les deux qualités les plus éminentes du vrai Dieu, l'unité et la toute puissance, et il les rend même plus efficaces sous cette enveloppe humaine.

Ce vain orgueil de vouloir posséder exclusivement la divinité devait dès lors être mis en mouvement au profit de la vérité, et préparer une entrée favorable à la doctrine du Dieu unique. En cela Moïse ne fit, il est vrai, qu'abolir une ancienne hérésie pour lui substituer une hérésie nouvelle; mais celle-ci du moins est beaucoup plus voisine de la vérité, et ce n'est effectivement que par cette petite altération, que sa vérité fit fortune, et produisit tout le bien dont elle était susceptible. A quoi un Dieu philosophique eût-il servi aux Hébreux? Au contraire, avec ce Dieu national, Moïse pouvait s'attendre à faire des choses prodigieuses.

Mettons-nous un moment dans la position de ce peuple. Ignorant qu'il est, il mesure la force des dieux, d'après la prospérité des nations qu'ils protègent. Abandonné, opprimé par les hommes, il se croit également oublié des dieux. Dans sa manière de voir, le même rapport qui existe entre lui et les Egyptiens, doit se trouver entre son Dieu et le Dieu de l'Egypte. Le sien n'est donc qu'un très petit être à côté de celui-ci ; déjà même il est venu jusqu'à douter qu'il en ait aucun. Quand tout-à-coup on lui annonce qu'il a aussi, lui, un protecteur dans la sphère céleste; que ce protecteur sort de son long repos, qu'il ceint l'épée et se prépare à combattre ses ennemis. Cette annonce d'un Dieu est dès lors comme la proclamation d'un général, qui appelle des soldats sous ses drapeaux victorieux. Si ce général donne encore des preuves de sa force, si de plus il est déjà connu par ses actions précédentes, le feu de l'inspiration enflamme jusqu'aux plus découragés; c'est ce que Moïse avait calculé dans son projet.

L'entretien qu'il eut dans le buisson ardent nous expose les doutes qu'il s'était opposés à lui-même, et la manière dont il les avait levés.

Ma malheureuse nation aura-t-elle de la confiance en un Dieu qui l'a si longtemps abandonnée, qui lui arrive aujourd'hui comme des nues, dont elle n'a pas même entendu le nom, et qui, depuis des siècles, est demeuré spectateur oisif des tourmens affreux qu'elle a soufferts sous le joug de ses oppresseurs ? Ne croira-t-elle pas plutôt que c'est le Dieu de ses ennemis qui est le plus puissant ? Voilà les pensées qui devaient naturellement se présenter au nouveau prophète, et voici comment il aplanit ces difficultés.

Il fit de son Yoa le Dieu des Hébreux et le Dieu de leurs pères; et en le rattachant à leurs antiques traditions populaires, il le convertit ainsi en un Dieu national, ancien et bien connu. Mais pour montrer qu'il entend proclamer le Dieu véritable et unique, pour empêcher qu'on ne le confonde avec toute autre créature de la superstition, pour prévenir tout mal-entendu, il lui donne le nom sacré qu'il porte effectivement dans les mystères. Dis au peuple d'Israël, — lui fait-il dire — *je serai;* c'est lui qui m'envoie vers vous. »

Je serai est le nom de la divinité des mystères, mais il devait être entièrement incompréhensible aux ineptes Hébreux; ils n'y pouvaient attacher aucun sens, et Moïse aurait pu faire beaucoup plus d'effet avec un tout autre nom. Cependant telle était la sincérité de ses principes, qu'il préféra braver cet inconvénient plutôt que de renoncer à une pensée qui lui importait avant tout, celle de faire connaître aux Hébreux le Dieu qu'on enseignait dans les mystères d'Isis. Comme il paraît assez certain que les mystères d'Egypte avaient fleuri long-temps avant que Yehova n'apparût à Moïse dans le buisson ardent, on est en effet surpris qu'il donne à son Dieu le même nom que celui qu'il portait dans ces mystères.

Il ne suffisait pas que Yehova s'annonçât aux Hébreux comme un Dieu connu, comme le Dieu de leurs pères, il fallait aussi qu'il se montrât un Dieu fort, afin qu'ils pussent s'y fier avec courage, d'autant plus que leur sort, depuis long-temps, ne leur avait pas fait concevoir une grande idée de leur protecteur; et comme il ne se présentait que par l'intermédiaire d'un tiers, il fallait qu'il transportât sa puissance sur son envoyé, et que, par des actes extraordinaires, il le mît à même de prouver sa mission, autant que la puissance et la grandeur du Dieu qui l'envoyait.

Moïse ne pouvait donc justifier de sa mission que par des actions miraculeuses. Il n'y a pas de doute qu'il en a fait, mais comment les a-t-il faites et par quels moyens, et comment, en général, convient-il de les entendre : c'est ce que nous abandonnons aux méditations de chacun. Enfin, le récit que Moïse fait de sa mission a toutes les formes requises pour faire naître la conviction chez les Hébreux, et c'est là tout ce qu'il en attendait. Quant à nous, nous n'avons plus besoin qu'il produise le même effet; nous savons, par exemple, que si le créateur jugeait jamais à propos d'apparaître à quelqu'un, soit dans le feu, soit dans le vent, il lui serait indifférent qu'on se présentât à lui pieds nus ou chaussés. Mais Moïse se fait ordonner d'ôter ses souliers, car il sait trop bien que, chez ses Hébreux, l'idée de la sainteté divine avait besoin d'un signe extérieur, d'un signe qu'il empruntait aux cérémonies d'initiation, aux mystères. C'est sans doute par la même raison qu'il réfléchit que la difficulté de la parole pouvait lui être nuisible, et qu'il prévint cet inconvénient, en mêlant, dans son récit, toutes les objections qu'il avait à craindre, et qu'il les fit réfuter par Yehova lui-même. Enfin il ne consentit à la mission divine qu'après une longue résistance, afin de pouvoir rendre plus impérieux l'ordre divin qui le contraignait en quelque sorte à l'obéissance. En général, il mit toute son attention à dépeindre de la manière la plus détaillée et la plus individuelle, ce que les Hébreux, ainsi que nous, devaient avoir le plus de peine à croire, et sans doute qu'il avait de bonnes raisons pour cela.

En résumant ce que nous venons de voir, nous nous demandons quel était proprement le projet que Moïse forma dans le désert.

Il voulait emmener de l'Egypte le peuple Israélite, le rendre indépendant, et lui donner une constitution bien organisée dans un pays à eux.

Ne pouvant espérer de rencontrer, dans ce peuple abruti et découragé, ni l'intelligence ni l'énergie nécessaire pour l'exécution de son plan, il donne aux Juifs un Dieu, qui devait d'abord les délivrer des Egyptiens. Mais, pour conquérir un autre pays et s'y maintenir les armes à la main, il lui était nécessaire de réunir toutes leurs forces en corps de nation, et de leur donner des lois et un gouvernement constitué.

Prêtre et homme d'état, il comprit que la religion est le plus ferme appui de tout gouvernement. Le Dieu qu'il leur avait d'abord donné comme un simple général pour les tirer de l'Egypte, il en aura besoin tout à l'heure pour l'établissement de la loi, il faut donc qu'il annonce de suite dans quel sens il se propose de le faire intervenir dans sa législation subséquente. Homme grand et généreux, il ne voulait pas baser cette législation sur l'imposture, mais il voulait rendre le peuple heureux et éclairé. Il lui fit donc connaître le vrai Dieu, qu'il ne revêtit de quelques formes payennes que pour le mettre mieux à la portée de ceux qui n'auraient pu l'admettre dans sa pureté rationnelle. Cela, du moins, lui donna cet avantage que le fond de sa législation était vrai, et que le réformateur futur ne devait pas avoir besoin de saper les principes, lorsqu'il viendrait rectifier les idées : inconvénient qui menace toutes les religions fausses, aussitôt que le flambeau de la raison en approche.

Tous les empires de ce temps, ainsi que d'autres d'époques plus récentes, étaient fondés sur l'erreur et l'imposture, sur le polythéisme, encore qu'il existât en Egypte, comme nous l'avons vu, un petit cercle ayant des notions justes de l'être suprême. Moïse, qui lui-même était de ce petit nombre, et qui lui était redevable des lumières qu'il possédait, Moïse fut le premier qui osa publier les résultats des mystères, et même en faire la base d'un nouvel empire. C'est pour le bien du monde et de la postérité qu'il trahit et qu'il répandit, parmi une nation entière, la vérité qui jusque-là n'avait été que la possession d'un petit nombre de philosophes. Il est vrai qu'il ne put pas, avec cette nouvelle religion, leur donner, en même temps, l'intelligence suffisante pour l'apprécier, et qu'en cela les Epoptes avaient un grand avantage sur les Hébreux. Les Epoptes reconnaissaient la vérité par la raison; les Hébreux ne purent, tout au plus, qu'y prêter une foi aveugle.

CHAPITRE V.

De la législation de Lycurgue et de Solon.

Pour bien apprécier le plan de Lycurgue, il faut se reporter au temps où il le conçut, connaître la situation politique de Sparte, ainsi que la forme de son gouvernement. Deux rois investis d'un pouvoir égal étaient à la tête de l'état. Jaloux l'un de l'autre, ils cherchaient à se faire des partisans et à limiter le pouvoir de leur collègue. Cette rivalité, devenue héréditaire dans les deux lignes, depuis Proclès et Eryshène jusqu'à Lycurgue, avait livré Sparte à des factions continuelles. Chaque roi avait cherché à se rendre le peuple favorable en lui faisant d'importantes concessions; ces concessions l'avaient rendu arrogant et séditieux. Il en résultait, dans le gouvernement, une fluctuation continuelle entre la monarchie et la démocratie, qui se portait rapidement d'un extrême à l'autre. Nulle limite n'avait encore été tracée entre les droits du peuple et le pouvoir des rois; les richesses s'accumulaient dans un petit nombre de familles qui tyrannisaient les pauvres, et le désespoir des derniers éclatait en révoltes.

Déchiré par ces dissentions intestines, le faible état était sur le point de devenir la proie de ses belliqueux voisins, ou de se diviser en plusieurs petites tyrannies. C'est dans cette situation que Lycurgue trouva Lacédémone : absence de limites fixes entre le pouvoir royal et le pouvoir populaire, partage inégal des fortunes, manque absolu d'esprit public et de concorde, et faiblesse totale de toutes les institutions; tels étaient les maux qui réclammaient le plus notamment l'attention du législateur.

Lorsque le jour parut où Lycurgue voulait promulguer ses lois, trente des plus notables qu'il avait gagnés à son projet, se réunirent armés sur la place publique, afin d'imposer aux récalcitrans. Le roi Charilaüs, effrayé de ces mesures, et craignant qu'elles ne fussent dirigées contre lui, se réfugia dans le temple de Minerve; mais on le tranquillisa et on le détermina même à se montrer actif pour la réussite du projet de Lycurgue.

La première institution fixa le gouvernement, afin d'empêcher que la république fût à l'avenir ballottée entre la tyrannie royale et l'anarchie démocratique. Lycurgue fonda le sénat, pouvoir intermédiaire, propre à contrebalancer les deux autres. Les sénateurs, au nombre de 28, formant 30 votes avec les deux rois, devaient prendre le parti du peuple, lorsque les rois abuseraient de leur pouvoir, et protéger ces derniers lorsque le pouvoir du peuple prendrait trop d'ascendant. Cette excellente institution sauva à jamais l'état des orages intestins qui l'avaient agité jusque là, en mettant les deux partis dans l'impossibilité de s'opprimer mutuellement. Les rois ne pouvaient rien contre le sénat et le peuple réunis, et il n'y avait également pas à craindre que le peuple dominât lorsque le sénat ferait cause commune avec les rois. Mais il existait un troisième cas que Lycurge n'avait pas prévu, celui que le sénat lui-même abuserait de son pouvoir. Comme membre médiaire, le sénat pouvait, avec une égale facilité et sans danger pour le repos public, s'unir aux rois et au peuple; mais les rois ne pouvaient pas, sans danger imminent pour la république, s'unir au peuple contre le sénat. Ce dernier ne tarda donc pas à profiter de sa position avantageuse, et à faire un usage illimité de son pouvoir, ce qui était d'autant plus facile que le petit nombre des sénateurs leur permettait de s'entendre. C'est pourquoi les successeurs de Lycurgue suppléerent à cette lacune en instituant les Ephores, qui mirent un frein au pouvoir du sénat.

La seconde loi de Lycurgue était plus dangereuse et plus hardie. Elle distribuait tout le pays en parts égales aux citoyens, et supprimait ainsi à jamais toute inégalité entre le pauvre et le riche. Toute la Laconie fut formée en 30,000 lots, et les champs autour de Sparte même en 9,000, chacun assez considérable pour subvenir aux besoins d'une famille. Sparte offrit alors un spectacle de richesse et d'abondance, dont Lycurgue fut ravi lorsque plus tard il voyagea à travers ces contrées. Toute la Laconie, s'écria-t-il, ressemble à un jardin partagé entre des frères!

Il aurait voulu faire un semblable partage des biens meubles, si des obstacles insurmontables ne s'y fussent opposés. Il chercha à atteindre son but par des moyens détournés, et à faire tomber de soi-même ce qu'il ne pouvait abolir par un acte de pouvoir.

Il commença par interdire toute monnaie d'or et d'argent, et il en fit frapper une en fer. Il affecta en même temps une très petite valeur à un grand morceau de ce pesant métal, de sorte qu'il fallait un grand espace pour garder un petit trésor, et beaucoup de chevaux pour le transporter.

Et pour empêcher qu'on ne fût tenté de rechercher et d'accumuler cette monnaie, à cause du fer, il le fit rougir et tremper dans du vinaigre, afin de le rendre impropre à tout autre usage.

Qui désormais aurait eu envie de voler, de se laisser gagner et d'accumuler des richesses, puisque le plus petit gain ne pouvait être ni caché ni mis à profit?

En privant ainsi ses concitoyens des moyens de luxe, il éloignait en même temps de leurs yeux les objets qui auraient pu les tenter; car aucun marchand étranger ne voulait vendre contre cette monnaie de fer, et les Spartiates n'en avaient pas d'autres. Tous les artistes travaillant pour le luxe disparurent de la Laconie; nul vaisseau ne mouilla plus dans ses ports; nul aventurier ne vint plus chercher fortune dans ce pays, parce que nul marchand ne pouvait plus y mettre à contribution la vanité et la mollesse; enfin tout luxe disparut, car il n'y avait plus personne pour l'alimenter.

Cet ennemi du bonheur des hommes, Lycurgue le poursuivit encore avec d'autres armes.

Il ordonna que tous les citoyens mangeassent ensemble dans un lieu public, et qu'ils partageassent tous la nourriture prescrite. Il n'était pas permis de se livrer à la mollesse chez soi, et de se faire préparer des mets délicats dans sa propre cuisine. Chaque citoyen était tenu de fournir mensuellement une certaine quantité de comestibles au gouvernement qui, par contre, pourvoyait à sa nourriture. Quinze personnes occupaient ordinairement une table, et, pour y être admis, il fallait avoir les suffrages de tous les convives. Personne ne pouvait y manquer sans excuse valable, et l'on tenait si rigoureusement à cette règle que le roi Agis, revenant d'une guerre glorieusement terminée, et désirant dîner avec son épouse, n'en put obtenir la permission des Ephores. Parmi les mets des Spartiates, on cite le fameux brouet noir, au sujet duquel les étrangers disaient qu'il n'était pas étonnant que les Spartiates fussent braves, puisque mieux valait mourir que de manger de leur soupe noire. La gaîté et les ris assaisonnaient leurs repas, et Lycurgue lui-même était tellement ami de la joie, qu'il fit élever un autel, dans sa maison, au dieu du Rire.

Par l'introduction de ces repas communs, Lycurgue gagna beaucoup pour son but. Tout luxe de vaisselle et de table disparut, parce qu'on n'en pouvait faire aucun usage à la table publique. La gourmandise fut à jamais proscrite. La tempérance et la régularité eurent l'influence la plus heureuse sur la santé, et des pères robustes ne pouvaient donner que des enfans robustes à l'état. Ces réunions habituèrent les citoyens à vivre ensemble, à se considérer comme membres d'un même corps politique, et cette uniformité de genre de vie leur imprima la similitude de caractère qui distinguait les Lacédémoniens.

Une autre loi prescrivit que nulle maison ne pût avoir de toits et de portes, que faits à la hache, et à la scie. Personne ne pouvait avoir l'envie d'introduire des meubles précieux dans une semblable maison, et tout fut ainsi d'accord avec l'ensemble.

Lycurgue comprit bien qu'il ne suffisait pas de faire des lois pour ses concitoyens, mais qu'il fallait aussi créer des citoyens pour ses lois. C'était dans les ames des Spartiates qu'il fallait garantir l'éternité à sa constitution; c'était leurs ames qu'il fallait fermer à toutes les impressions étrangères.

La partie la plus importante de sa législation portait donc sur l'éducation, et ce fut par elle qu'il ferma pour ainsi dire le cercle dans lequel l'état devait se mouvoir autour de lui-même. L'éducation fut l'œuvre la plus importante de l'état, et l'état une œuvre continuelle de l'éducation.

Sa sollicitude pour les enfans s'étendit jusqu'aux sources de la procréation. Le corps des jeunes filles fut fortifié par des exercices, afin de les rendre aptes à mettre facilement au monde des enfans forts et bien portans. Elles allaient sans vêtemens, afin de s'endurcir contre l'intempérie des saisons. Pour les épouses, il fallait les ravir, et encore ne pouvait-on les visiter que nuitamment et à la dérobée. Il en résultait que les époux restaient étrangers l'un à l'autre pendant les premières années du mariage, et, que, sous le voile du mystère, l'amour pouvait se parer de fleurs toujours nouvelles.

La jalousie était bannie du mariage. Tout, jusqu'à la pudeur même, était subordonné au but principal du législateur, qui sacrifiait la fidélité conjugale pour obtenir à l'état des enfans vigoureux.

Dès sa naissance, l'enfant appartenait à l'état; son père et sa mère n'étaient plus rien pour lui. Il était visité par les anciens, et s'il était sain et bien constitué, on le donnait à une nourrice; s'il était faible et mal formé, on le jetait dans un précipice du Mont-Taygètes.

Les nourrices spartiates étaient célèbres dans toute la Grèce, pour l'éducation dure qu'elles donnaient aux enfans; on en faisait venir jusque dans les pays les plus éloignés.

Quand les garçons avaient atteint l'âge de 7 ans, on les leur retirait, et on les faisait élever et instruire avec ceux du même âge. On leur apprenait de bonne heure à supporter les fatigues et à maîtriser leur corps par des exercices violens. Arrivés à l'adolescence, les plus nobles d'entre eux pouvaient espérer trouver des amis parmi les hommes qui s'attachaient à eux avec une passion presqu'exaltée. Les anciens assistaient à tous leurs jeux; là ils observaient le génie naissant, et excitaient à l'amour de la gloire par l'éloge et le blâme. Si le jeune homme voulait satisfaire son appétit, il fallait qu'il volât les alimens, et s'il était pris, la honte et une dure correction étaient son partage. Lycurgue avait choisi ce moyen pour les habituer de bonne heure à la ruse et à l'astuce, qualités qu'il croyait aussi nécessaires à l'état de guerrier pour lequel il les élevait, que le courage et la force du corps. Nous avons déjà dit combien peu il était scrupuleux à l'égard des mœurs, lorsqu'il s'agissait d'un but politique. D'ailleurs, il faut considérer ici que ni la profanation du mariage, ni ces vols commandés n'avaient, à Sparte, le danger *politique*, qu'ils eussent entraîné dans tout autre état. Le gouvernement étant chargé de l'éducation des enfans, cette éducation était indépendante du bonheur et de la pureté des mariages; la propriété ayant peu de valeur dans un pays, où presque tous les biens étaient communs, sa sûreté n'était pas un point fort important; un attentat, surtout quand le gouvernement le dirigeait vers un but supérieur, n'était pas précisément un crime civil.

Il était défendu aux jeunes gens de se parer en d'autres occasions, qu'en allant au combat ou à quelqu'autre grand danger. Alors on leur permettait de tresser leurs cheveux, d'orner leurs vêtemens et de parer leurs armes. Les cheveux, disait Lycurgue, rendent les beaux plus beaux et les laids plus terribles. C'était sans doute un heureux artifice de la part du législateur, que de joindre une idée de gaité et de parure aux occasions de danger, et de leur ôter ainsi leur aspect redoutable. Il l'avait si bien senti, qu'en temps de guerre il relâchait la sévérité de la discipline. Delà venait que les Spartiates regardaient la guerre comme une espèce de récréation, et qu'ils la désiraient comme un évènement joyeux. Quand ils étaient en vue de l'ennemi, le roi entonnait l'hymne de Castor, les soldats s'avançaient en colonne serrée au son des flûtes, et marchaient gaiment et sans crainte à l'ennemi.

Il était dans le plan de Lycurgue que l'amour de la propriété fût entièrement subordonné à l'amour de la patrie, et que les citoyens, affranchis de tout soin de la vie, ne vécussent que pour l'état. C'est pour cela qu'il les dispensait des occupations de la vie ordinaire, et qu'il en chargeait des étrangers. Les travaux des champs et du ménage appartenaient aux esclaves, dont la condition était, à Sparte, égale à celle des bêtes. On les nommait Hilotes, parce que les premiers esclaves avaient été des habitans de la ville d'Hélos, faits prisonniers dans une guerre.

Rien de plus abominable que l'usage que les Spartiates faisaient de ces malheureux. On les considérait comme un meuble, dont on pouvait se servir dans tel but politique qu'on jugeait à propos, et l'humanité était en eux outragée d'une manière révoltante. On les forçait de s'enivrer de liqueurs fortes, et on les exposait en public dans cet état de dégradation, pour donner à la jeunesse une image repoussante de l'intempérance. On leur faisait chanter des chansons infames et exécuter des danses burlesques, afin de relever les chants et les danses des hommes libres.

Souvent on les employait à des usages encore plus inhumains. Quand il s'agissait de mettre le courage des jeunes gens à l'épreuve, et de les préparer à la guerre par des préludes sanglans, le sénat en envoyait un certain nombre dans les campagnes, armés du poignard, et munis d'un peu de nourriture. Il leur était ordonné de se tenir cachés durant le jour, mais la nuit ils se portaient sur les routes, assassinant les Hilotes qui tombaient entre leurs mains. Cette institution se nommait la *Cryptia* ou *guet-à-pens*; on ignore si Lycurgue en a été le fondateur, mais elle est bien dans ses principes. Tant que la république fut heureuse dans ses guerres, le nombre de ces Hilotes s'accrut au point qu'ils commencèrent à devenir dangereux pour l'état, et qu'effectivement, poussés au désespoir par les mauvais traitemens, ils se portèrent à la révolte. Alors le sénat prit une mesure atroce, qu'il croyait justifiée par la nécessité. Un jour, pendant la guerre du Péloponèse, le sénat ayant fait assembler 2000 des plus braves Hilotes, les fit orner de fleurs et marcher processionnellement vers les temples; là ils disparurent inopinément, et personne ne sut ce qu'ils étaient devenus. Ce qu'il y a de certain, c'est qu'il était passé en proverbe que les esclaves des Spartiates étaient les plus malheureux des hommes, comme eux-mêmes étaient les hommes les plus libres de la terre.

Dispensés par les Hilotes de toute espèce de travail, les Spartiates coulaient leurs jours dans l'oisiveté. La jeunesse passait son temps en exercices corporels et militaires, auxquels les anciens assistaient comme spectateurs et comme juges. C'était une honte aux vieillards de ne pas se rendre dans les lieux où l'on élevait la jeunesse; de sorte que chaque Spartiate vivait au milieu de l'état, et que tous ses actes devenaient des actes publics. La jeunesse fleurissait et la vieillesse s'altérait sous les yeux de la nation. Sparte était continuellement devant les yeux des Spartiates, et les Spartiates étaient continuellement vis-à-vis de Sparte. L'amour de la gloire était sans cesse aiguillonné; l'esprit national s'alimentait de toutes parts, et l'idée de patrie et d'intérêt national s'enlaçait avec l'existence intime de ses citoyens.

Les fêtes publiques, assez nombreuses, ne contribuaient pas peu à fortifier ces affections nationales. On y chantait des hymnes guerriers à la gloire des citoyens morts pour la patrie, et d'autres dont le but ordinaire était d'exciter la jeunesse à imiter les braves. Dans ces fêtes, les habitans se formaient en trois chœurs. Celui des anciens chantait : *Nous fûmes braves dans les temps qui sont passés!* celui des hommes répondait : *Nous sommes braves aujourd'hui, vienne qui voudra pour nous éprouver!* et celui des adolescens : *Nous serons braves et nous éclipserons votre gloire.*

Lorsque nous jetons un coup d'œil rapide sur la législation de Lycurgue, nous sommes saisis d'un agréable étonnement. Parmi toutes les institutions analogues de l'antiquité, celle-ci est incontestablement la plus parfaite, la seule législation de Moïse exceptée, à laquelle elle ressemble en plusieurs points, surtout dans les principes qui en sont la base. Assurément Lycurgue n'aurait su choisir de moyens plus convenables pour arriver à son but, c'est-à-dire pour fonder un état, isolé de tous les autres, qui se suffît à lui-même, et se conservât par son mouvement circulaire et par sa force propre et toujours vivante. Nul législateur n'a jamais donné à un état cette unité, cet intérêt national et cet esprit public que Lycurgue sut imprimer au sien, en concentrant toute l'activité des citoyens dans l'état, et en fermant toutes les routes qui auraient pu les en distraire.

Tout ce qui peut enchaîner l'ame humaine, tout ce qui peut exciter les passions, le seul intérêt politique excepté, était éloigné par sa législation. Les richesses, les voluptés, les sciences et les arts, n'avaient point d'accès dans l'ame du Spartiate. Une pauvreté égale et commune à tous ne permettait aucune comparaison des fortunes, source ordinaire de l'avarice et de la cupidité. L'amour des richesses tombait de lui-même avec l'occasion de les étaler et d'en jouir.

Par la profonde ignorance dans les arts et les sciences, qui obscurcissait toutes les têtes à Sparte d'une manière uniforme, Lycurgue l'avait mise à l'abri des empiétemens qu'un esprit éclairé aurait pu faire sur la constitution. Cette même ignorance, jointe à la fierté propre à tout Spartiate, était un obstacle continuel à leur mélange avec les autres peuples de la Grèce. Déjà, au berceau, les Spartiates recevaient cette empreinte nationale, et plus ils étaient différens des autres nations, plus ils devaient se rattacher à leur point central. La patrie était le premier spectacle qui se présentait à l'enfant, quand il commençait à penser. Il se réveillait dans le sein de l'état; la nation, la patrie l'entouraient de toute part : c'était la première pensée de son cerveau, et sa vie entière n'était qu'une répétition continuelle de cette première impression.

Le Spartiate ne trouvait de l'occupation, des plaisirs, de l'honneur et des récompenses que dans l'état; tous ses désirs, toutes ses passions se dirigeaient vers ce point. Il n'est donc pas étonnant que leurs vertus nationales se soient élevées à une hauteur qui nous paraît incroyable. Chez eux, il n'y avait pas même un doute sur la question de savoir, s'il y avait à choisir entre le bien propre et celui de l'état.

C'est ainsi qu'on conçoit comment Léonidas, avec ses trois cents, pouvait mériter cette épitaphe, la plus belle dans son genre, monument sublime de la vertu politique : « Raconte, voyageur, quand tu iras à Sparte, que fidèles à ses lois, nous sommes morts ici. »

Il faut donc convenir que rien ne peut être mieux conçu et plus approprié à sa destination, que cette constitution; qu'elle présente un édifice parfait, et qu'exécutée dans toute sa rigueur, elle aurait nécessairement dû reposer sur elle-même. Mais si je finissais ici le tableau que j'ai entrepris de tracer, je me serais rendu coupable d'une grande erreur. Cette admirable constitution est condamnable au dernier degré, et c'eût été un malheur déplorable pour l'humanité, si tous les états se fussent formés sur son modèle : il ne sera pas difficile de nous en convaincre.

Comparée avec son propre but, cette législation de Lycurgue est un chef-d'œuvre de l'art politique et de la connaissance des hommes. Mais lorsqu'on compare le but de Lycurgue au but de l'humanité, une profonde indignation remplace l'admiration inspirée par le premier coup d'œil.

Tout peut être sacrifié au bien de l'état, excepté ce à quoi l'état lui-même ne sert que comme moyen. L'état même n'est jamais le but ; il n'a de l'importance que parce qu'il est une des conditions à l'aide desquelles le but de l'humanité peut être atteint ; et ce but, quel est-il, si non le développement de toutes les facultés de l'homme, la progression continuelle de la civilisation? Un gouvernement qui s'oppose à ce que toutes les facultés de l'homme se développent librement, un gouvernement qui empêche les progrès de l'esprit humain, est mauvais et condamnable, quelque bien conçu et quelque parfait qu'il soit dans son genre. La solidité même est, en ce cas, plutôt un reproche qu'une gloire, car il n'est alors qu'un mal prolongé, et plus il dure, plus il est nuisible.

Il est une règle générale et immuable pour l'appréciation des institutions politiques, savoir, qu'elles ne sont bonnes et tolérables qu'autant qu'elles contribuent au développement de toutes les facultés de l'homme, qu'autant qu'elles accélèrent la marche de la culture, ou du moins ne l'entravent pas. Ceci s'applique autant aux lois religieuses qu'aux lois politiques ; les unes et les autres sont rejetables, dès qu'elles enchaînent ou qu'elles rendent stationnaire la moindre faculté de l'esprit humain. Une loi, par exemple, qui obligerait une nation à persister dans un article de foi qui lui a paru excellent à une certaine époque, serait un attentat à l'humanité; et nulle intention, quelque apparente qu'elle fût, ne saurait la justifier; elle serait immédiatement dirigée contre le suprême bien, contre le but le plus sacré de la société.

Munis de cette règle générale, nous ne pouvons pas rester incertains sur le jugement que nous avons à porter de la constitution de Lycurgue.

A Sparte, une seule vertu, celle de l'amour de la patrie, fut exercée au détriment de toutes les autres.

Les sentimens les plus beaux, les plus naturels de l'humanité étaient sacrifiés à cette affection factice.

Le mérite politique y était acquis, et toutes les capacités y étaient développées aux dépens des sentimens moraux. Il n'y avait, à Sparte, ni amour conjugal, ni amour filial, ni amitié. On n'y trouvait que des citoyens et des vertus civiques. On a admiré longtemps cette mère spartiate, qui repoussa avec dédain son fils revenu du combat, et qui courut au temple pour rendre grâce aux dieux de ce que son second fils était mort pour la patrie. On n'aurait pas dû féliciter l'humanité d'une force d'esprit si peu conforme à la nature. Dans le monde moral, une tendre mère est une apparition bien plus belle, qu'une hermaphrodite qui renie les sentimens naturels pour satisfaire à un devoir factice. L'indomptable Coriolan, au camp devant Rome, nous offre un spectacle bien plus beau, quand il préfère sacrifier sa victoire et sa vengeance, plutôt que de voir couler les larmes de sa mère.

A Sparte, les tendres liens de la paternité n'existaient pas, par cela même que l'état s'emparait des enfans à leur naissance. L'enfant n'apprenait jamais à aimer son père ni sa mère; il ne les connaissait que par ouï-dire et non par leurs bienfaits.

Le sentiment commun de l'humanité était étouffé d'une manière encore plus révoltante, et le principe de tous les devoirs, le respect dû à l'homme se perdait à tout jamais. Une loi érigeait en devoir la cruauté envers les esclaves, et outrageait l'humanité dans ces malheureuses victimes. Le dangereux principe de considérer les hommes comme moyen et non comme fin, préconisé par le code spartiate, renversait de fond en comble les bases du droit naturel et de la moralité.

Peut-on imaginer quelque chose de plus contradictoire et de plus terrible dans ses suites? Non content d'avoir établi son état sur les ruines de la moralité, Lycurgue travaillait encore dans un autre sens contre le but suprême de l'humanité, en fixant à tout jamais l'esprit des Spartiates au point où il les avait trouvés, et en mettant des bornes insurmontables à tout progrès. L'industrie étant bannie, les sciences négligées, le commerce intérieur et étranger proscrit, aucune lumière nouvelle ne pouvait leur venir du dehors; tout fut dès lors renfermé dans le cercle d'une éternelle uniformité et d'un triste égoïsme.

L'unique occupation des citoyens consistait à conserver ce qu'ils possédaient, et à rester ce qu'ils étaient, à ne rien acquérir de nouveau et à ne pas s'élever à un degré supérieur. Des lois inflexibles veillaient à ce qu'aucune innovation ne s'introduisît dans le mécanisme de l'état, et à ce que la marche du temps même ne changeât rien à la forme des lois. Il fallait, pour rendre durable cette constitution locale et temporaire, arrêter l'esprit de la nation au point où il était lors de sa promulgation.

Or nous avons vu que l'état ne doit avoir d'autre but que les progrès de l'esprit.

L'état de Lycurgue ne pouvant avoir de la durée qu'à la seule condition que l'esprit du peuple restât stationnaire, s'il se maintenait, ce n'était qu'en allant contre ce qui est l'unique et suprême but d'un état. On a prétendu vanter Lycurgue, en disant que Sparte ne fleurirait qu'autant qu'elle suivrait la lettre de sa loi, mais c'est bien le pire qu'on en a pu dire. Car, par cela même que Sparte ne pouvait abandonner la forme que Lycurgue lui avait donnée, sans s'exposer à sa perte, par cela même qu'il lui fallait demeurer à la place où un seul homme l'avait jetée, Sparte était malheureuse et son législateur ne pouvait lui faire un cadeau plus triste que cette durée éternelle d'une constitution qui était diamétralement opposée à sa félicité comme à sa véritable gloire.

En résumant ces observations, nous voyons disparaître le faux éclat avec lequel le seul côté saillant de la constitution spartiate éblouit un œil inexpérimenté. Nous n'y reconnaissons plus que l'essai imparfait d'un écolier, le premier *exercitium* d'une époque reculée, qui n'avait pas assez d'expérience et de lumières pour connaître les vrais rapports des choses. Mais quelque vicieux qu'ait été ce premier essai, il n'en est pas moins digne d'occuper l'attention de l'historien et du philosophe. Ce n'était pas moins une entreprise gigantesque de l'esprit humain, de vouloir traiter comme un art ce qui, jusque là, avait été abandonné au hasard et aux passions. Ce premier essai dans le plus difficile des arts devait nécessairement être imparfait, mais il mérite toute notre estime par cela même qu'il fut fait dans un art aussi important. Les statuaires ont fait des colonnes hermétiques avant qu'ils se soient élevés jusqu'à la forme parfaite d'un Antinoüs ou d'un Apollon du Vatican; de même les législateurs passèrent par de nombreux essais avant de trouver l'heureux équilibre des forces sociales.

Le marbre cède patiemment au ciseau du sculpteur, et les cordes répondent au musicien sans résister à ses doigts.

Le seul législateur travaille une matière spontanée et récalcitrante, la liberté humaine. Quelque pur que soit l'idéal qu'il a conçu dans son esprit, il ne peut le réaliser qu'imparfaitement, mais le seul essai mérite la louange toutes les fois qu'il est entrepris avec une bienveillance désintéressée, et achevé avec convenance.

Dracon et Solon.

La législation de Solon était le contraire absolu de celle de Lycurgue; et puisque les républiques de Sparte et d'Athènes jouent les rôles principaux dans l'histoire de la Grèce, il sera intéressant de comparer leurs formes de gouvernement, et d'en peser les défauts et les avantages.

Après la mort de Codrus, le pouvoir royal fut aboli à Athènes, et le pouvoir suprême transmis à un magistrat à vie nommé *Archonte*. Treize de ces Archontes régnèrent pendant un espace de 3oo ans. L'histoire ne rapporte rien de mémorable de cette longue époque, vers la fin de laquelle l'esprit démocratique, qui distinguait déjà les Athéniens au temps d'Homère, commençait à se réveiller. L'Archontat à vie leur parut enfin une image par trop vive du pouvoir royal; peut-être aussi les derniers Archontes avaient-ils abusé de leur longue puissance. On fixa donc la durée de l'Archontat à dix ans, et en cela on fit un pas considérable vers la liberté à venir, car par ces élections décennales le peuple renouvelait l'acte de sa souveraineté, il reprenait tous les dix ans son pouvoir aliéné pour en disposer à sa volonté. Ces réintégrations momentanées lui rappelèrent constamment ce que les sujets des monarchies héréditaires finissaient par oublier entièrement, à savoir que la nation est elle-même la source du pouvoir suprême, et que les princes ne sont que ses créatures.

Le peuple athénien avait obéi aux Archontes à vie pendant 3oo ans; il n'en fallut que 7o pour les lasser des Archontes décennaux. Rien de plus naturel, puisque les sept élections d'Archontes faites en ce laps de temps, lui avaient rappelé sa souveraineté. L'esprit de liberté a donc dû se montrer et se développer avec beaucoup plus de rapidité que dans la première époque.

Le septième Archonte décennal fut le dernier de ce genre. Le peuple ayant fait l'expérience qu'un pouvoir de dix ans était encore suffisant pour conduire aux abus, il voulut rentrer dans sa souveraineté. On nomma des Archontes annuels, et comme ce pouvoir d'un seul, quelque court qu'il fût, ressemblait encore trop à la monarchie, on l'affaiblit en le partageant entre neuf Archontes qui devaient régner ensemble. Trois d'entr'eux avaient des prérogatives sur les six autres. Le premier nommé *Eponymos*, présidait l'assemblée; son nom figurait sur les actes publics et était donné à l'année. Le second, dit *Basileus* ou roi, avait à veiller sur la religion et était chargé du culte; c'était un usage conservé de l'antiquité où la surveillance du culte était une attribution essentielle de la royauté. Le troisième, qu'on nommait *Polémarque*, commandait l'armée en temps de guerre. Les six autres portaient le nom de *Thesmothètes*, parce qu'ils veillaient à la conservation de la constitution, maintenaient et expliquaient les lois.

Ces Archontes étaient choisis dans les familles les plus distinguées, et ce ne fut que plus tard que les plébéiens parvinrent à cette dignité. La république approchait beaucoup plus de l'aristocratie que de la démocratie, et le peuple se trouvait n'avoir pas gagné beaucoup au changement de son gouvernement. Le renouvellement annuel des Archontes empêchait, à la vérité, l'abus du pouvoir suprême, mais il en résultait un mal non moins dangereux, celui de donner naissance à des factions. Le grand nombre de citoyens, qui avait rempli les fonctions d'Archontes, en perdant le pouvoir, n'en perdaient pas aussi facilement le goût, et le doux souvenir de leur puissance leur faisait désirer de la récupérer. Ils se firent donc des partisans et fomentèrent des troubles dans la république. La succession rapide et l'accroissement du nombre des Archontes inspiraient à tout Athénien riche et considéré, l'espoir d'arriver à son tour à l'Archontat, espoir qu'il n'aurait jamais conçu lorsque cette dignité n'était donnée qu'à un seul, qui n'était pas souvent changé.

Cet espoir dégénéra bientôt en impatience, et celle-ci conduisit à des projets dangereux. Les uns et les autres, ceux qui avaient été Archontes et ceux qui voulaient l'être, devinrent donc également dangereux au repos public.

Le pire était que la courte durée du pouvoir et sa division entre plusieurs mains, l'affaiblirent plus que jamais. Des citoyens puissans et hardis mirent le désordre dans la république, parce qu'elle manquait d'une main ferme, propre à dompter les factions et à contenir les têtes révolutionnaires.

Enfin, pour mettre un terme à ces troubles continuels, on s'adressa à un citoyen entouré d'une réputation intacte, également craint de toutes les factions, et on le chargea de la révision des lois qui jusque-là ne consistaient qu'en traditions imparfaites. Cet homme était Dracon, homme dépourvu de sentimens, qui se méfiait de la nature humaine, qui ne voyait les actions des autres que dans le miroir rembruni de sa propre conscience, et qui n'avait aucune pitié envers les faiblesses humaines; mauvais philosophe, et encore plus mauvais appréciateur des hommes, son cœur était froid, sa tête étroite, et ses préjugés inflexibles. Un tel homme était excellent pour exécuter les lois, mais il était peu propre pour en donner.

Nous connaissons très imparfaitement ses lois, mais le peu qui nous en est parvenu, nous fait connaître l'homme et l'esprit de sa législation. Il punissait de la peine de mort tous les crimes indistinctement, le meurtre comme l'oisiveté, le vol d'un chou ou d'une brebis comme la haute trahison et l'incendie. Quand on lui demandait pourquoi il n'avait qu'une peine pour les plus petits comme pour les plus grands crimes, il répondait : « Les plus légers méritent la mort, et pour les grands, je ne connais pas de peine plus grande, il faut donc que je les punisse tous de mort. »

Les lois de Dracon sont les essais d'un écolier dans l'art de gouverner les hommes. La terreur est son seul mobile. Il ne punit que le mal fait, sans chercher à le prévenir, à en tarir la source, ni à améliorer les hommes; or tuer un homme, parce qu'il a fait un acte répréhensible, n'est autre chose qu'abattre un arbre, parce qu'un de ses fruits était mauvais.

Ces lois méritent un double blâme, parce que non seulement elles sont en opposition avec les sentimens et les droits sacrés de l'homme, mais encore parce qu'elles n'étaient pas appropriées à la nation qui leur devait obéir. Jamais peuple ne fut moins disposé à prospérer sous de semblables lois que le peuple athénien ; les esclaves du Pharaon ou ceux du roi des rois, s'y seraient peut-être habitués à la longue, mais les citoyens d'Athènes, comment auraient-ils plié sous un pareil joug ? Aussi ces lois restèrent-elles à peine un demi siècle en vigueur, quoique leur auteur leur eût donné le titre immodeste d'*immuables*.

Dracon avait donc mal rempli son mandat, puisqu'au lieu d'être utiles, ses lois ne furent que nuisibles. Comme il était impossible de les exécuter, et comme il n'y en avait pas d'autres pour les remplacer, l'état était comme sans législation, et déchiré par la plus triste anarchie.

Rien de plus déplorable que la situation d'Athènes à cette époque. Une seule classe de citoyens possédait tout, et l'autre rien. Les riches opprimaient et pillaient les pauvres de la manière la plus cruelle, et une barrière immense s'élevait entre eux. La détresse forçait les pauvres à chercher du secours près des mêmes hommes qui les avaient dépouillés, mais ils n'en recevaient que des secours barbares. Ils payaient des intérêts exhorbitans pour les sommes qu'ils empruntaient, et s'ils ne payaient pas au terme fixé, ils étaient impitoyablement expropriés. Quand ils n'avaient plus de biens à engager, ils vendaient leurs propres enfans, et quand cette ressource était épuisée, ils empruntaient sur leur personne, et devaient se soumettre à se faire vendre comme esclaves par leurs créanciers. Nulle loi ne s'opposait encore, dans l'Attique, à cet abominable trafic de chair humaine, rien ne mettait des bornes à la cruelle avidité des riches. Telle était l'horreur de la situation d'Athènes; sa ruine était certaine, à moins qu'on ne rétablît d'une manière prompte et violente l'équilibre détruit des fortunes.

Trois factions s'étaient formées dans ce but. La première, à laquelle se joignaient tous les citoyens pauvres, demandait la démocratie et le partage égal des terres, comme Lycurgue l'avait fait à Sparte. La seconde, composée des riches, militait en faveur de l'aristocratie. La troisième demandait à réunir ces deux formes de gouvernement; elle s'opposait aux deux autres factions de manière que ni l'une ni l'autre ne pouvait l'emporter.

Dans cet état de choses, nul espoir de s'arranger, nulle possibilité de convenir que les trois parties s'en remissent à un arbitre propre à prononcer entre eux. Heureusement il se trouvait un homme dont les services rendus à la république, le caractère doux et équitable et la réputation de sagesse avaient attiré les regards de toute la nation. Cet homme était Solon, issu du sang royal des Codrus. Son père, jadis riche, avait considérablement affaibli sa fortune par sa bienfaisance, et le jeune Solon se vit obligé de suivre la partie du commerce. Les voyages qu'il fit dans l'intérêt de son état, et son commerce avec les nations étrangères enrichirent son esprit; les liaisons qu'il entretint avec des savans développèrent son génie. Il se livra de bonne heure à la poésie, ce qui plus tard le mit à même de revêtir d'une forme agréable les vérités morales et les règles de politique qu'il publia. Son cœur était ouvert à la joie et à l'amour; quelques faiblesses de sa jeunesse le rendirent d'autant plus tolérant envers l'humanité, et donnèrent à ses lois cette empreinte de douceur et de modération qui les distingue si avantageusement de celles de Dracon et de Lycurgue. En outre il avait été un général habile; il avait acquis à la république la possession de Salamine, et lui avait rendu d'autres services importans. Dans ces temps reculés, l'étude de la sagesse n'était pas, comme aujourd'hui, séparée de la carrière politique et militaire. Le sage était le meilleur homme d'état, le général le plus expérimenté et le plus brave soldat, et sa sagesse présidait à tous les actes de la vie civile. La renommée de Solon avait retenti dans toute la Grèce, et lui avait donné une grande influence sur les affaires générales du Peloponèse. Solon était l'homme qui convenait à tous les partis également. Les riches fondaient de grandes espérances sur lui, parce qu'il était très riche lui-même. Les pauvres mettaient leur confiance en lui, parce qu'il était probe et équitable. Le parti modéré des Athéniens le désirait pour maître, parce que la monarchie leur paraissait le moyen le plus sûr d'étouffer les factions ; ses parens désiraient également qu'il fût roi, mais c'était dans l'intention égoïste de partager le pouvoir avec lui. Solon repoussa leurs conseils : « La monarchie, leur dit-il, est une belle maison, mais qui n'a point de sortie. »

Il se contenta de se faire nommer Archonte et Législateur, et s'il se chargea de cette grande mission, ce fut encore à contre-cœur et par le seul amour du bien public.

Il commença sa grande œuvre par rendre le célèbre édit, appelé *Seisachteia*, qui anéantissait toutes les créances, et défendait à tout jamais des emprunts sur engagement corporel. Cet édit était sans doute une attaque violente contre la propriété, mais l'extrême urgence rendait ce coup-d'état nécessaire. C'était le moindre de deux maux, parce que la classe du peuple, qui en souffrait, était bien moins nombreuse que celle qui y trouvait le bien-être.

Ce réglement allégea d'un seul coup le fardeau qui depuis des siècles écrasait les citoyens pauvres, et cela, sans dépouiller les riches, puisqu'il leur laissait ce qu'ils possédaient, et ne leur ôtait que les moyens d'être injustes. Néanmoins cette mesure salutaire ne contenta ni les pauvres ni les riches. Les premiers, qui avaient compté sur un partage général des terres dont Sparte avait donné l'exemple, reprochèrent à Solon d'avoir trompé leur attente. Ils oublièrent que le législateur doit une égale justice aux riches comme aux pauvres, et que la disposition de Lycurgue ne méritait pas d'être imitée, par cela même qu'elle se basait sur une injustice qu'il aurait pu éviter.

L'ingratitude du peuple fit proférer à Solon cette plainte bien légitime : « Autrefois des louanges m'entouraient de toutes parts, maintenant tout le monde me blâme et me regarde avec des yeux hostiles. »

On s'aperçut cependant, dans l'Attique, des suites heureuses de sa loi. Le pays, autrefois soumis aux corvées et au servage, fut libre ; les citoyens exploitèrent en possesseurs le même champ qu'ils cultivaient naguère comme esclaves de leurs créanciers, et de nombreux citoyens, vendus à l'étranger, où ils avaient déjà commencé à oublier leur langue maternelle, revirent leur patrie en hommes libres.

Alors le peuple rendit sa confiance à son législateur. Il le chargea de la réforme de l'administration, et lui donna le pouvoir de disposer de la propriété et des droits des citoyens. Le premier usage que fit Solon de ce pouvoir, fut d'abolir toutes les lois de Dracon, excepté celles qui étaient dirigées contre le meurtre et l'adultère.

Après cela, il s'occupa de rédiger une nouvelle constitution.

Les citoyens furent soumis à une évaluation

de leurs fortunes, en raison de laquelle on les divisa en quatre classes.

La première comprit tout ceux qui avaient un revenu annuel de 5oo mesures de productions sèches ou liquides.

La seconde renferma ceux qui en avaient 3oo, et qui pouvaient entretenir un cheval.

Dans la troisième furent rangés les citoyens qui ne possédaient que moitié de la deuxième ; on les nommait les *dualistes*, parce qu'ils devaient se réunir à deux pour représenter la somme d'un citoyen de la dernière classe.

La quatrième classe comprit ceux qui n'avaient point de biens-fonds, tels que les manouvriers, les artisans, les artistes, etc.

Les trois premières classes pouvaient occuper les emplois publics dont la dernière était exclue. Cependant les individus de la dernière classe votaient dans l'assemblée nationale, ce qui ne laissa pas que de leur donner une grande part au gouvernement. Devant l'assemblée générale, dite *Ecclesia*, furent portées toutes les grandes affaires d'état dont elle décidait en dernier ressort, telles que l'élection des magistrats, les emplois publics, les questions de droit, de finances, de paix et de guerre. Les lois de Solon étant en outre entourées d'une certaine obscurité, les juges étaient tenus d'en appeler à l'*Ecclesia* dans tous les cas qui leur laissaient du doute, et celle-ci décidait en dernière instance de l'interprétation de la loi. On pouvait appeler des tribunaux à la nation. Avant l'âge de trente ans, personne n'était admis à l'assemblée nationale, mais une fois admis, on ne pouvait s'en exempter impunément, car Solon ne connaissait rien de plus répréhensible, que l'indifférence pour les affaires publiques.

La constitution d'Athènes était ainsi convertie en une véritable démocratie. Le peuple était souverain dans toute l'acception du mot, car il gouvernait non pas seulement par ses représentans, mais encore par lui-même. Néanmoins on sentit bientôt les conséquences fâcheuses de cette disposition. Ce pouvoir du peuple lui était venu trop promptement pour qu'il pût l'exercer avec modération. Les passions s'introduisirent dans les assemblées, et le tumulte d'un si grand nombre réuni ne permit pas toujours de délibérer froidement et de décider avec sagesse. Pour remédier à cet inconvénient, Solon créa le Sénat, auquel chacune des quatre classes fournissait cent membres. Ce Sénat délibérait sur les motions à faire à l'*Ecclesia* ; rien ne pouvait être proposé au peuple sans cette délibération préalable, mais au peuple seul appartenait la décision. Quand le Sénat avait porté une affaire devant le peuple, les orateurs montaient à la tribune pour diriger les votes. Cette classe d'hommes avait acquis une grande importance dans Athènes ; ils faisaient autant de mal à la république par l'abus de leurs talens et le parti qu'ils savaient tirer de l'humeur inconstante du peuple athénien, qu'ils auraient pu faire de bien si, négligeant leurs intérêts privés, ils n'eussent voulu penser qu'au bien public. L'orateur mettait en jeu tous les artifices de l'éloquence, pour faire ressortir le beau côté d'une chose, en faveur de laquelle il voulait faire pencher la balance du peuple, et s'il connaissait son art, tous les cœurs étaient entre ses mains.

Par le moyen de ces orateurs, le peuple se trouvait entraîné d'une manière douce et facile. Ils régnaient par la persuasion, et s'ils laissaient quelque chose à la libre détermination, leur pouvoir n'en était pas moins grand. Le peuple était pleinement libre d'accepter ou de refuser, mais on dirigeait sa liberté, parce qu'on possédait l'art de lui exposer les choses. Cette institution aurait été excellente, si les fonctions d'orateur étaient toujours restées entre des mains pures et fidèles. Mais bientôt les orateurs devinrent des sophistes, qui mirent toute leur gloire à faire considérer comme bon ce qui était mauvais, et réciproquement.

Au milieu d'Athènes était le Prytanée, place publique entourée de statues de dieux et de héros. Là se tenaient les assemblées des Sénateurs auxquels on donnait le nom de Prytanes, et dont la vie devait être sans reproche. La prodigalité, l'irrévérence envers son père, la moindre intempérance excluait à jamais de ces fonctions.

Lorsque, par suite de l'accroissement de la population, on la divisa en dix classes au lieu de quatre, le nombre des Prytanes fut porté à mille; mais il n'y en avait en fonction que cinq cents par année, et encore ne l'étaient-ils pas tous simultanément ; cinquante d'entr'eux gouvernaient pendant cinq semaines et à tour de rôle, de sorte qu'il n'y en avait que dix qui exerçaient le pouvoir à la fois. Ainsi tout arbitraire était impossible, puisque chaque Prytane se trouvait avoir autant de surveillans qu'il avait de collégues, sans compter que le successeur avait également le droit de critiquer l'administration de son prédécesseur. Toutes les cinq semaines on tenait quatre assemblées nationales non compris les assemblées extraordinaires ; cette institution rendait impossible qu'une cause restât longtemps indécise, et que la marche des affaires s'arrêtât.

Solon releva en outre l'autorité de l'Aréopage que Dracon avait abaissée. Solon en fit l'inspecteur et le protecteur des lois, et, comme dit Plutarque, « ce fut à ces deux ancres, le Sénat et l'Aréopage, qu'il attacha le vaisseau de l'état. »

Ces deux cours judiciaires étaient instituées pour veiller à la conservation de la république et de ses lois. Dix autres tribunaux s'occupaient à appliquer les lois et à rendre la justice. Quatre de ces tribunaux, le *Palladium*, le *Del-*

phinum, la *Phreatys*, et l'*Heliée* jugaient les meurtres. Les deux premiers existaient déjà sous les rois, et Solon ne fit que les confirmer. Les meurtres non prémédités furent portés devant le Palladium. Devant le Delphinum furent traînés ceux qui avaient commis un homicide réputé légitime. La Phreatys jugea les personnes accusées d'un homicide prémédité, et qui s'étaient déjà expatriées à cause d'un homicide involontaire.

L'accusé paraissait sur un vaisseau et les juges se tenaient sur la plage. S'il était innocent, il retournait tranquillement au lieu de son refuge avec l'espoir de revenir un jour. S'il était reconnu coupable, il retournait également sans être inquiété, mais il perdait à jamais l'espoir de revoir sa patrie.

La quatrième cour criminelle tirait son nom du soleil (*Helios*), parce qu'elle s'assemblait au lever du soleil dans un lieu éclairé par ses rayons. C'était une commission extraordinaire des autres tribunaux, et ses membres étaient en même temps juges et magistrats; ils avaient non-seulement à appliquer et à exécuter la loi, mais aussi à l'améliorer et à déterminer son esprit. Leur réunion était solennelle, et un serment redoutable les obligeait à la vérité.

Aussitôt qu'un arrêt de mort était prononcé, et que le condamné ne s'y était pas soustrait par un bannissement volontaire, on le livrait aux *Onzes*, nom qu'on donnait à la commission composée de dix hommes fournis par chacune des dix corporations, et qui formaient onze avec l'exécuteur des hautes œuvres. Ces onze hommes étaient chargés de la surveillance des prisons et de l'exécution des arrêts de mort. Ces exécutions étaient de trois genres : ou l'on précipitait les condamnés dans un abîme ou dans la mer, ou on les faisait passer par le glaive, ou on leur faisait boire la ciguë.

Immédiatement après la peine de mort venait celle du bannissement. Il est des pays dont il n'est pas malheureux d'être banni, mais cette peine est terrible dans les pays heureux. Si les Athéniens la plaçaient voisine et même au niveau de la peine de mort, c'est qu'ils avaient des raisons d'aimer leur patrie, et que le monde entier ne leur offrait plus rien qui pût les consoler du malheur de l'avoir perdue. Le bannissement entraînait la confiscation des biens, le seul ostracisme excepté.

Cette peine fut quelquefois prononcée contre des citoyens qui, par leur mérite et leur fortune, avaient acquis une puissance plus grande que ne le comportait l'égalité républicaine, et qui par conséquent commençaient à devenir dangereux pour la liberté. Pour sauver l'Etat on fut injuste envers le citoyen, et on le punit avant qu'il fût coupable. L'idée qui sert de base à cet usage est bonne en soi, mais le moyen qu'on employa décèle une politique puérile. On l'appelait *Os-*

tracisme, parce que les votes s'écrivaient sur des écailles (*Ostrakon*); il en fallait six mille pour prononcer cette peine, et comme de sa nature elle frappait le plus souvent des citoyens d'un grand mérite, elle était plutôt honorable que flétrissante, sans que pour cela elle fût moins injuste, puisqu'elle privait toujours l'Athénien de ce qu'il avait de plus cher, la patrie.

Un quatrième genre de peine criminelle était la colonne infame, sur laquelle on inscrivait le nom du coupable, qui par là était à jamais déshonoré, lui et toute sa race.

Les délits ordinaires étaient jugés par six autres tribunaux, mais qui n'avaient qu'une faible juridiction, puisqu'on pouvait en appeler aux tribunaux supérieurs et à l'Ecclesia. Tout citoyen plaidait lui-même sa cause, excepté les femmes, les enfans et les esclaves. Une montre d'eau fixait la durée des plaidoyers, et les affaires les plus importantes devaient être décidées en 24 heures.

Telles étaient les dispositions civiles et politiques de Solon ; mais ce législateur ne se borna pas là. C'est un avantage qu'ont eu les anciens législateurs sur les modernes, de former les hommes pour les lois, de ne considérer que la moralité, le caractère, la vie sociale, et de ne jamais séparer le citoyen de l'homme. Chez nous, les lois sont souvent en opposition directe avec les mœurs, tandis que chez les anciens elles étaient dans une harmonie admirable. Aussi leurs corps d'état avaient-ils une force de vie inconnue aux nôtres, et la patrie était-elle gravée dans leur cœur avec des traits impérissables.

Néanmoins on ne saurait prendre trop de précaution en préconisant l'antiquité. On peut presque généralement prétendre que les intentions des anciens législateurs étaient sages et louables, mais qu'ils se trompaient dans le choix des moyens. Ceux-ci décèlent souvent des idées fausses et des vues étroites. Si nous restons trop en arrière, ils sont allés trop loin. Si nos législateurs ont eu le tort de négliger entièrement les devoirs moraux, les anciens ont eu celui de les prescrire par la contrainte des lois. La liberté de la volonté est la première condition de la beauté des actions morales, et cette liberté est nulle lorsqu'on veut forcer les vertus morales par des peines légales. La plus noble prérogative de la nature humaine est de se déterminer soi-même, et de faire le bien pour le bien. Nulle loi ne doit ordonner la fidélité envers l'ami, la générosité envers l'ennemi, la reconnaissance envers les parens; si elle le fait, le libre sentiment moral n'est plus qu'un effet de la crainte, qu'un mouvement servile.

Une des lois de Solon voulut que tout citoyen regardât l'offense faite à un autre, comme faite à lui-même, et qu'il ne cessât de poursuivre l'offenseur jusqu'à ce qu'il fût puni. Cette loi est excellente quand on considère son intention, qui était d'inspirer l'intérêt à la cause commune, et d'habituer les citoyens à se regarder comme membres d'un tout cohérent. Que nous serions agréablement surpris si nous nous trouvions dans un pays où le premier passant prendrait spontanément fait et cause pour nous, contre un agresseur ! mais combien diminuerait notre plaisir si nous apprenions que cette noble action n'est que l'effet d'une contrainte légale! Une autre loi flétrit le citoyen qui, dans une révolte, ne se déclare pas pour l'un ou pour l'autre parti. Il est encore impossible de méconnaître ici la bonne intention du législateur. Il lui importait d'inspirer aux citoyens le plus vif intérêt pour l'Etat, car il ne connaissait rien de plus haïssable que la tiédeur envers la patrie. Il est vrai que la neutralité peut souvent être la conséquence de cette indifférence, mais Solon oublia que le plus ardent amour de la patrie peut quelquefois faire un devoir de cette neutralité, par exemple, lorsque les deux partis ont également tort, et que l'un et l'autre peuvent compromettre la cause publique.

Solon défend de mal parler des morts, ainsi que de médire des vivans dans les lieux publics, tels que les tribunaux, les temples et les spectacles. Il dispense les bâtards des devoirs filiaux, parce que, dit-il, leurs pères se sont payés par la jouissance des plaisirs sensuels. De même il dispense le fils du devoir de nourrir son père, si celui-ci ne lui a pas fait apprendre un état. Il permet de faire des testamens et de disposer de ses biens à volonté, parce que des amis qu'on se choisit valent mieux que de simples parens. Il abolit les dots, parce qu'il veut que ce soit à l'amour et non à l'intérêt de faire des mariages. C'est encore un beau trait de la bonté de son caractère, d'avoir adouci les noms de certaines choses odieuses. Les impositions se nommèrent contributions; les garnisons, gardes de ville; les prisons, appartemens; et l'annulation des créances, soulagement. Il restreignit, par de sages dispositions, le luxe vers lequel l'esprit léger des Athéniens ne penchait que trop; des lois sévères veillèrent sur les mœurs des femmes, sur le commerce entre les sexes et sur la sainteté des mariages.

Toutes ces lois ne devaient être en vigueur que pendant cent ans. Par cette disposition, Solon nous prouve qu'il voyait bien plus loin que Lycurgue. Il conçut que les lois ne sont que les agens de la civilisation, et que l'âge viril d'une nation en demande d'autres que celles qui l'ont régie pendant son enfance. Lycurgue éternisa l'enfance morale des Spartiates, afin d'assurer l'éternité à ses lois, mais Sparte a disparu avec elles. Solon ne voulait que cent ans de durée pour les siennes, et encore aujourd'hui plusieurs d'entre elles sont en vigueur dans le droit romain. Le temps est un juge infaillible de tous les mérites.

On a reproché à Solon d'avoir donné trop de pouvoir au peuple, et ce reproche n'est pas sans fondement. En voulant trop éviter l'écueil de l'Oligarchie, il s'est trop approché de l'écueil de l'Anarchie; toutefois il ne s'en est qu'approché, car le sénat des Prytanes et l'Aréopage étaient un frein imposant pour le pouvoir démocratique. Il est vrai que les inconvéniens inséparables de la démocratie, tels que les décisions tumultueuses et passionnées et l'esprit de faction, étaient inévitables. Cependant il faut les attribuer plutôt à la forme qu'il adopta qu'à l'essence même de la démocratie. Il eut tort, ce me semble, de ne pas adopter des représentans et de faire délibérer le peuple en personne, chose qui ne pouvait se passer sans désordre, sans tumulte, et sans corruption, à cause du grand nombre des citoyens sans fortune. L'Ostracisme, qui exigeait au moins 6000 voix, peut nous faire juger de la confusion qu'il devait y avoir dans une semblable assemblée. D'un autre côté, quand on se rappelle combien le plus humble citoyen était initié aux affaires publiques, avec quelle force l'esprit national se manifestait partout, et quelle sollicitude le législateur avait déployée afin de mettre la patrie au-dessus de tout autre intérêt, on se formera une idée bien supérieure de l'intelligence politique du peuple athénien, et l'on se gardera bien de conclure de notre populace à celle d'Athènes. Toute grande assemblée entraîne avec elle une certaine anarchie, de même que les petites assemblées ont peine à se préserver entièrement du despotisme aristocratique : trouver le juste-milieu entre l'un et l'autre, voilà le problème épineux dont la solution est réservée aux siècles à venir. Quoiqu'il en soit, il n'en faut pas moins admirer l'esprit qui anime la législation de Solon; c'est l'esprit de la saine, de la véritable politique, qui ne perd jamais de vue le principe fondamental sur lequel tout état doit reposer, celui de nous donner nous-mêmes les lois auxquelles nous devons obéir, et de remplir les devoirs de citoyen par conviction, par amour pour la patrie, et non par crainte servile de la punition, ou par une molle et aveugle résignation à la volonté d'un supérieur.

Il faut lui savoir gré d'avoir respecté la nature humaine, de n'avoir jamais sacrifié l'homme à l'état, le but au moyen, mais d'avoir organisé le gouvernement pour servir et être utile au citoyen. Ses lois étaient des liens flottans qui n'empêchaient pas l'esprit du citoyen de s'élancer librement dans toutes les directions, et qui ne lui faisaient jamais sentir qu'ils le conduisaient. Les lois de Lycurgue étaient au contraire des chaînes de fer qui garottaient le courage, et dont le poids accablait l'esprit. Le législateur athénien ouvrit mille routes nouvelles au génie et à l'industrie ; le législateur spartiate les ferma toutes, une seule exceptée, celle du mérite politique. Lycurgue érigea l'oisiveté en devoir ; Solon la punit sévèrement. Aussi toutes les vertus brillèrent à Athènes, les arts et les sciences fleurirent, tous les talens, toutes les industries y furent en activité. Trouve-t-on à Sparte un Socrate, un Thucydide, un Sophocle, un Platon? Sparte ne pouvait produire que des rois et des guerriers, jamais de poètes, d'artistes, de penseurs. Lycurgue et Solon étaient, l'un et l'autre, de grands et honnêtes hommes, et cependant quelle différence dans les effets qu'ils ont produits, chacun dans leur sphère, parce qu'ils partaient de principes opposés ! La liberté, le bonheur, l'industrie, l'abondance, tous les arts et toutes les vertus, les Grâces et les Muses entourent le législateur athénien, le regardent avec reconnaissance et l'appellent leur père et leur protecteur. Que voyons-nous autour de Lycurgue? rien que la tyrannie et son épouvantable contrainte, l'esclavage secouant ses chaînes et maudissant l'auteur de ses maux.

Le caractère général d'un peuple est l'interprète le plus fidèle de ses lois, et le juge le plus sûr de leur mérite. L'esprit du Spartiate était borné, son cœur insensible. Il était orgueilleux et superbe avec ses alliés, dur envers les vaincus, inhumain envers ses esclaves, obséquieux envers ses supérieurs. Il n'apportait ni foi ni conscience dans ses négociations; il était despotique dans ses décisions ; sa grandeur et ses vertus mêmes manquaient de cette grâce prévenante qui seule gagne les cœurs. L'Athénien, au contraire, était d'un commerce doux et facile, poli dans ses manières, et enjoué dans sa conversation; affable avec ses inférieurs, hospitalier et prévenant envers les étrangers. Il aimait à la vérité la mollesse et la parure, mais cela ne l'empêchait pas d'affronter courageusement les dangers du combat; revêtu de pourpre et tout parfumé, il faisait trembler et les soldats de Xerxès et les farouches Spartiates eux-mêmes. Il aimait les plaisirs de la table et ne résistait qu'avec peine aux charmes de la volupté; mais l'intempérance et la débauche n'en étaient pas moins un déshonneur à Athènes. Chez aucun peuple de l'antiquité, la bienséance et la délicatesse des mœurs ne furent portées à un si haut degré. Lorsque, dans une guerre avec Philippe de Macédoine, on intercepta des lettres de ce roi, il s'en trouvait une parmi elles pour son épouse; on la renvoya sans l'ouvrir. Dans le bonheur l'Athénien était généreux, persévérant dans l'adversité; rien ne lui coûtait quand il s'agissait de la patrie. Il était humain envers ses esclaves; le serf maltraité avait le droit de porter plainte contre son tyran. Les animaux mêmes profitaient de la générosité de ce peuple. Après l'érection du temple Hécatonpedon, il fut ordonné de donner la liberté à toutes les bêtes de somme qui avaient été employées à sa construction, et de leur assigner les meilleurs pâturages pour le reste de leur vie.

Un de ces animaux retourna de son propre mouvement aux travaux, en courant devant ceux qui portaient des fardeaux. Ce spectacle toucha tellement les Athéniens, qu'ils le firent nourrir séparément aux frais de l'Etat.

Je dois cependant à la justice de ne pas taire les défauts des Athéniens, car il ne faut pas que l'historien ne soit qu'un panégyriste. Ce peuple, dont nous avons admiré les mœurs, la douceur et la sagesse, se rendit quelquefois coupable de la plus noire injustice envers les plus grands hommes, et de cruauté envers ses ennemis vaincus. Gâté par les flatteries de ses orateurs, fier de sa liberté et vain de tant d'avantages brillans, il opprimait souvent ses alliés et ses voisins avec un orgueil insupportable, et se laissait par fois entraîner par un frivole esprit de vertige, qui rendait vains tous les efforts des plus sages diplomates, et qui plaça plus d'une fois l'Etat sur le bord de l'abîme. L'Athénien, en son particulier, était doux et accessible à la raison, mais il n'était pas le même, quand il était dans l'assemblée publique. C'est pour cela qu'Aristophane dit de ses concitoyens « qu'ils sont des vieillards raisonnables chez eux, et des fous déterminés dans l'assemblée. » L'amour de la gloire et la soif de la nouveauté les dominèrent jusqu'à l'excès. La gloire leur fit sacrifier leur fortune, leur vie, et souvent même leur vertu. Une couronne d'olivier, une inscription sur la colonne proclamant leur mérite, étaient pour eux un aiguillon bien plus ardent que ne l'étaient pour un Persan tous les trésors du grand roi. Autant ils étaient extravagans dans la manifestation de leur reconnaissance, autant ils l'étaient dans l'ingratitude. Etre accompagné en triomphe, au sortir d'une assemblée, par un tel peuple, l'occuper ne fût-ce qu'un seul jour, était une gloire plus grande, et nous osons le dire, plus véritable, que tout ce qu'un monarque peut décerner au plus chéri de ses esclaves; car émouvoir tout un peuple fier et sensible, est bien autre chose que plaire à un seul homme.

Leur étonnante mobilité avait besoin d'être continuellement alimentée, pour qu'elle ne se tournât pas contre l'Etat même. Plus d'une fois un spectacle donné en temps opportun sauva le repos public menacé par la révolte, et l'usurpateur avait gain de cause s'il sacrifiait à ce penchant du peuple par une suite de divertissemens. Mais malheur aussi au citoyen le plus méritant, qui ne connaissait pas l'art d'être toujours nouveau et de rajeunir sans cesse son mérite !

Les derniers jours de Solon ne furent pas aussi sereins que sa vie l'avait mérité. Pour se soustraire aux importunités des Athéniens, qui le tourmentaient journellement par des questions et des propositions, il fit un voyage en Asie, aux Iles et en Egypte, où il eut des entrevues avec les plus célèbres sages de son temps. Il visita la cour de Crésus en Lydie, et celle de Saïs en Egypte. Ce qu'on raconte de son entrevue avec Thalès de Milet et avec Crésus est trop connu pour être rappelé ici. A son retour, il trouva Athènes déchirée par deux partis qui avaient à leur tête deux hommes également dangereux, Mégaclès et Pisistrate. Le premier se rendit puissant et redoutable par sa richesse, le second par sa politique et son génie. Pisistrate, autrefois le favori de Solon, et le Jules-César d'Athènes, parut un jour devant l'assemblée, étendu sur son char, et couvert du sang d'une blessure qu'il s'était faite lui-même. « C'est ainsi, s'écria-t-il, que mes ennemis m'ont traité, à cause de mon attachement pour le peuple. Ma vie sera dans un danger continuel, si je ne prends des mesures pour la protéger. » Ses amis, par lui instruits, demandèrent alors qu'il lui fût accordé d'avoir une garde qui l'accompagnerait toutes les fois qu'il se montrerait en public. Solon devina le sens astucieux de cette proposition, il s'y opposa avec chaleur, mais en vain. La proposition passa, et Pisistrate n'eut pas plutôt une garde, qu'il s'empara de la citadelle et s'y renferma. Le voile tomba alors des yeux des Athéniens, mais il était trop tard. Mégaclès et ses partisans fuirent et abandonnèrent la ville à l'usurpateur. Solon, le seul qui ne s'était pas laissé tromper, fut aussi le seul qui ne perdit pas courage. La même ardeur qu'il avait mise à retenir le peuple lorsqu'il était encore temps, il la déploya pour ranimer son courage.

Mais n'ayant trouvé d'amis nulle part, il retourna chez lui, posa ses armes devant sa porte et s'écria : « J'ai fait pour la patrie tout ce que j'ai pu. » Il ne songea pas à s'enfuir, il continua au contraire à blâmer hautement la folie du peuple et la mauvaise foi du tyran. Lorsque ses amis lui demandaient ce qui lui inspirait l'audace de braver la puissance de Pisistrate, il leur répondait : « C'est mon âge ! » Il mourut, et ses derniers regards ne virent pas la liberté de sa patrie.

Mais Athènes n'était pas tombée entre les mains d'un barbare. Pisistrate avait le cœur noble et il vénérait les lois de Solon. Lorsqu'après avoir été expulsé deux fois par ses rivaux, il rentra en possession tranquille de sa puissance, ses véritables mérites et ses brillantes vertus firent oublier son usurpation. Son gouvernement était tellement doux, que personne ne s'aperçut qu'Athènes n'était plus libre : ce n'était pas lui, mais les lois de Solon, qui régnaient. Pisistrate commença l'âge d'or d'Athènes, ce fut sous lui que se leva l'aurore des arts de la Grèce, et quand il mourut, il fut regretté comme un père.

Ses fils, Hipparque et Hippias, animés tous les deux de l'amour des sciences, marchèrent sur ses traces et vécurent en concorde. Anacréon et Simonides fleurirent, l'Académie fut instituée, et tout prépara le siècle brillant de Périclès.

CHAPITRE VI.

De l'utilité des mœurs esthétiques.

L'auteur d'un Traité sur les dangers des mœurs esthétiques a, de bon droit, révoqué en doute une moralité qui n'est basée que sur le sentiment du beau, et qui n'a d'autre garant que le goût. Néanmoins il est manifeste qu'un sentiment pur et actif du beau exerce la plus heureuse influence sur la vie morale; c'est de cette influence que je veux traiter.

Lorsque je reconnais au goût le mérite de

contribuer au développement de la moralité, je ne dis nullement que la participation du bon goût à une action la rende morale. La moralité ne doit jamais avoir d'autre motif qu'elle-même. Le goût peut faciliter la moralité de la conduite, comme j'espère le démontrer dans le présent essai, mais il ne peut, par lui-même, rien produire de moral.

Il en est ici de la liberté intérieure et *morale*, comme de la liberté extérieure et physique. Je ne suis libre dans toute l'acception du mot, que lorsqu'indépendant de toute influence étrangère, j'obéis à ma seule volonté; mais en dernière analyse, il se peut que je doive la possibilité de suivre sans restriction ma volonté, à une cause extérieure, pour peu que j'admette que celle-ci eût pu restreindre ma volonté. De même, il se peut que je doive la possibilité de bien agir à une cause étrangère à ma raison, lorsque je me représente cette cause comme une force qui aurait pu restreindre la liberté de mon ame. Ainsi, tout comme on peut dire qu'un homme reçoit la liberté des mains d'un autre, quoique la liberté consiste à être dispensé de dépendre d'autrui; de même on peut dire que le goût aide à la vertu, quoiqu'il soit de l'essence de celle-ci, de n'avoir besoin d'aucune assistance étrangère.

Une action ne cesse pas d'être libre, parce que la puissance qui aurait pu la restreindre reste inactive; il suffit que nous sachions que la personne agissante ne suit que sa volonté, sans considération pour une volonté étrangère. Par la même raison, une action intérieure ne cesse pas d'être morale, parce qu'ont manqué les tentations qui eussent pu l'arrêter, pourvu que nous soyons convaincus que la personne agissante ne suit que la décision de sa raison, sans motifs étrangers. La liberté d'une action extérieure repose simplement sur *son origine immédiate dans la volonté de la personne;* la moralité d'une action intérieure repose sur la *détermination immédiate de la volonté par la raison.*

Nous pouvons avoir plus ou moins de difficulté pour agir en hommes libres, selon que nous rencontrons des forces qui réagissent contre notre liberté, et qu'il nous faut vaincre; et en cela la liberté a des degrés. Notre liberté est plus grande, du moins plus évidente, lorque nous la maintenons malgré l'opiniâtre résistance des forces ennemies; mais elle ne cesse pas, par cela que notre volonté ne rencontre point de résistance, ou lorsque l'intervention d'une force étrangère réduit cette résistance sans notre participation.

Il en est de même de la moralité. Nous pouvons avoir plus ou moins à combattre pour suivre immédiatement la raison, suivant que nous recevons des impulsions contraires à ses règles et que nous devons repousser; en ce sens, moralité aussi a des degrés. Elle est plus grande, ou moins plus saillante lorsque, malgré ces impulsions contraires, nous obéissons immédiatement à la raison ; mais la moralité ne subsiste pas moins quand nous ne rencontrons pas de tentations contraires, ou quand une force étrangère à notre volonté, les désarme. En un mot, nos actions sont morales, toutes les fois que nous agissons dans l'intérêt de la morale, sans nous demander préalablement si elles sont agréables, et lors même qu'il y aurait probabilité que, si nous eussions agi autrement, il eût dû s'en suivre une peine ou la privation d'un plaisir.

Pour l'honneur de la nature humaine, on peut établir en principe, que nul homme n'est assez pervers pour aimer le mal, par cela seul que c'est le mal ; qu'au contraire, tout le monde serait porté pour le bien, si par hasard il n'excluait pas l'agréable, ou s'il n'entrainait pas le désagréable. Toute l'immoralité effective ne paraît donc provenir que de la collision du bien avec l'agréable, ou, ce qui est la même chose, de la collision des appétits avec la raison. Sa source est dans la force des impulsions sensuelles d'une part, et dans la faiblesse de la volonté, de l'autre.

Il s'en suit que la moralité peut être augmentée de deux manières ; ou en fortifiant le parti de la raison et la puissance d'une volonté bien disposée, afin que nulle tentation ne puisse les assujétir, ou en affaiblissant la puissance des tentations, afin qu'aussi une raison et une volonté moins fermes, puissent en triompher.

A la vérité, il pourrait sembler que cette dernière opération n'ajoutât rien à la moralité, puisqu'elle ne change rien à la volonté, dont la disposition rend seule une action morale; mais cela n'est pas non plus nécessaire dans le cas que nous supposons, où il ne s'agit pas d'une volonté perverse, qui ait besoin d'être convertie, mais d'une volonté bien disposée, qui seulement est faible. Par le moyen proposé, cette volonté bonne, mais faible, remplit son but, ce qu'elle n'eût peut-être pas fait, si des impulsions plus puissantes l'eussent contrariée. Or, toutes les fois qu'une volonté bien disposée a été le moteur d'une action, on ne peut pas contester qu'elle soit morale. Je n'hésite pas d'en conclure que tout ce qui affaiblit la résistance au bien, affermit véritablement la moralité.

L'ennemi intérieur et naturel de la moralité, c'est l'instinct sensuel, qui se précipite sur tout objet qu'on lui présente, et qui s'oppose aux règles de la raison, quand elles lui prescrivent quelque chose qui le heurte. Cet instinct tend sans relâche à mettre dans son intérêt la volonté, qui cependant est assujétie à la loi morale, et qui ne doit jamais se trouver en désaccord avec les exigences de la raison.

Or, l'instinct sensuel ne reconnaît aucune loi morale; il demande à la volonté qu'elle le satisfasse, quel que soit l'avis de la raison. Cette tendance à vouloir diriger immédiatement la volonté, sans égard pour aucune loi supérieure, est manifestement contraire à notre destination morale; elle est l'ennemie la plus redoutable que l'homme ait à combattre. Des ames brutes, également destituées de culture morale et esthétique, obéissent immédiatement aux instigations des sens, et ne suivent que leurs appétits. Des ames morales, mais privées de culture esthétique, obéissent immédiatement aux lois de la raison; le seul devoir les fait triompher des tentations; mais, dans les ames épurées par l'esthétique, il y a un élément de plus, qui souvent remplace la vertu, là où elle manque, et qui la rend plus facile, là où elle existe. Cet élément, c'est le *goût*.

Le goût exige de la modération et de la décence; il répugne à tout ce qui est anguleux, dur et violent; il aime tout ce qui s'allie avec harmonie et facilité. Le simple bon ton, qui n'est autre chose qu'une loi esthétique, exige déjà que nous écoutions la voix de la raison au milieu des orages des sens, et que nous comprimions l'explosion de la nature grossière. Cette contrainte, que l'homme civilisé s'impose dans la manifestation de ses sentimens, lui procure un certain degré de domination sur ces sentimens mêmes, du moins elle le rend capable d'interrompre, par un acte de spontanéité, l'état purement passif de son ame, et de ralentir, par la réflexion, la prompte transition des sentimens aux actions. Or, tout ce qui suspend l'aveugle violence des affects(1) fait gagner du temps à la volonté, afin qu'elle se décide pour la vertu. Toutefois, cette victoire du goût sur l'affect brut est loin d'être une action morale, et la liberté, que la volonté acquiert ici par l'intervention du goût, n'est point encore la liberté morale. Le goût ne délivre l'ame du joug de l'instinct, qu'autant qu'il la domine lui-même. En désarmant l'ennemi primordial et déclaré de la liberté morale, il se peut que lui-même devienne un second ennemi qui, sous des formes amies, ne serait que plus dangereux. Car souvent le goût régit l'ame par le simple charme d'un plaisir, plaisir plus noble à la vérité, puisque sa source est dans la raison; mais enfin, lorsque c'est le plaisir qui détermine la volonté, on ne peut pas dire qu'il y ait moralité.

Quoi qu'il en soit, cette intervention du goût dans les opérations de la volonté, est un avantage précieux. Tous ces penchans matériels, tous ces appétits grossiers qui s'opposent si opiniâtrement à l'exercice du bien, le goût les a bannis de l'ame et a cultivé à leur place des

(1) Nous employons ici le mot *affect* (affectus), afin que le lecteur ne soit pas tenté de confondre cet *affect*, qui est une faculté active de l'ame, avec l'*affection* (affectio) qui n'est qu'une simple passivité ou capacité passive.

penchans plus doux, enfans de l'ordre, de l'harmonie et de la perfection, qui, s'ils ne constituent pas la vertu même, ont du moins un objet commun avec elle. Désormais, si l'appétit parle, il faut qu'il subisse l'examen sévère du sentiment du beau; et si la raison se prononce et commande des actions d'ordre, d'harmonie et de perfection, non seulement elle ne trouve plus de résistance, mais encore elle est accueillie par les penchans avec un empressement vif et sincère. Car si nous parcourons les formes diverses sous lesquelles la moralité se manifeste, nous trouvons qu'on peut les réduire toutes aux deux suivantes : ou ce sont les sens qui proposent que telle chose se fasse ou ne se fasse pas, et la volonté en décide d'après les lois de la raison; ou bien c'est la raison qui prend l'initiative, et la volonté lui obéit sans consulter les sens.

La princesse grecque, Anne Comnène, rapporte que son père Alexis, étant encore général de son prédécesseur, fut chargé de conduire un rebelle captif à Constantinople. Pendant le voyage, Alexis, accablé par l'ardeur du soleil, fit une halte, pour se reposer à l'ombre d'un arbre. Bientôt il cède au sommeil, tandis que l'idée d'un prochain supplice tient le captif éveillé. Tout-à-coup celui-ci aperçoit l'épée d'Alexis suspendue à une branche : il se sent tenté d'assassiner son gardien et de se mettre en liberté. Anne dit qu'elle ne sait ce qui serait arrivé, si heureusement son père ne se fût réveillé. Il y avait ici une question morale de la première classe : l'instinct prenait l'initiative, et la raison avait à connaître comme juge. Or, si le rebelle avait résisté à la tentation, par pur respect pour la justice, il n'y a pas de doute qu'il eût agi moralement.

Quand le duc Léopold de Brunswick se demandait, sur les bords de l'Oder, s'il devait, au péril de sa vie, traverser les flots mugissans, pour sauver quelques malheureux qui allaient périr sans son secours, et quand le seul sentiment du devoir le jetait dans la barque où personne n'osait monter, nul ne contestera que ce ne fût une action morale. Ce duc se trouve ici dans le cas opposé à celui du rebelle. L'idée du devoir avait pris l'initiative, et l'instinct de conservation ne parla qu'après, pour combattre la décision de la raison. Mais le procédé de la volonté fut le même dans l'un et dans l'autre cas; c'est-à-dire qu'elle suivit immédiatement la raison : donc ces deux actions sont également morales.

Voyons si elles le seront encore dans le cas où le goût aura exercé sur elles son influence. Supposons que le premier, qui fut tenté de commettre un assassinat, et qui résista par respect pour la justice, ait eu le goût tellement développé, que toute action vile et violente lui eût inspiré une répugnance invincible : il est certain qu'au moment où l'instinct de conservation eût proposé quelque chose de vil, le simple sens esthétique l'eût rejeté. La question n'eût donc pas même été portée devant le tribunal moral, ou la conscience, mais eût été jugée par une instance antérieure; or, le sens esthétique régit la volonté par de simples affections et par des lois. Cet homme se refuse donc le sentiment agréable de sauver sa vie, parce qu'il redoute le sentiment pénible d'avoir commis une bassesse. Toute l'affaire se décide ainsi devant le tribunal du sentiment, et la conduite du rebelle, quelque légale qu'elle soit, sous le rapport moral, est entièrement indifférente; elle n'est qu'un bel effet de la nature.

Supposons maintenant que l'autre homme, le duc de Brunswick, à qui la raison commandait une action contre laquelle se révoltait l'instinct naturel, eût également eu le sentiment du beau tellement développé, que tout ce qui est grand et généreux l'eût entraîné avec un charme irrésistible, il en serait résulté, qu'au moment où la raison prit sa décision, les sens seraient venus au-devant d'elle, et il aurait accompli d'*accord* avec ses penchans, ce qu'il aurait dû accomplir contre leur gré, s'il n'avait eu cet enthousiasme pour le beau. Mais le croirons-nous pour cela moins parfait? Non, car il se détermine d'abord par pur respect pour la raison, et s'il exécute ses ordres avec plaisir et satisfaction, la pureté morale de son action n'en est pas amoindrie. Sous le rapport moral, ce prince est donc aussi accompli que s'il avait agi sans l'influence du goût, et sous le rapport physique, il l'est davantage, puisque de tels caractères sont éminemment propres à l'exercice de la vertu.

Il est donc certain que le goût donne à l'ame une disposition favorable à la vertu, parce qu'il fait taire les penchans qui arrêtent son élan, et qu'il éveille ceux qui le facilitent. Le goût ne saurait nuire à la véritable vertu, quoique dans tous les cas, où l'instinct naturel prend l'initiative, il décide devant son propre tribunal ce qui devrait être porté devant celui de la conscience, et qu'il soit ainsi cause que, parmi les actions des personnes qu'il domine, il se trouvera plus d'actions indifférentes que d'actions vraiment morales; car la perfection de l'homme ne consiste nullement en la somme des actions rigoureusement morales, mais en la plus grande convenance des dispositions naturelles avec la loi morale. C'est une mauvaise recommandation pour une nation ou pour un siècle, que d'y entendre beaucoup parler de moralité et d'actions morales: on doit espérer plutôt qu'au terme de la civilisation, si toutefois on peut en concevoir un, il n'en sera plus guère question. Le goût, au contraire, est d'une utilité positive pour la vertu, dans tous les cas où la raison, ayant donné le premier mouvement, se voit en danger de succomber sous la force prépondérante de l'instinct naturel ; car, dans ces cas, le goût dispose les sens en faveur du devoir, et facilite ainsi l'exercice de la vertu, même à une volonté moins ferme.

Or, si le goût ne nuit en aucun cas à la moralité, s'il la sert bien en beaucoup d'autres, la circonstance qu'il est souverainement favorable à la légalité de notre conduite, doit être comptée pour beaucoup. Ainsi, dans la supposition même que la culture du beau ne puisse en rien contribuer à nous rendre meilleurs, du moins, elle nous rend aptes, supposé que nous manquions du sentiment moral, à nous conduire conformément à la moralité.

Il est vrai que le tribunal moral ne pèse nullement nos actions, comme résultats de nos sentimens ; mais devant le tribunal des sens et dans le plan de la nature, l'inverse a lieu, et il n'y est nullement question de nos sentimens, en ce qu'ils pourront donner lieu à des actions favorables au but de la nature. Or, l'ordre physique où régnent les forces, et l'ordre moral où régnent les lois, sont tellement combinés, sont si intimement liés, que des actions qui, par leur forme, s'accordent avec le but moral, s'accordent aussi par leur fond, avec le but physique. Tout comme l'édifice total de la nature ne paraît être élevé que pour rendre possible le but suprême, qui est le *bon* ; de même, le bon peut de nouveau servir de moyen pour maintenir l'édifice de la nature. L'ordre de la nature dépend donc de la moralité de nos sentimens, et nous ne pouvons heurter le monde moral, sans en même temps mettre le trouble dans le monde physique.

Mais si nous ne pouvons pas espérer que la nature humaine agisse sans interruption et sans rechute, toujours uniformément et invariablement comme raison pure, et qu'elle ne heurte jamais l'ordre moral; — si, avec toute la conviction que nous avons de la nécessité et de la possibilité d'une vertu pure, nous sommes forcés de reconnaître combien l'exercice effectif en est difficile; — si, avec le sentiment de notre insuffisance, nous nous souvenons que l'édifice de la nature souffre du moindre faux pas moral que nous faisons;—si nous nous rappelons toutes ces vicissitudes, n'y aurait-il pas témérité impardonnable à laisser dépendre ce qu'il y a de meilleur dans le monde, des chances fortuites de notre vertu ? Il résulte au contraire de cette réflexion, l'obligation pour nous, de satisfaire au moins à l'ordre physique par le fond de nos actions, dussions-nous même ne pas réussir à satisfaire à l'ordre moral par leur forme, ou de payer au moins au but de la nature, comme instrumens, ce dont nous resterons débiteurs à la raison, comme individus parfaits, afin de n'être pas condamnés par les deux tribunaux à la fois. Si par la raison que la légalité de notre conduite est sans mérite moral, nous ne voulions rien faire pour l'assurer, le monde finirait, et tous les liens de la société se dissoudraient avant que nous fussions d'accord avec nos principes. Or, plus notre moralité est précaire et fortuite, plus il devient nécessaire d'assurer la légalité de nos actions, et nous sommes moralement responsables de toute négligence frivole ou vaniteuse dont nous nous rendrions coupables. De même que l'homme en démence écarte, à l'approche du paroxisme, tout instrument tranchant, et se livre lui-même aux chaînes pour n'être pas responsable des crimes de son cerveau dérangé, de même nous sommes obligés de nous lier les mains par la religion et les lois esthétiques, afin que, dans les périodes de leur domination, nos passions ne transgressent pas l'ordre physique.

Ce n'est pas sans raison que je range ici la religion et le goût dans la même classe. L'une et l'autre ont le mérite commun de tenir lieu de vertu, et si le goût le cède à la religion pour le mérite intrinsèque, du moins il l'égale quant aux effets; l'une et l'autre peuvent sauver la légalité là où la vertu fait défaut. Quoique celui qui n'a besoin ni de l'attrait du beau, ni de l'espérance de l'immortalité, pour se conformer aux règles de la raison, doive occuper sans doute une place supérieure dans les rangs des esprits, néanmoins les bornes de la faiblesse humaine obligent le moraliste le plus rigide de rabattre, en pratique, de la sévérité de son système, bien qu'il n'en doive rien retrancher en théorie; et le bien-être de l'humanité étant trop exposé, sous la sauvegarde d'une vertu si fortuite, on est heureux de pouvoir l'attacher aux deux fortes ancres de la religion et du goût.

CHAPITRE VII.

Des bornes nécessaires dans l'emploi des belles formes.

L'abus du beau et la tendance de l'imagination à s'emparer du pouvoir législatif, là où elle n'a que le pouvoir exécutif, ont entraîné à tant d'inconvéniens, et dans la société et dans les sciences, qu'il n'est pas hors de propos de fixer les limites dans lesquelles doit se renfermer l'emploi des belles formes. Ces limites sont dans la nature du beau lui-même, et nous n'avons qu'à nous rappeler *comment* le goût manifeste son influence, pour être à même de déterminer *jusqu'où* il lui est permis de l'étendre.

Les effets du goût, en général, sont de mettre en harmonie les forces sensuelles (1) et spirituelles de l'homme, et d'établir entre elles une alliance intime. Partout où l'alliance entre la raison et les sens est utile et légitime, l'influence du goût doit être admise. Mais il est des cas où, pour atteindre un but, ou pour remplir un devoir, nous avons besoin d'être affranchis de toute influence sensuelle, et d'agir comme des êtres purement rationnels, où par conséquent l'alliance entre l'esprit et la matière doit aussitôt être rompue. C'est là que le goût rencontre des bornes qu'il ne peut dépasser, sans nous faire manquer un but, ou nous éloigner de nos devoirs.

Notre destination est d'acquérir des connaissances et de nous conduire d'après elles. L'un et l'autre exigent une certaine facilité à exclure les sens des opérations de l'esprit, parce que, pour procéder à l'acquisition d'une connaissance, il ne faut point de sensation, de même que pour déterminer notre vouloir d'une manière morale, il faut écarter les appétits.

(1) Nous comprenons sous ce mot *sensuelles* tout ce qui est relatif aux sens, à l'exclusion de la raison.
NOTE DU TR.

Lorsque nous *connaissons*, nous sommes *actifs*, notre attention est dirigée sur un objet, sur un rapport qui existe entre plusieurs idées. Lorsque nous *sentons*, nous sommes *passifs*, et notre attention (si toutefois on peut appeler ainsi ce qui n'est point un acte volontaire de l'esprit), n'est dirigée que sur notre *situation*, en ce que celle-ci se trouve changée par une impression reçue. Or, puisque le beau est simplement *senti* et non *connu*, il s'en suit que nous n'observons nullement ses rapports avec d'autres objets, que nous n'appliquons pas à d'autres idées celles qu'il nous fait naître, mais que nous les appliquons à notre faculté sensitive elle-même. Un bel objet ne nous révèle rien de sa nature; mais sa vue nous apprend qu'il s'opère un changement dans notre situation, changement dont la sensation devient l'interprète. Ainsi les jugemens du goût n'étendent point notre savoir; nulle connaissance, pas même celle du beau, ne nous est acquise par le sentiment du beau. Partout où il s'agit d'obtenir une connaissance, le goût ne saurait nous être d'aucune utilité, du moins pas directement et immédiatement; puisqu'au contraire la connaissance est ajournée pour tout le temps que le beau nous occupe. Mais, dira-t-on, à quoi donc sert de revêtir ses idées de formes agréables, si le but de la démonstration, qui ne peut être autre que de faire naître la connaissance, en est plutôt entravé que favorisé?

Sans doute, la beauté de la diction ne peut pas plus contribuer à convaincre l'intelligence, que le goût, dans l'arrangement des mets d'un repas, ne contribue à la nutrition des convives, ou l'élégance extérieure d'un homme au jugement de son mérite intérieur. Mais de même que l'arrangement élégant de la table excite l'appétit, qu'un extérieur soigné appelle l'attention sur l'homme, de même une démonstration grâcieuse de la vérité nous dispose à lui ouvrir notre ame, et écarte les obstacles qui s'opposaient à ce que nous suivissions un enchaînement long et sérieux de pensées. Le fond ne gagne rien par la beauté de la forme, jamais le goût ne peut aider l'intelligence à concevoir; le fond doit se recommander à l'intelligence par lui-même et sans intermédiaire, en même temps que la belle forme parle à l'imagination et la flatte d'une apparence de liberté.

Cette innocente déférence pour les sens que l'on se permet dans la forme, même en ne changeant rien au fond, est néanmoins assujétio à de grandes restrictions. Elle peut devenir totalement disconvenante, selon le genre de connaissances et le degré de conviction qu'on a pour but dans la communication de ses pensées.

Il est des connaissances *scientifiques* qui reposent sur des notions nettes et sur des principes reconnus; il est des connaissances *populaires*, basées simplement sur des sentimens plus ou moins développés; ce qui peut aider les dernières est souvent ouvertement contraire aux autres. Lorsqu'il s'agit d'une démonstration logique, il ne suffit pas d'exposer simplement le fond de la vérité, mais il faut encore que la preuve de la vérité soit renfermée dans la forme même de la démonstration ; en d'autres termes, le fond et l'expression doivent être conformes aux lois de la pensée. La sévère nécessité avec laquelle les notions se joignent et s'unissent dans l'intelligence, doit aussi se retrouver dans la démonstration; la continuité dans celle-ci doit correspondre à la continuité dans l'idée ; or, toute liberté accordée à l'imagination, lorsqu'il s'agit d'acquérir une connaissance, est contraire à la nécessité avec laquelle l'intelligence unit jugemens à jugemens, conclusions à conclusions.

Il est dans la nature de l'imagination de chercher à voir par les yeux, c'est-à-dire, à avoir des *idées complettes*, et généralement déterminées. Elle cherche sans cesse à représenter le général dans un cas particulier, à le renfermer dans le temps et dans l'espace, à individualiser la notion et à donner un corps à l'abstrait. Elle aime à être libre dans ses compositions, et ne reconnaît d'autre loi que le hasard, dans le rapport de temps et d'espace ; car c'est la seule connexion qui reste entre nos idées, lorsque nous les dépouillons, par la pensée, de tout ce qui est notion, de tout ce qui les lie intérieurement.

L'intelligence, au contraire, ne s'occupe que *d'idées partielles* ou de *notions*; et sa tendance est de découvrir des caractères dans *l'ensemble vivant* des images. Comme elle unit les choses d'après leurs *rapports intérieurs*, qui ne se découvrent que par la séparation, elle ne peut unir qu'autant qu'elle a d'abord séparé. L'intelligence, dans ses combinaisons, obéit à une nécessité, à une sévère légalité; la connexion continue des notions peut seule la satisfaire; mais cette connexion est interrompue toutes les fois que l'imagination intercale des idées complettes dans cet enchaînement d'abstractions, et qu'elle mêle le hasard des combinaisons de temps à la nécessité des combinaisons de choses (1). Là où il s'agit de conséquence rigoureuse dans la pensée, il est indispensable que l'imagination dissimule son caractère arbitraire, et que sa tendance vers les idées les plus matérielles, et vers la plus grande liberté dans leur combinaison, soit comprimée et subordonnée aux besoins de l'intelligence.

(1) L'auteur, ou l'orateur qui tient à la rigueur scientifique, sera donc sobre d'exemples et d'explications tropiques. Toute vérité générale est sujette à des restrictions dans chaque cas particulier; et comme dans tout cas particulier il se présente des circonstances, qui sont accidentelles par rapport à l'idée générale qu'on veut représenter par le cas particulier, il est à craindre que ces rapports accidentels soient introduits dans l'idée générale, et qu'ils lui ôtent ainsi quelque chose de sa généralité et de sa nécessité.

Par conséquent, la diction doit repousser cette tendance de l'imagination, limiter son instinct poétique par la précision des expressions, repousser l'arbitraire de ses combinaisons par la légalité des progressions, en excluant tout ce qui est indivuel et matériel. Il est vrai que l'imagination ne se soumet pas sans résistance à cette contrainte, mais on compte ici sur un peu d'abnégation de soi-même, et sur la bonne volonté de l'auditeur ou du lecteur à passer, par amour pour la chose, sur les difficultés inséparables de la forme.

Mais là où il n'y a pas à compter sur cette bonne volonté, là où il n'y a point d'espoir que l'intérêt pour le fond soit assez fort pour faire surmonter la difficulté, il faut renoncer à la communication d'une connaissance scientifique, et, en revanche, gagner quelque liberté dans la diction. En ce cas, on abandonne la forme scientifique qui exerce trop de contrainte sur l'imagination, et qui ne plaît que par l'importance du but, pour s'emparer de la forme du beau, qui, indépendante de tout fond, se recommande par elle-même; le fond ne pouvant défendre la forme, il faut que la forme défende le fond.

L'instruction populaire comporte cette liberté. L'orateur, ou l'auteur populaire (nom que je donne à tous ceux qui ne s'adressent pas exclusivement aux savans), ne parlant point à un public préparé et ne pouvant pas, comme l'auteur scientifique, choisir ses auditeurs, qu'il doit prendre tels qu'ils sont, ne peut pas leur supposer une force particulière de pensée, ni une connaissance préalable de notions déterminées, ni de l'intérêt pour certains objets, mais seulement les conditions générales de la pensée et des motifs généraux d'attention. Il ne doit donc pas attendre du hasard, que l'imagination de ceux qu'il veut instruire attache le véritable sens à ses abstractions, et qu'ils découvrent le fond des notions générales auxquelles la diction scientifique est restreinte. Pour marcher avec sécurité il préférera par conséquent donner, avec les idées principales, les images et les cas particuliers auxquels s'appliquent ces idées, abandonnant à l'intelligence de ses lecteurs d'en improviser elle-même la notion. Il en résulte que la démonstration populaire ouvre un champ beaucoup plus vaste à l'imagination que la démonstration scientifique; seulement l'activité de cette faculté n'est ici que *reproductive* et non *productive*, c'est-à-dire qu'elle renouvelle les idées reçues plutôt qu'elle ne manifeste sa force plastique.

Dans la démonstration populaire, les cas particuliers ou aperçus doivent être trop bien calculés pour leur but actuel, trop soigneusement adaptés à l'application qu'on en veut faire, pour que l'imagination puisse oublier qu'elle n'agit que par simple délégation de l'intelligence. Cette démonstration se tient plus proche de la vie et du monde des sens, mais elle ne doit pas s'y perdre. La diction ne cesse donc pas d'être purement *didactique*, car, pour être *belle*, elle manque encore de deux qualités importantes : la matérialité de l'expression et la liberté du mouvement.

La diction est *libre*, lorsque l'intelligence, tout en déterminant la connexion des idées, cache leur légalité; que l'imagination se persuade agir arbitrairement et ne paraît obéir qu'au hasard des combinaisons de temps. Elle est *matérielle*, lorsqu'elle cache le général sous le particulier, et présente à l'imagination l'image vivante, l'idée complette, là où il ne s'agit que de la simple notion, ou idée partielle. D'un côté, la diction est *riche*, parce que, là où il ne faut qu'une seule détermination, elle donne une figure complette, un ensemble de déterminations, un individu; d'un autre côté, elle est restreinte et *pauvre*, parce qu'elle applique à un individu, à un cas partiel, ce qui doit s'entendre d'un tout. Elle appauvrit donc l'intelligence dans la proportion qu'elle enrichit l'imagination; car plus une idée est complette au fond, moins sa sphère est étendue.

L'intérêt de l'imagination est de varier ses objets à volonté; celui de l'intelligence est de lier les siens avec une rigoureuse nécessité. Quoique les deux intérêts paraissent se combattre, ils ont néanmoins leur point de réunion; le trouver est ce qui constitue précisément le mérite du beau style.

Pour satisfaire l'imagination, il faut que le discours ait une partie matérielle, un corps. Ce corps consiste dans les images dont l'intelligence distingue les signes partiels; car quelque abstraites que soient nos pensées, il faut qu'en dernière analyse, elles reposent sur quelque chose de matériel; seulement l'imagination veut sauter d'image en image et ne tenir compte d'autre liaison d'idées que de celle qu'exige la succession de temps. Or, si les images qui fournissent la partie matérielle du discours n'ont point entr'elles de connexion de choses; si elles paraissent, au contraire, subsister comme des membres indépendans, comme des *tous* personnels; si elles dénotent toute l'irrégularité d'une imagination vagabonde, abandonnée à elle-même, alors il y a liberté esthétique dans la forme de la démonstration, et l'imagination est satisfaite. On pourrait dire d'un tel discours qu'il est une production organique, où non seulement le tout, mais encore chaque partie, a une vie qui lui est propre. La démonstration scientifique, au contraire, est une œuvre *mécanique,* où les parties inanimées par elles-mêmes donnent, par leur accord, une vie artificielle à l'ensemble.

D'un autre côté, pour satisfaire l'intelligence et produire des connaissances, il faut que le discours ait une partie spirituelle, qu'il ait de la signification ; c'est ce qu'il obtient par les notions au moyen desquelles ces images sont rapportées les unes aux autres, et réunies en un tout. Or, s'il y a entre ces notions, comme parties spirituelles du discours, une connexion parfaite, en même temps que les images qui leur correspondent comme partie matérielle, paraissent se trouver ensemble comme par un jeu spontané de l'imagination ; le problème est résolu, et l'intelligence est satisfaite par la légalité, tandis que l'imagination est flattée par l'affranchissement de toute loi.

Quand on réfléchit à la magie d'une belle diction, on trouve qu'elle consiste dans cet heureux rapport entre la liberté extérieure et la nécessité intérieure. Cette liberté de l'imagination provient, en très grande partie, de l'individualisation des objets et de l'expression figurée ou impropre ; — de la première, pour relever la matérialité ; — de la seconde, pour la faire naître là où elle n'est pas.

Quand nous représentons le genre entier par un individu, une notion générale par un cas particulier, nous délivrons l'imagination des chaînes que l'intelligence lui avait imposées, et nous l'autorisons à se montrer créatrice. Tendant toujours aux déterminations complettes, elle use, en ce cas, du droit qu'elle a obtenu de remplacer à son gré la figure qu'on lui a présentée, de l'animer, de la transformer et de la poursuivre dans tous ses rapports et ses modifications ; et puisque la rigueur de la connexion intérieure a suffisamment pourvu à ce qu'elle ne s'affranchît pas entièrement du frein de l'intelligence, il lui est permis d'oublier momentanément son rôle subalterne et de se conduire comme un autocrate arbitraire. L'impropriété de l'expression donne encore plus d'étendue à cette liberté en mariant des figures dont le fond est tout-à-fait différent, mais qui se joignent ensemble dans une notion supérieure. Or, puisque l'imagination s'attache au fond, et que l'intelligence s'attache au contraire à cette notion supérieure, il s'en suit que la première fait un bond, là où la seconde observe une continuité parfaite. Les notions se développent d'après la *loi de la nécessité*, mais elles passent devant l'imagination d'après celle *de la liberté*; la pensée reste la même, il n'y a de changé que le *medium* qui la représente. C'est ainsi qu'un auteur éloquent se crée un ordre sublime au milieu de l'anarchie même, et qu'il élève un édifice solide sur un terrain mouvant, sur le fleuve de l'imagination, qui coule et varie sans cesse.

Si l'on veut comparer entr'elles les trois dictions, *scientifique*, *populaire* et *belle*, on trouvera que toutes les trois transmettent avec une égale fidélité, quant à la matière, la pensée dont il s'agit ; par conséquent que toutes les trois aident à l'acquisition des connaissances ; mais que l'espèce et le degré de cette acquisition sont sensiblement différens dans chacune d'elles. La *belle* diction nous présente les choses dont elle traite plutôt comme *possibles* et *désirables*, qu'elle ne s'attache à prouver leur réalité, encore moins leur nécessité ; car sa pensée ne s'annonce que comme une œuvre purement arbitraire de l'imagination, qui, par elle seule, ne peut jamais garantir la réalité de ses représentations. L'auteur populaire nous porte à croire qu'il en est *effectivement* ainsi, mais son pouvoir ne va pas plus loin ; car quoiqu'il nous fasse *sentir* la vérité de sa proposition, il ne nous en donne pas une certitude absolue : le sentiment peut bien nous apprendre ce qui *est*, mais non ce qui *doit être*. L'auteur philosophe convertit la croyance en conviction, car il prouve par des raisons irrécusables qu'il en est *nécessairement* ainsi.

En partant de ces principes, il ne sera pas difficile d'assigner sa place convenable à chacun de ces trois genres de diction. On pourra en général établir que la diction scientifique mérite la préférence toutes les fois qu'il s'agit, non seulement d'obtenir un résultat, mais encore d'en fournir les preuves ; et que l'on doit l'accorder à la diction populaire et à la belle diction, là où il ne s'agit que d'obtenir un résultat. Mais déterminer *quand* la démonstration populaire peut prendre la forme de la belle diction, c'est ce qui dépend du plus ou du moins d'intérêt qu'on peut présupposer et qu'on veut produire.

La diction purement scientifique nous met plus ou moins, selon qu'elle est plus philosophique ou plus populaire, en possession d'une connaissance; la belle diction ne fait que nous la prêter, pour un usage ou pour une jouissance momentanée. La première, pour me servir d'une figure, nous donne l'arbre avec les racines, mais il nous faut patienter jusqu'au moment des fleurs et des fruits. La belle diction nous présente les fleurs et les fruits, mais l'arbre qui les a portés ne devient pas notre propriété; et quand les fleurs sont flétries, quand les fruits sont consommés, notre richesse a disparu avec eux. Or, s'il est déraisonnable de ne donner que des fleurs et des fruits à celui qui demande que l'arbre soit transplanté dans son jardin, il ne serait pas moins absurde d'offrir l'arbre avec tous ses fruits présens et futurs à celui qui ne veut pour le moment qu'un seul fruit. L'application s'ensuit tout naturellement; je me borne à faire observer que la belle diction convient aussi peu à la chaire (1) que la diction scholastique à la société et à la tribune.

Celui qui apprend, recueille pour des buts futurs; c'est pourquoi le professeur doit s'atta-

(1) Il est ici question des chaires où l'on enseigne, car la chaire ecclésiastique n'est autre chose qu'une tribune.

NOTE DU TR.

cher à se mettre en pleine possession des connaissances qu'il enseigne. Or, rien n'est à nous que ce qui a été transmis à notre intelligence. L'orateur au contraire vise à un effet rapide, il a à satisfaire un besoin *actuel* de ses auditeurs. Il est donc de son intérêt de faire passer en pratique le plus tôt possible les connaissances qu'il répand, ce à quoi il parvient en les adressant aux sens, en les préparant pour la sensation. Le professeur qui n'accepte ses auditeurs que conditionnellement, et qui est en droit de réclamer une prédisposition intellectuelle favorable à la réception de la vérité, ne se règle que sur l'*objet* de sa démonstration, tandis que l'orateur qui ne peut imposer des conditions à ses auditeurs, et qui doit commencer par les disposer en sa faveur, a encore à se régler sur les *sujets* auxquels il s'adresse. Le premier, dont l'auditoire est assidu et toujours le même, peut donner des fragmens qui ne forment un tout qu'avec certaines démonstrations précédentes; le dernier, au contraire, dont l'auditoire variable, arrive sans être préparé pour ne jamais revenir, doit épuiser et compléter ses démonstrations séance tenante; chacune d'elles doit former un ensemble parfait et renfermer sa conclusion.

Il n'est donc pas surprenant qu'une diction dogmatique, quelque profonde qu'elle soit, ne fasse pas fortune à la tribune et dans la société, et qu'une diction poétique, quelque spirituelle

qu'elle soit, déplaise dans la chaire et au barreau ;
— que le beau monde dédaigne des ouvrages qui
font époque pour les savans, tandis que le savant
ignore l'existence d'autres ouvrages, qui sont un
cours d'étude pour les gens du monde, et qui
sont dévorés par tous les amis du beau. Les uns et
les autres peuvent chacun dans leur sphère mériter l'admiration, et s'égaler même en mérite
intrinsèque, mais ce serait demander l'impossible que de vouloir que l'ouvrage, qui exige
toute l'application du penseur, puisse en même
temps être un jeu léger pour le bel esprit.

C'est pour cette raison que je pose en fait qu'il
est nuisible de choisir, pour l'instruction de la
jeunesse, des livres dans lesquels une matière
scientifique est enjolivée de belles formes. Je ne
parle pas ici de ces ouvrages où le fond est entièrement sacrifié à la forme, mais d'ouvrages essentiellement excellens, qui soutiennent la plus
sévère épreuve quant au fond, mais dont la forme
ne résiste pas à cette épreuve. Il est vrai que ces
livres atteignent leur but, celui d'être lus, mais c'est
aux dépens du but plus important pour lequel ils
doivent être lus. Ces lectures n'exercent l'intelligence qu'autant que celle-ci concorde avec l'imagination ; elle n'apprend, par conséquent,
jamais à distinguer la forme d'avec la matière et
à opérer comme une faculté pure. Ce simple
exercice de l'intelligence est pourtant un point
principal de l'instruction de la jeunesse. Si vous

voulez qu'une chose soit bien faite, gardez-vous de l'annoncer comme un jeu; il faut au contraire chercher à tendre l'esprit par la forme de la démonstration, l'arracher à la passivité et le pousser à l'activité. Il n'est pas bon de cacher aux jeunes gens la sévère légalité de la méthode; il faut plutôt la leur faire remarquer, et, s'il est possible, les rendre avides de s'en saisir. L'écolier doit s'instruire, poursuivre un but, et ne pas s'effrayer de la difficulté des moyens qui y conduisent. Il doit de bonne heure être habitué à chercher le noble plaisir qui est le prix du travail. La diction scientifique n'offre aucun attrait aux sens, tandis que la belle diction cherche à les mettre dans son intérêt. Qu'en résulte-t-il? On dévore une belle lecture, on est ravi d'une conversation spirituelle et fleurie, mais si l'on vous en demande les résultats, vous êtes embarrassé de les indiquer. Rien de plus naturel; car les notions affluent à l'ame par masses, tandis que l'intelligence ne peut saisir que ce qu'elle distingue. Pendant une belle lecture, l'ame est plutôt passive qu'active, tandis que l'esprit n'acquiert rien que lorsqu'il agit.

Ceci ne s'applique toutefois qu'au beau du genre commun, et à la manière commune de le sentir; car le vrai beau repose sur la plus rigoureuse précision, sur la plus exacte séparation, sur la dernière nécessité intérieure; seulement cette précision doit plutôt être facile à saisir que sauter aux yeux. La plus grande légalité est indispensable, mais il faut qu'elle paraisse ressortir de la nature. Une telle production satisfait complettement l'intelligence sitôt qu'on l'étudie; mais par cela même qu'elle est vraiment belle, elle n'imposera pas sa légalité, ne s'adressera pas à l'intelligence en particulier, mais parlera comme unité parfaite à l'ensemble concordant de l'homme, comme nature à la nature. Peut-être qu'un juge ordinaire la trouvera sèche, pauvre, trop peu déterminée; ce qui fait justement le triomphe de la diction, la résolution entière des parties en un tout parfait, le blessera, parce que tout son art consiste à distinguer et à saisir le partiel. Sans doute, dans une démonstration philosophique, l'intelligence, comme faculté distinguante, doit être satisfaite; il faut qu'elle puisse en tirer des résultats particls; c'est un but qui ne doit pas être perdu de vue; mais si l'auteur, en observant la plus rigoureuse précision intérieure, a pourvu à ce que l'intelligence trouve nécessairement ces résultats, pour peu qu'elle veuille aller à leur recherche; — si non content de cela, et poussé par sa nature qui agit toujours comme unité concordante, il rétablit de nouveau ce qui a été séparé; — si en provoquant à la fois les forces matérielles et spirituelles, il s'adresse toujours à l'homme entier : certes on ne dira pas que son ouvrage sera mal écrit parce qu'il se sera davantage approché du but suprême! Un juge ordinaire qui, dépourvu de sentiment pour cette harmonie, n'insiste que sur le partiel, qui, dans l'église même de St-Pierre de Rome, ne voit que les pilliers qui portent ce firmament artificiel; un tel juge, sans doute, lui saura peu gré de lui avoir donné une double peine; car il doit le traduire pour le comprendre, tout comme la simple intelligence, dépourvue de toute faculté représentative, doit, pour comprendre le beau dans la nature comme dans les arts, commencer par le disséquer et le traduire dans son propre idiôme, ou enfin comme l'enfant qui, pour apprendre à lire, doit commencer par épeler. Mais ce n'est pas sur la disposition et sur le besoin de ses lecteurs que l'auteur éloquent se règle. Il marche vers l'idéal qu'il porte dans son cœur, et s'inquiète peu qu'on le suive ou qu'on reste en arrière. Tout le monde ne le suivra pas, car s'il est rare de trouver des lecteurs qui pensent, il est encore bien plus rare d'en trouver qui pensent reproductivement, c'est-à-dire, avec l'ensemble de l'intelligence et de l'imagination; qui, en pensant, ont sous les yeux l'image vivante de ce que renferme la pensée. Il est dans la nature de la chose qu'un tel auteur ne peut avoir le suffrage de ceux qui ne veulent que voir et sentir; car il leur impose la dure nécessité de penser. Il ne plaira pas davantage à ceux qui ne font que penser; car il exige d'eux, ce qui leur est impossible, de reproduire la pensée reçue et de lui donner une forme animée.

Mais comme les uns et les autres ne sont nullement les représentans de l'harmonie dans les deux opérations, leur contradiction n'est pour lui d'aucun poids, leur jugement confirme au contraire que l'auteur a atteint son but. Le penseur abstrait trouvera le fond de l'ouvrage pensé, le simple lecteur trouvera le style animé, l'un et l'autre approuveront donc ce qu'ils conçoivent et ne seront privés que de ce qui surpasse leurs facultés.

Par la même raison, personne n'est moins propre que cet auteur à faire connaître l'objet qu'il traite à des ignorans. Heureusement qu'il n'est pas indispensable qu'il s'en mêle, car l'on ne manquera pas de sujets propres à l'enseignement des écoliers. Le professeur, dans la stricte acception du mot, doit se régler sur les besoins des écoliers; il part de la supposition de l'impuissance de ses auditeurs, tandis que l'autre exige une certaine intégrité et quelque culture d'esprit dans ceux qui veulent le comprendre. En revanche, il ne se borne pas à ne leur communiquer que des notions *mortes*, mais il s'empare avec énergie de toute la vie de l'homme, de son intelligence, de ses sentimens et de sa volonté. Si j'ai dit que l'intervention du goût dans l'instruction proprement dite était nuisible, je n'ai pas voulu prétendre que le développement de cette faculté puisse être trop prématuré dans les jeunes gens. On doit, tout au contraire, exciter un jeune homme et lui fournir l'occasion de communiquer, par la voie d'une démonstration animée, les connaissances qu'il a acquises par la voie de l'école. Pourvu que ces connaissances soient méthodiquement acquises, le goût, dans leur transmission, ne peut qu'avoir des résultats utiles. Certes il faut être bien pénétré d'une vérité pour pouvoir sans inconvénient abandonner la forme sous laquelle on l'a recueillie et la démontrer sous une autre. Il faut déjà avoir une grande force d'intelligence pour ne pas perdre son objet de vue, au milieu des richesses d'une imagination abondante. Celui qui transmet ses connaissances sous la stricte forme de l'école, me prouve, à la vérité, qu'il les a bien saisies et qu'il sait les retenir; mais celui qui sait encore les communiquer sous une belle forme, me prouve qu'il est capable de les étendre, qu'il a su s'identifier avec elles, et qu'il saura les reproduire dans ses actions. Les résultats de la pensée ne peuvent arriver à la volonté et passer en pratique, que par la voie de la force plastique spontanée. Nous ne pouvons rien produire au dehors, dont le germe ne soit déjà épanoui dans notre ame; il en est des créations spirituelles comme des conformations organisées, sans fleurs point de fruits.

Quand on songe combien de vérités nous ont guidés depuis longtemps, sous la forme de simples données intérieures, avant que la philosophie les eût démontrées, et combien peu de force ont souvent les vérités démontrées, sur le sentiment et la volonté, on reconnait combien il est important, pour la vie pratique, de suivre cet avertissement de la nature, et de convertir de nouveau les résultats de la science en aperçus vivans. Ce n'est qu'ainsi [qu'on parvient à faire participer aux trésors de la sagesse ceux à qui la nature a interdit de suivre la route artificielle de la science. Le Beau est ici de la même utilité pour les connaissances, qu'il l'est pour les actions en fait de morale; il accorde en résultat et en matière, des hommes qui ne se seraient jamais accordés en forme et en principes.

Il est dans la nature et dans la destinée des femmes de ne pouvoir jamais partager la science avec les hommes; mais par le medium de la démonstration elles peuvent concourir avec eux à la connaissance de la vérité. L'homme peut parfois souffrir qu'on blesse son goût, pourvu que le fond dédommage son intelligence; il est ordinairement d'autant plus satisfait que la démonstration a été complète, que l'essence intérieure a été nettement séparée du phénomène. La femme, au contraire, rejette le fond le plus riche sitôt que la forme est négligée, et toute sa conformation intérieure l'autorise et la porte à cette rigueur de jugement. Ce sexe qui, s'il ne dominait pas déjà par sa beauté, mériterait le nom de beau sexe, par cela même qu'il est l'esclave du Beau, traduit tout au tribunal des sensations, et tout ce qui ne parle pas aux sens est perdu pour lui, ainsi que tout ce qui les blesse. Il est vrai qu'il ne peut recevoir par ce canal que la *matière* de la vérité et non la vérité même, qui est inséparable de sa preuve; mais, pour atteindre sa dernière perfection, ce sexe n'a heureusement besoin que de la matière de la vérité; si nous avons vu quelques exceptions, elles ne peuvent pas nous faire désirer de les voir érigées en règles.

Si en ce point, qui est un des plus importans de l'existence, l'homme veut rester de niveau avec la femme, il faut qu'il se charge doublement de la tâche dont la nature a dispensé la dernière et qu'elle lui a même interdite. Il s'attachera donc à recueillir autant de connaissances que possible dans l'empire des abstractions où il règne, pour les transmettre dans l'empire de l'imagination, où la femme est à la fois modèle et juge. Ne pouvant rien espérer de solide d'une culture directe de son intelligence, il cherchera à tirer de son propre terrain une bonne récolte de fleurs et de fruits, afin de pouvoir d'autant plus souvent suppléer aux trésors passagers de l'autre, et entretenir une moisson artificielle là où une moisson naturelle ne peut venir à maturité. Le goût corrige ou voile la différence naturelle de l'esprit des deux sexes; il orne et alimente l'esprit de la femme des richesses de l'esprit de l'homme. Il donne aux femmes des sensations là où elles n'ont point pensé, et des jouissances là où elles n'ont point travaillé. Avec les restrictions que je viens de signaler, c'est donc bien au goût qu'est confiée la forme dans la communication des connaissances, mais sous la condition expresse qu'il ne touche point au fond. Jamais il ne doit oublier qu'il ne s'acquitte que d'une mission étrangère, qu'il ne traite pas ses propres affaires, que sa coopération doit être bornée à disposer favorablement l'ame à recevoir la connaissance, mais que tout ce qui regarde la chose elle-même doit être hors de sa compétence.

La loi du goût est de complaire à l'imagination et de séduire par l'extérieur. S'il s'applique non seulement à la forme, mais encore au fond, s'il ne se contente pas de la simple *disposition* des matériaux, mais s'il veut encore les *choisir* ; il dépasse ses pouvoirs, et dénature l'objet qu'il devait nous transmettre inaltéré. Si cela arrive, il n'est plus question de la nature des choses, mais seulement de quelle manière elles se recommandent le mieux aux sens. La sévère conséquence des pensées, qui n'aurait dû qu'être voilée, est rejetée comme une chaîne importune ; la perfection est sacrifiée à l'agrément, la vérité des détails à la beauté de l'ensemble, et l'essence intérieure à l'expression extérieure.

Or, si le fond cède à la forme, il n'existe plus de fond; la démonstration est vide, et au lieu d'agrandir nos connaissances, nous ne sommes occupés que d'un jeu amusant.

Les auteurs qui ont plus d'esprit que d'intelligence, plus de goût que de science, ne se rendent que trop souvent coupables de cette supercherie, et les lecteurs qui sont plus habitués à sentir qu'à penser, ne sont que trop enclins à la leur pardonner. Il est, en général, dangereux de donner tout son développement au goût avant d'avoir exercé l'intelligence comme faculté purement pensante, avant d'avoir meublé la tête de notions justes; car le goût ne tenant compte que de la forme, jamais du fond, toute différence entre les choses se confond là où il se trouve être juge unique; on devient indifférent pour la réalité et l'on finit par mettre tout le mérite dans la forme et dans les phénomènes.

De là l'esprit frivole et superficiel qui caractérise généralement la haute société, dont on vante d'ailleurs avec raison la civilisation exquise. Introduire un jeune homme dans ce cercle des grâces avant que les muses l'aient émancipé, est souverainement dangereux; il en résulte qu'on en fait un fat, tandis que, si l'on avait attendu l'âge de maturité, il aurait pu achever son perfectionnement extérieur. Sans doute la matière sans forme n'est qu'une demi possession, car les plus belles connaissances ne sont que des trésors morts dans une tête qui ne sait pas les mettre en pratique; mais la forme sans matière est moins que l'ombre d'une possession, et toute la grâce imaginable de l'expression ne saurait être utile à celui qui n'a rien à exprimer.

Si nous ne voulons pas que la culture du Beau nous égare dans cette fausse route, il faut que le goût ne soit admis qu'à déterminer la forme extérieure, et que la raison et l'expérience déterminent l'essence intérieure. Si la sensation est érigée en juge suprême, si les choses ne sont rapportées qu'à elle, l'homme ne sortira jamais du servage de la matière; jamais il ne fera briller le jour dans son esprit; en un mot, sa raison perdra en liberté à proportion qu'il se laissera davantage subjuguer par l'imagination.

Le Beau produit son effet à la simple perception extérieure; le Vrai demande de l'étude. Quiconque n'a exercé que le sentiment du Beau, se contente de perceptions superficielles là où il faut des efforts et de la gravité. Or, de simples perceptions ne peuvent rien nous apprendre; pour faire quelque chose de grand il faut approfondir, distinguer avec clarté, combiner en tout sens, persévérer avec constance. L'artiste et le poète, quoiqu'ils composent eux-mêmes pour le plaisir extérieur, doivent se soumettre à une étude laborieuse qui n'est rien moins qu'attrayante, s'ils veulent que leurs œuvres nous charment comme un jeu.

Et voilà la pierre de touche qui fait distinguer le simple *dilettante* d'avec l'artiste d'un vrai génie. Le charme séducteur du Grand et du Beau, le feu qu'il allume dans l'imagination de la jeunesse, joints à l'apparente facilité de faire illusion aux sens, ont entraîné plus d'un écolier à saisir la lyre et la pallette, pour rendre par des sons et des formes ce qui venait éclore dans son cœur. Sa tête travaille sur des idées confuses comme un monde naissant; il croit qu'il est inspiré, il prend l'obscur pour le profond, le sauvage pour l'énergique, l'indéterminé pour l'infini et l'absurde pour le sublime. Voyez comme il admire les enfans de son imagination! Mais le jugement du connaisseur ne confirmera pas le témoignage d'un amour propre si ardent. Sa critique peu complaisante détruit le prestige de la force plastique exaltée, et le fait descendre dans la mine profonde de la science, d'où jaillit la source du vrai Beau, cachée aux yeux des profanes. Si le disciple recèle l'étincelle divine du génie, sa modestie hésitera d'abord, mais bientôt le courage du vrai talent le portera aux essais. Si la nature l'a doté pour être artiste plastique, il étudiera la structure humaine avec le scalpel de l'anatomiste, descendra dans la profondeur du centre pour être vrai à la surface, et ira scruter dans le genre entier pour être juste envers l'individu. S'il est né pour être poète, il écoutera l'humanité dans son propre cœur, afin de comprendre le jeu infiniment varié de la nature humaine sur le théâtre du monde; il soumettra l'ardeur de l'imagination à la discipline du goût, et mesurera avec un esprit calme les rives entre lesquelles le fleuve de l'inspiration doit s'élancer. Il n'ignore pas que le Grand se compose de parties inapparentes ; en accumulant grain de sable sur grain de sable, il élève l'édifice qui nous étonne dans son ensemble.

Si, au contraire, la nature l'a destiné à n'être que *dilettante*, la difficulté refroidira son zèle, et s'il a de la modestie, il abandonnera une route qui n'est pas la sienne ; s'il en manque, il rapetissera le Grand en raison du petit diamètre de ses facultés, qu'il ne peut étendre en raison de la grandeur de l'idéal. On reconnaîtra donc toujours le vrai génie au calme et à la patience persévérante qu'il conservera pour le partiel, malgré son ardent amour pour l'ensemble, et à sa tendance à renoncer à la jouissance de l'œuvre, plutôt que de la laisser imparfaite. Le simple amateur est dégoûté du but par la difficulté des moyens, car il voudrait avoir autant de facilité pour reproduire qu'il en a eu pour contempler.

Nous avons parlé jusqu'ici des dangers qui résultent, pour la pensée et la connaissance, d'une sensibilité outrée pour les belles formes et de la trop grande étendue des prétentions esthétiques. Mais ces prétentions deviennent encore plus dangereuses lorsqu'elles s'adressent à la volonté. Car le cas est bien autrement sérieux quand le penchant démesuré pour le Beau pervertit le caractère et nous fait transgresser des devoirs, que quand il nous empêche seulement d'agrandir notre savoir. L'arbitraire qu'un bel esprit exerce sur la pensée est sans doute un mal et doit obscurcir l'intelligence, mais exercé sur la volonté, il est souverainement pernicieux et pervertit nécessairement le cœur. C'est vers ce dangereux extrême que nous entraîne la culture esthétique, dès que nous nous abandonnons exclusivement au sentiment du Beau, dès que nous érigeons le goût en législateur illimité de la volonté.

La destination morale de l'homme veut que la volonté soit entièrement à l'abri de l'influence des motifs matériels, tandis que le goût travaille sans relâche à resserrer les nœuds qui lient la raison aux sens. En cela il fait, à la vérité, que les appétits s'ennoblissent, et s'accordent davantage avec les prétentions de la raison; mais il peut de là résulter aussi de grands dangers pour la moralité.

Car si, dans l'homme épuré par l'esthétique, le jeu indépendant de l'imagination se soumet à des lois; si les sens consentent à ne se livrer à aucune jouissance sans l'approbation de la raison, il peut trop facilement arriver aussi que les sens demandent à la raison le service réciproque de *modifier* la sévérité de sa législation dans l'intérêt de l'imagination, et de ne pas disposer de la volonté sans l'approbation des instincts matériels. Il en résulte insensiblement que l'obligation morale de la volonté, qui pourtant subsiste sans condition, n'est plus considérée que comme un contrat, qui n'oblige la partie contractante qu'autant que l'autre le remplit. L'accord des devoirs et des penchans, qui n'a été d'abord qu'accidentel, finit par être considéré comme une condition *nécessaire*, et la moralité par être empoisonnée dans sa source.

Expliquons comment le caractère peut successivement arriver à cet état de pervertissement.

Tant que l'homme n'est encore qu'un sauvage, tant que ses appétits ne portent que sur des objets matériels, tant qu'un égoïsme grossier guide ses actions, les sens ne peuvent compromettre la moralité que par leur force aveugle, et ne peuvent s'opposer aux prescriptions de la raison que comme puissances. La voix de la justice, de la modération et de l'humanité est étouffée par la voix plus impérieuse des appétits. Il est terrible dans sa vengeance, parce qu'il sent fortement l'offense ; il se livre au rapt et au meurtre, parce que ses désirs sont encore trop fougueux pour obéir au faible frein de la raison; il est un animal féroce envers son semblable, parce que l'instinct naturel le domine lui-même d'une manière animale.

Lorsque de cet état sauvage de la nature il passe à celui de la civilisation; lorsque le goût épure ses appétits et les dirige sur des objets plus dignes du monde moral; lorsqu'il modifie leur brutale explosion par les règles du Beau, il peut arriver que ces mêmes appétits, qui auparavant n'étaient redoutables que par leur force aveugle, deviennent maintenant, avec l'apparence de la dignité et d'une autorité usurpée, encore bien plus dangereux pour la moralité du caractère, et que, sous le masque de l'innocence, de la noblesse et de la pureté, ils exercent une tyrannie absolue sur la volonté.

Il est vrai que l'homme doué de goût se soustrait spontanément au joug grossier de l'instinct, qu'il soumet le besoin du plaisir à la raison, et qu'il consent à ne recevoir que de l'esprit les objets de ses appétits. Or, plus il arrive fréquemment que le jugement moral et le jugement esthétique, le sentiment moral et le sentiment du Beau, se rencontrent dans le même objet et dans la même décision, plus la raison est portée à prendre un instinct ainsi spiritualisé pour un allié, et à lui confier enfin sans restriction le gouvernail de la volonté.

Tant qu'il sera possible que le penchant et le devoir se rencontrent dans le même objet désiré, la représentation du sentiment moral par le sentiment du Beau ne sera pas d'un danger positif, quoique à la rigueur les actions partielles n'en soient pas plus morales; mais le cas est bien autre si les sens et la raison ont un intérêt différent, si le devoir ordonne une action qui révolte le goût, ou si celui-ci penche pour un objet que la raison, comme juge moral, rejette et repousse.

Ici se présente la nécessité de séparer les prétentions du sentiment moral de celles du sentiment esthétique, qu'un long accord a réunis et confondus, de déterminer leurs droits réciproques et de reconnaître celui qui domine l'âme. Mais une représentation si prolongée l'a fait perdre de vue, et la longue habitude d'obéir immédiatement aux suggestions du goût et de s'en bien trouver, a dû insensiblement donner une apparence de légitimité à ce dernier. L'*irréprochabilité* de sa conduite envers la volonté nous inspire un certain respect pour ses décisions, et c'est précisément ce sentiment qu'alors le penchant met une captieuse dialectique à faire valoir contre le devoir et la conscience.

Le respect est un sentiment qu'on ne peut avoir que pour la loi ou pour ce qui lui correspond. Quiconque demande du respect, prétend à l'hommage absolu. Le penchant ennobli par le goût, qui a su surprendre le respect, ne veut donc plus être *subordonné* à la raison, mais *coordonné* avec elle. Il ne veut pas être considéré comme un sujet infidèle qui se révolte contre son maître, mais comme une majesté, et traiter de pair à pair comme législateur moral. Les balances étant ainsi, à ce qu'il prétend, égales, combien ne doit-on pas craindre que ce soit l'intérêt qui les fasse pencher.

Parmi tous les penchans qui dérivent du sentiment du Beau, et qui sont l'apanage des ames délicates, nul ne se recommande plus au sentiment moral, que l'affection épurée de l'amour; nul n'est plus fécond en sentimens qui répondent à la vraie dignité de l'homme. A quelle élévation ne porte-t-elle pas la nature humaine! quelles étincelles divines ne fait-elle pas jaillir, même d'une ame commune! La flamme sacrée purifie tout penchant égoïste; les principes eux-mêmes ne peuvent conserver plus purement l'innocence de l'ame, que l'amour ne conserve la noblesse du cœur. Souvent, lorsque les principes ont encore à combattre, l'amour a déjà triomphé pour eux, et, par sa puissance, elle a obtenu des sacrifices, que le simple devoir aurait en vain demandés à la faiblesse de l'homme. Qui voudra se mettre en garde contre une affection qui protége si énergiquement ce qu'il y a de mieux dans la nature humaine, qui sait vaincre aussi glorieusement l'ennemi héréditaire de toute moralité, l'égoïsme?

Mais qu'on se garde bien de se fier à ce guide, avant de s'être assuré d'un meilleur! Qu'il arrive que l'objet aimé soit malheureux, qu'il le soit à cause de nous, qu'il dépende de nous de le rendre au bonheur par le sacrifice de quelques scrupules moraux, faut-il le laisser souffrir pour conserver la pureté de la conscience? Cette affection désintéressée, généreuse, livrée tout entière à son objet, s'oubliant tout entière en lui, peut-elle consentir à notre abandon? Il est vrai que notre conscience nous défend d'employer pour le sauver des moyens immoraux; mais peut-on dire qu'on aime, quand la peine qu'éprouve l'objet de notre amour, nous permet de penser à nous? C'est par de semblables sophismes que l'affection cherche à attirer sur la morale le soupçon d'un égoïsme méprisable et à représenter notre dignité morale comme une partie intégrante de notre bien-être, que nous avons le droit d'aliéner. Si notre caractère n'est pas solidement assis sur de bons principes, nous nous déshonorons malgré tout l'élan d'une imagination exaltée. Nous croirons remporter une victoire glorieuse sur l'amour de nous-mêmes, quand nous ne serons que sa méprisable victime. Les *Liaisons dangereuses* nous fournissent un exemple frappant de l'erreur où l'amour fait tomber une ame, d'ailleurs pure et belle. C'est madame de Tourvel qui, après avoir succombé par l'effet d'une surprise, cherche à tranquilliser son cœur tourmenté par l'idée qu'elle a sacrifié sa vertu à la générosité.

Ce sont surtout les soi-disants devoirs imparfaits que le sentiment du Beau protège, et qu'il maintient souvent contre les devoirs parfaits. Comme ils accordent beaucoup plus à la volonté, et qu'ils ont une apparence de mérite, ils se recommandent beaucoup plus au goût que les devoirs parfaits, qui obligent rigoureusement. Combien ne voyons-nous pas d'hommes se permettre l'injustice pour pouvoir être généreux, et transgresser leurs devoirs envers la société pour pouvoir faire du bien à un particulier, *et vice versâ*? qui se pardonnent plutôt un mensonge qu'une indélicatesse? plutôt un attentat à l'humanité, qu'à l'honneur? qui, pour hâter le développement de leur esprit, ruinent leur santé, et pour l'orner, dégradent leur caractère? Il y en a même qui, pour atteindre un but louable, ne reculent pas devant un crime; qui poursuivent un *idéal* de bonheur politique à travers toutes les horreurs de l'anarchie; qui foulent aux pieds les lois existantes pour les remplacer par de meilleures; qui, pour faire le bonheur de la génération future, vouent à sa perte la génération présente? L'apparent désintéressement de certaines vertus leur prête une teinte de pureté d'intention, qui leur donne assez de hardiesse pour braver ouvertement tous les devoirs, et, par une étrange erreur de l'imagination, leur fait croire qu'ils sont au-dessus de la morale, et plus raisonnables que la raison même.

Sous ce rapport, les hommes d'un goût raffiné

sont capables d'un pervertissement moral, contre lequel l'enfant de la nature est garanti par sa grossièreté même. Ce dernier trouve la distance qui existe entre ce que demandent les sens et ce qu'ordonne le devoir, tout-à-fait grande et tranchée, et ses appétits ont si peu de spiritualité, qu'ils ne sauraient acquérir quelque autorité sur lui, quelque despotiquement qu'ils le dominent. Lors donc qu'un désir matériel le porte à une action injuste, il peut succomber, mais il ne se cachera pas qu'il agit mal, et il rendra ainsi hommage à la raison au moment même où il transgresse ses lois. L'enfant raffiné de l'art, au contraire, ne convient pas qu'il agit mal, et il mentira à sa conscience pour la tranquilliser. Il veut céder aux appétits, mais sans perdre sa propre estime. Comment y parvient-il ? Il commence par renverser l'autorité qui s'oppose à ses désirs; il révoque en doute la compétence du législateur afin de pouvoir transgresser la loi. Croira-t-on qu'une volonté perverse puisse ainsi fausser l'intelligence ? Toute la dignité à laquelle un penchant peut prétendre, il la doit à son accord avec la raison, et malgré son désaccord avec elle; il est assez aveugle, assez hardi pour s'arroger cette dignité et s'en servir contre l'autorité de la raison. Tant il est dangereux pour la moralité du caractère, de laisser subsister une trop grande intimité entre les instincts matériels et les instincts moraux, qui ne peuvent s'accorder qu'en idée, mais jamais en réalité. Les sens ne risquent rien dans cette intimité, puisqu'ils ne possèdent rien qu'ils ne soient obligés d'abandonner aussitôt que le devoir parle et que la raison demande un sacrifice; mais la raison se compromet gravement, si elle reçoit du penchant, comme *offrande*, ce qu'elle aurait le droit d'*exiger*. L'apparence de bonne volonté peut facilement faire perdre de vue l'*obligation*, et si quelquefois les sens trouvaient l'*offrande* trop pénible, ils pourraient bien s'y refuser. Il vaut donc mieux, pour assurer la moralité du caractère, que la représentation du sentiment moral par le sentiment du Beau, soit défendue, du moins par momens, et que la raison ordonne souvent immédiatement, afin que la volonté ne perde pas de vue son maître légitime.

Aussi a-t-on bien raison de dire que la vraie moralité ne s'éprouve que dans l'école de l'adversité, et qu'un bonheur continuel peut devenir un écueil pour la vertu. J'appelle heureux celui qui, pour jouir, n'a pas besoin de faire le mal, celui qui, pour faire le bien, n'a pas besoin de se priver. L'homme continuellement heureux ne voit jamais le devoir en face, parce que ses penchans légaux et ordonnés, ont prévenu partout la loi de la raison, parce qu'aucune tentation d'enfreindre la loi, n'est venue la lui rappeler. Constamment guidé par le seul sentiment du Beau, — lieutenant de la raison dans l'empire des sens, — il descend dans la tombe sans avoir connu la dignité de sa destination. Le malheureux, au contraire, s'il est vertueux, jouit de la prérogative sublime de communiquer directement avec la majesté divine de la loi, et, puisque sa vertu n'est secourue par aucun penchant, d'éprouver, encore ici bas, la liberté d'une intelligence pure.

CHAPITRE VIII.

Pensées sur l'emploi du Commun et du Bas dans les beaux-arts.

On appelle *Commun*, tout ce qui ne parle pas à l'esprit et qui n'excite qu'un intérêt matériel.

Mille choses sont communes par leur seul fond ou leur matière; mais comme une matière commune peut encore être ennoblie par la manière de la traiter, il n'est question, en fait d'art, que du commun de la forme. Un talent commun profane la matière la plus noble par une exécution commune, tandis qu'un grand talent et un esprit noble, savent mettre de la noblesse jusque dans le commun, en le rattachant à quelque chose de spirituel, ou en y découvrant un côté noble. C'est ainsi qu'un historien d'un genre commun nous rapportera les actes les plus insignifians de son héros, avec la même sollicitude que ses actions d'éclat ; qu'il nous parlera avec autant d'importance et de détail de sa généalogie, de son costume et de son ménage, que de ses plans et de ses entreprises, et qu'il nous racontera ses hauts faits d'une telle manière, que personne ne les prendra pour ce qu'ils sont. Un historien qui joint l'esprit à la noblesse de l'ame, saura mettre, au contraire, jusque dans la vie privée et dans les actes secondaires de son héros, un intérêt qui les rendra importans. Dans les arts plastiques, les Flamands ont montré un goût commun; les Italiens, et encore plus les Grecs, y ont déployé un goût noble et grand. Ces derniers tendaient toujours à l'idéal; ils rejetaient tout trait commun et ne choisissaient jamais une matière commune.

Un peintre de portrait peut traiter son objet d'une manière *commune* et d'une manière *noble*. Il est *commun*, lorsqu'il met autant de soins à l'*accidentel* qu'au *nécessaire*, ou lorsqu'il néglige le grand pour s'appliquer au petit. Il est *noble*, lorsqu'il sait saisir le côté le plus intéressant, lorsqu'il sépare l'accidentel du nécessaire, lorsqu'en ne faisant qu'*indiquer* le petit, il s'attache au grand. Or, rien n'est grand, que l'expression de l'ame dans les actions, dans les traits et dans la pose.

Le poëte est *commun*, lorsqu'il s'appesantit sur des actions insignifiantes et passe légèrement sur d'autres plus importantes. Il est *noble*, lorsqu'il rattache son sujet à ce qui est noble. Homère a traité le bouclier d'Achille d'une manière noble, quoique la confection d'un bouclier soit par elle-même quelque chose de fort commun.

Encore au-dessous du Commun, est le *Bas*, qui diffère du premier, en ce qu'il dénote, non-seulement quelque chose de *négatif*, exclusif du spirituel et du noble, mais encore quelque chose de *positif*, c'est-à-dire, des sentimens grossiers, des mœurs et des habitudes méprisables. Le Commun prouve l'absence d'un avantage que l'on pourrait désirer; le Bas prouve le manque d'une qualité qu'on exige de tout le monde. La vengeance, par exemple, en quelque lieu et sous quelque forme qu'on la trouve, est quelque chose de commun, parce qu'elle atteste un manque de générosité; mais on distingue encore en particulier une vengeance basse, lorsque celui qui l'exerce se sert de moyens méprisables pour l'assouvir.

Le Bas implique toujours quelque chose de

grossier et qui tient de la populace, tandis que le Commun peut fort bien se trouver dans un homme d'une classe distinguée, lorsqu'il n'a que des moyens médiocres. La conduite d'un homme est *commune*, lorsqu'elle n'a pour but que son intérêt, et en cela elle est opposée au *noble*, qui nous porte à nous oublier nous-mêmes, pour servir l'intérêt d'autrui. Mais un homme commun serait bas, s'il cherchait son avantage aux dépens de l'honneur, et si en le cherchant il ne respectait pas même les règles de la bienséance. Le Commun est donc l'opposé du Noble; le Bas l'est en même temps et du Noble et du Bienséant. Céder sans résistance à toutes ses passions, satisfaire tous ses appétits sans écouter les règles de la bienséance et encore moins celles de la morale, est souverainement bas et décèle une ame vile.

Dans les arts aussi on tombe dans le bas, non-seulement en choisissant des objets bas, que repousse le sentiment de la décence et de la convenance, mais aussi en les traitant d'une manière basse. On traite bassement un objet, lorsqu'on en fait ressortir le côté que la décence commande de voiler, ou lorsqu'on lui donne une expression qui conduit à de basses idées secondaires. Il n'est pas de grand homme, dont la vie ne présente quelque fonction basse, mais un goût bas peut seul l'explorer et le peindre en détail.

On trouve des tableaux de l'histoire sainte,

où les Apôtres, la Vierge et le Christ même sont d'une expression telle qu'ils semblent avoir été ramassés dans la lie du peuple. Tous ces tableaux prouvent un goût bas et nous autorisent à en conclure que l'artiste lui-même avait des sentimens grossiers et abjects.

Il y a pourtant des cas où le Bas peut entrer dans les œuvres de l'art; c'est lorsqu'il s'agit de faire rire. L'homme du meilleur ton peut quelquefois, sans déroger, se divertir de l'expression grossière, mais vraie, de la nature, et du contraste des mœurs du monde civilisé avec celles du peuple. L'état d'ivresse chez un homme de la bonne société déplaira souverainement, tandis que chez un postillon, chez un matelot ou chez un porte-faix, il excite le rire. Des plaisanteries qui nous révolteraient dans la bouche d'un homme bien élevé, nous amusent dans celle de la populace. De ce genre sont un grand nombre des scènes d'Aristophane, qui toutefois dépassent souvent les bornes et deviennent intolérables. C'est encore ainsi que nous amusent les parodies, où les sentimens, les locutions et les occupations de la populace, sont prêtés à des personnes élevées qui, dans l'original, se conduisent avec décence et dignité. Si le poète ne vise qu'à exciter l'hilarité et à nous amuser, on lui passe un peu de bassesse, pourvu qu'il n'excite pas le dégoût et l'indignation.

Il les excite, lorsqu'il place le Bas là où nous

ne pouvons absolument le tolérer, c'est-à-dire, dans la conduite d'hommes dont nous avons le droit d'exiger des habitudes polies. S'il en agit ainsi, il blesse la vérité, parce que nous préférerons le tenir pour un menteur, plutôt que de croire qu'un homme bien né puisse se comporter de la sorte; et si cela même était possible, le poète n'en serait pas moins répréhensible de nous les présenter, car il blesserait notre sentiment moral et nous indignerait.

Il n'en est pas de même pour la *Farce*, où il est tacitement convenu entre le poète et les spectateurs qu'on ne doit s'attendre à aucune vérité. Ici nous dispensons le poète de toute *vérité de représentation*, et nous lui donnons pour ainsi dire le privilége de nous mentir; car, dans la farce, le comique résulte précisément de son contraste avec la vérité; or, il ne saurait être vrai et contraster en même temps avec la vérité.

Il y a quelques cas, quoique fort rares, où le Bas peut aussi être employé dans le genre sérieux et tragique. Mais il faut qu'alors il prenne le caractère du *redoutable*, et que l'offense momentanément faite au goût soit effacée par une forte occupation de l'affect, et absorbée en quelque sorte par un grand effet tragique. Le vol, par exemple, est une action souverainement basse, et quelque excuse que notre cœur puisse alléguer pour un voleur, quelque fortes qu'aient été les circonstances qui l'ont entraîné, il restera marqué d'une tache ineffaçable, et ne sera, esthétiquement parlant, qu'un objet bas. Ici le goût pardonne moins que la morale; son tribunal est plus rigide, parce que l'objet esthétique est encore responsable de toutes les idées secondaires qu'il fait naître en nous, tandis que le juge moral fait abstraction de tout ce qui est accidentel. D'après cela, un voleur est de la dernière inconvenance pour une représentation poétique du genre sérieux; mais qu'il soit en outre *meurtrier*, sous le rapport moral il en sera plus inconvenant, mais il gagnera sous le rapport esthétique. Celui qui s'est dégradé par une infamie peut se relever en quelque sorte par un crime (je parle ici du jugement esthétique), et se réhabiliter dans notre estime. La différence entre le jugement moral et le jugement esthétique, est remarquable et mérite attention. On peut en indiquer plusieurs raisons : 1° j'ai déjà dit que, puisque le jugement esthétique dépend de l'imagination, toutes les idées secondaires que l'objet fait naître et qui sont dans un rapport naturel avec lui, influent sur ce jugement; donc si ces idées sont d'une nature basse, elles rabaissent nécessairement l'objet principal; 2° dans le jugement esthétique, nous considérons la *force;* dans le jugement moral, la *légalité.* Le manque de force est méprisable, ainsi que toute action qui le fait supposer. Toute action lâche et rampante nous répugne, à cause du manque de force qu'elle décèle. Au contraire, une action atroce peut nous plaire esthétiquement, pourvu qu'elle suppose de la force. Or, le vol annonce une ame lâche et rampante, tandis que le meurtre a au moins l'apparence de la force; du moins le degré d'intérêt qu'il nous inspire se règle-t-il d'après le degré de force qu'il manifeste; 3° à l'aspect d'un grand crime, notre attention est détournée de sa qualité et dirigée sur ses *conséquences*. La sensation la plus forte comprime alors la plus faible. Notre réflexion ne se porte pas en arrière pour lire dans l'ame du criminel, mais en avant sur son destin et sur les suites de son action. Or, dès que nous commençons à craindre, il n'est plus question de la délicatesse du goût; l'impression principale remplit seule notre ame, et les idées secondaires et accidentelles, qui constituent précisément le Bas, s'évanouissent. C'est pour cela que le vol du jeune Ruhberg, dans le *Crime par ambition*, loin de nous révolter en scène, est d'un effet vraiment tragique. Dans cette pièce, le poète a mené les circonstances avec tant d'habileté que nous sommes entraînés, et que nous n'avons pas le temps de reprendre haleine. L'épouvantable malheur de sa famille, et surtout la désolation de son père, sont de nature à éloigner toute notre attention du voleur pour la porter sur les suites de son action. Nous sommes beaucoup trop affectés pour nous livrer à l'idée de l'ignominie qui s'attache au vol; en un mot, le bas est couvert par le terrible.

Il est digne de remarque que ce vol effectivement commis, n'est pas, à beaucoup près, aussi révoltant que l'est le simple soupçon mal fondé dans une autre pièce (1). Un jeune officier est accusé à tort d'avoir pris un couvert d'argent qui se retrouve ensuite. Ici la bassesse n'est donc qu'imaginaire; elle n'est donc qu'un simple soupçon. Néanmoins elle est, dans notre idée esthétique, d'un préjudice irréparable pour le héros innocent. C'est que la supposition qu'un homme puisse agir bassement ne prouve pas qu'on ait une haute opinion de ses mœurs, tandis que la convenance veut qu'on le croie homme d'honneur, tant qu'il n'a pas prouvé le contraire. Donc, en le supposant capable d'une action méprisable, on a l'air d'insinuer qu'il a pu quelquefois donner lieu à la possibilité d'une semblable

---

(1) *Pauvreté et Noblesse*, par Kotzebue, ouvrage qu'on peut citer lorsqu'il est question du mauvais goût. Un jeune officier assiste à un repas sur la fin duquel on s'aperçoit qu'un couvert a disparu d'une manière inconcevable. La bonne ménagère en fait tant de bruit, que les convives s'offensent et proposent de se laisser fouiller. Le jeune officier, qui ne vivait que de pain et d'eau afin de pouvoir secourir sa famille indigente du fruit de ses épargnes, se rappelle qu'il a dans une de ses poches un morceau de pain noir, reste de son dernier repas. Dans la crainte que cette découverte ne nuise à son honneur, il refuse de se laisser fouiller, et excite ainsi contre lui le soupçon d'avoir soustrait le couvert, etc., etc.

NOTE DU TR.

prévention, quoique la bassesse d'un soupçon mal fondé retombe sur l'accusateur. Ce qui fait encore plus de tort au héros de cette pièce, c'est sa qualité d'officier et d'amant d'une dame d'un rang élevé. Ces deux idées forment un contraste épouvantable avec celle de voleur, et lorsque nous le voyons auprès de sa belle, il est impossible de nous défendre contre l'idée secondaire, qu'il pourrait bien avoir le couvert volé dans une de ses poches. Mais la circonstance la plus déplorable pour lui, c'est de ne pas se douter du soupçon dont il est l'objet; car s'il en avait connaissance, il devrait, comme officier et comme homme d'honneur, demander une satisfaction sanglante; dans ce cas, les suites prendraient le caractère du redoutable, et la bassesse ne serait plus aperçue.

Il faut encore bien distinguer la bassesse des sentimens de celle des actions et de la situation. La première est au-dessous de toute dignité esthétique, la seconde peut souvent s'accorder avec elle. L'esclavage est *bas*; mais manifester des sentimens serviles lorsqu'on peut être indépendant, est honteux et méprisable ; tandis qu'une occupation servile ne l'est pas, lorsqu'elle ne dérive pas des sentimens. Au contraire, la bassesse de situation d'une ame élevée peut devenir sublime. Le maître d'Epictète, qui le frappe, agit bassement, et l'esclave maltraité montre une ame sublime. La vraie grandeur, quand elle se trouve dans une condition basse, n'en est que plus resplendissante, et l'artiste ne doit pas craindre de présenter son héros sous une forme misérable, pourvu qu'il soit certain que l'expression de son mérite intérieur ne lui manquera pas.

Mais ce qui est permis au poète ne l'est pas toujours au peintre. Le premier ne parle qu'à l'imagination, tandis que celui-ci expose son objet immédiatement aux sens. L'impression de la peinture est donc non seulement plus vive que celle de la poésie, mais encore le peintre ne peut pas, avec des couleurs matérielles, aussi bien représenter l'intérieur, que le poète avec ses couleurs fantastiques, et cependant l'intérieur peut seul réconcilier avec l'extérieur. Quand Homère représente Ulysse couvert de haillons, il est en notre pouvoir de donner à ce tableau autant d'extension que nous voulons, et de nous y arrêter plus ou moins longtemps. Dans tous les cas ce tableau n'a pas assez de vivacité pour inspirer l'aversion; mais si le peintre, ou ce qui serait encore pire, l'acteur voulait fidèlement imiter l'Ulysse d'Homère, nous nous en détournerions avec dégoût. Ici nous ne commandons pas à la force de l'impression; car nous sommes forcés à voir ce que le peintre nous expose, et nous ne pouvons pas nous refuser aux ignobles idées secondaires que le tableau rappelle.

—

CHAPITRE IX.

Du Sublime.

Il n'y a pas de IL FAUT, pour l'homme, répond Nathan le sage au derviche, dans le drame de Lessing, et le mot est vrai dans une étendue plus grande encore que celle qu'on serait disposé à lui accorder. Car la volonté est le caractère distinctif de l'homme, et la raison elle-même n'en est que la règle éternelle. Tout dans la nature obéit à la raison ; la prérogative de l'homme est de lui obéir avec conscience et volonté. Toutes les autres choses *doivent* ; l'homme est l'être qui *veut*.

Aussi, rien n'est plus contraire à la dignité de l'homme que l'asservissement au pouvoir, car le pouvoir l'annihile. Quiconque exerce sur nous ce pouvoir ne fait pas moins que nous disputer notre droit d'homme ; quiconque le souffre lâchement, se dépouille de ce droit. Mais cette prétention à l'affranchissement absolu de tout ce qui ressemble à la contrainte, paraît supposer un être ayant assez de puissance pour repousser toute puissance étrangère ; et si cette puissance se trouve dans une organisation qui n'occupe pas la première place dans l'empire des forces, il en résulte une fâcheuse contradiction entre le pouvoir et le vouloir.

Telle est cependant la position de l'homme. Entouré de forces nombreuses, qui toutes lui sont supérieures et le dominent, par sa nature il aspire à n'être contraint par aucune. Il est vrai qu'au moyen de son intelligence il parvient à multiplier artificiellement ses forces naturelles, et qu'il réussit jusqu'à un certain point à se rendre physiquement le maître de tout ce qui est physique. *Il y a remède à tout, fors à la mort*, dit le proverbe. Mais cette seule exception, si véritablement c'en est une dans la stricte acception du mot, annihilerait toute l'idée qui est renfermée dans le mot *homme*; jamais il ne peut être l'être *qui veut*, s'il existe un seul cas où il *est absolument obligé* à ce qu'il ne veut pas. Cette seule idée terrible qu'il *lui faut* et qu'il *ne veut pas*, le poursuivra comme un spectre et le livrera aux aveugles terreurs de l'imagination, ainsi qu'il arrive effectivement à la plupart des hommes. Sa liberté si pronée n'est plus qu'un vain mot, du moment qu'il existe un seul cas où il doit se soumettre. Or, c'est la culture morale qui doit le rendre libre et l'aider à fournir sa carrière d'homme; par conséquent elle doit aussi le rendre capable de persister dans sa volonté, car, comme nous l'avons dit, la volonté est le caractère distinctif de l'homme.

Cela peut se faire de deux manières : d'une manière *réelle*, en opposant la force à la force, en dominant la nature comme nature, ou d'une manière *idéale*, en se plaçant en dehors de la nature et en supprimant, vis-à-vis de lui, l'idée du pouvoir. Ce qu'il faut à l'homme dans le premier cas, est ce que j'appelle la *culture physique*. Il développe son intelligence et ses forces matérielles, pour s'emparer des forces naturelles et s'en faire des instrumens de sa volonté, ou pour se mettre à l'abri de ceux de leurs effets qu'il ne parvient pas à maîtriser. Mais les forces de la nature ne se laissent dompter ou éviter que jusqu'à un certain point, au-delà duquel elles se soustraient au pouvoir de l'homme et se l'assujétissent lui-même.

Ce point serait donc le terme de sa liberté, s'il n'était susceptible que d'une *culture physique*. Mais destiné à fournir *toute* la carrière qui lui a été tracée, l'homme ne doit rien souffrir de contraire à sa volonté. Si donc le cas arrive, où il ne peut plus opposer aux forces physiques une force physique proportionnelle, il ne lui reste d'autre moyen, pour se soustraire au pouvoir, que de supprimer entièrement un rapport qui lui est désavantageux, et d'anéantir *en idée* un pouvoir qui l'atteint *dans le fait*. Or, anéantir *en idée* un pouvoir, n'est autre chose que s'y soumettre volontairement; et la *culture* qui nous rend propres à cela est celle que j'appelle *morale*. Sans culture morale, il n'y a pas d'homme parfaitement libre. L'homme domine la nature comme puissance, ou il s'accorde avec elle. L'action de la nature sur lui ne peut jamais prendre le caractère du pouvoir; car, avant qu'elle fût arrivée jusqu'à lui, elle était déjà devenue son action à lui-même, et quant à la nature purement dynamique, elle ne l'atteint jamais, car il s'isole spontanément de tout ce qu'elle peut atteindre. Mais cette vertu de caractère, que la morale enseigne sous le nom de résignation à la nécessité, et la religion sous celui de résignation à la volonté divine, pour qu'elle soit l'œuvre d'un choix libre et de la réflexion, exige une clarté de pensée et une énergie de volonté plus grandes qu'on ne les rencontre communément. Mais heureusement il y a non-seulement dans leur nature rationnelle une disposition morale que l'intelligence peut développer, mais encore, dans leur nature purement humaine, une tendance esthétique favorable à cette disposition, qui peut être réveillée par certains objets matériels, et cultivée par l'épurement des sentimens, pour atteindre cet élan idéal de l'ame. C'est de cette disposition que je veux traiter. Bien qu'elle soit idéale comme notion et comme essence, elle ne se rencontre pas moins dans la vie du réaliste, quoiqu'il ne l'admette pas dans son système; au surplus rien n'est vraiment idéal que ce que le réaliste parfait exerce à son insu, et qu'il ne conteste que par une inconséquence.

Il est vrai que déjà le simple développement du sentiment du Beau peut suffire pour nous rendre, jusqu'à un certain point, indépendans de la nature considérée comme puissance. Une ame tellement épurée qu'elle est touchée plutôt par la forme que par le fond des choses, une ame qui puise un plaisir libre dans la simple réflexion sur le mode d'apparition des objets, sans en désirer la possession, cette ame renferme en elle-même une abondance intarissable de vie, et comme elle n'a pas besoin de s'approprier les objets, au milieu desquels elle vit, elle ne craint pas non plus de se les voir ravir. Mais, en définitive, l'apparence même demande un corps qui la produise; par conséquent, tant qu'existe le besoin, ne fût-ce que d'une belle apparence, le besoin de l'*existence* d'objets subsiste aussi, et par conséquent notre satisfaction reste dépendante de la nature comme puissance, laquelle dispose de tout ce qui existe. Car désirer des objets bons et beaux, ou désirer seulement que les objets qui existent soient bons et beaux, ce sont deux choses tout-à-fait différentes. Ce dernier désir peut subsister avec la plus grande liberté de l'ame, mais non le premier. Nous pouvons *exiger* que ce qui est, soit bon et beau; mais que le bon et le beau *soient*, c'est ce que nous ne pouvons que *désirer*.

Or, cette disposition de l'ame, qui est indifférente à ce que le beau, le bon et le parfait existent, mais qui exige rigoureusement que ce qui existe ait ces qualités, on la nomme par excellence *grande, sublime,* parce qu'elle réunit toutes les réalités du beau caractère, sans être astreinte à ses bornes. C'est le propre des ames belles, mais faibles, d'insister impatiemment sur la réalisation de leur idéal moral et de s'affliger des obstacles qui s'y opposent. De tels hommes se mettent dans une triste dépendance du hasard, et l'on peut être sûr qu'ils tiennent trop à la matière dans les choses morales et esthétiques, et qu'ils ne résisteront pas à une dernière épreuve de caractère et de goût. L'imperfection morale ne doit pas nous affliger et nous faire souffrir, car cela prouverait la présence d'un besoin non satisfait, plutôt qu'une prétention non accomplie ; celle-ci doit être accompagnée d'un effet plus robuste, elle doit fortifier l'ame et non la rendre pusillanime et malheureuse.

La nature nous a associé deux génies qui nous accompagnent à travers la vie. L'un, doux, aimable, dissipe les ennuis du pénible voyage par sa gaîté, allége le poids des chaînes de la nécessité, et nous conduit en se jouant jusqu'aux écueils périlleux, où nous devons agir comme esprits purs, et nous dépouiller de tout ce qui est corporel, — je veux dire, jusqu'à la connaissance de la vérité et à l'exercice des devoirs. Là il nous quitte, car son domaine cesse aux confins de l'empire des sens, au-delà duquel ses ailes terrestres ne peuvent nous porter. C'est alors que se présente l'autre, grave et silencieux, et son bras vigoureux nous fait franchir l'abîme profond qui sépare les deux empires.

Dans le premier de ces deux génies, on reconnaît le sentiment du Beau; dans le second, celui du Sublime. Il est vrai que le Beau seul est déjà une expression de la liberté, non pas de celle qui nous élève au-dessus du pouvoir de la nature, qui nous dégage de toute influence corporelle, mais de celle dont nous jouissons comme hommes, dans le cercle de la nature. Le Beau nous donne la conscience de notre liberté, parce que, dans ce sentiment, les instincts matériels se trouvent d'accord avec les lois de la raison; le Sublime nous la donne aussi, parce que alors les instincts n'ont point d'influence sur la législation de la raison, parce que l'esprit agit, ici, comme s'il ne connaissait d'autres lois que les siennes.

Le sentiment du Sublime est un mélange, un composé de malaise, qui, à son plus haut degré, se manifeste comme une terreur, et de satisfaction qui peut aller jusqu'au ravissement, et qui, sans être précisement un plaisir, est préférée, par les ames délicates, à toutes les jouissances imaginables. Cette fusion de deux sensations contraires, dans un seul sentiment, prouve d'une manière irréfutable notre autonomie morale ; car, puisqu'il est de toute impossibilité qu'un même objet se trouve en deux rapports opposés envers nous, il s'en suit que nous nous trouvons nous-mêmes en deux rapports différens envers l'objet, par conséquent que nous réunissons en nous deux natures opposées, que la représentation du même objet intéresse d'une manière tout-à-fait différente. Le sentiment du Sublime nous apprend donc que l'état de notre esprit ne règle pas nécessairement celui de nos sens, que les lois de la nature ne sont pas nécessairement les nôtres, et que nous avons en nous un principe autonome, indépendant de toute émotion des sens.

L'objet sublime est d'une double espèce. Ou nous le rapportons à notre force conceptive, et nous succombons sous les efforts que nous faisons pour comprendre; ou bien, nous le rapportons à notre force physique, et nous le considérons comme une puissance vis-à-vis laquelle la nôtre se réduit à rien. Mais quoique, dans l'un et dans l'autre cas, nous éprouvions le sentiment pénible de notre insuffisance, nous sommes loin de reculer; car nous nous sentons, au contraire, irrésistiblement entraînés vers l'objet sublime. Ce phénomène aurait-il lieu, si les limites de notre imagination étaient celles de notre force conceptive ? Aimerions-nous à nous rappeler la toute-puissance des forces naturelles si nous n'avions pas en réserve quelque chose, autre que ce qui devient leur proie? L'infini sensible nous charme, parce que nous pouvons penser ce que les sens ne peuvent plus saisir, ce que l'intelligence ne peut plus concevoir. Le redoutable nous exalte, parce que nous pouvons *vouloir* ce que les appétits abhorrent, et rejeter ce qu'ils désirent. Nous consentons sans effort à ce que l'imagination soit vaincue dans l'empire des phénomènes, car enfin ce n'est là qu'une force matérielle qui triomphe d'une autre force matérielle; mais jamais la nature, dans toute son immensité, ne peut atteindre le grand absolu en nous-mêmes. Nous consentons à soumettre notre bien-être et notre existence à la nécessité physique; et cela même nous rappelle qu'elle ne peut disposer de nos principes :

l'homme est livré entre ses mains, mais la volonté ne dépend que de lui.

C'est ainsi que la nature elle-même a employé un moyen matériel pour nous apprendre que nous sommes plus que des êtres matériels, et que tout ne vient pas des sens. C'est ainsi qu'elle sut se servir des sensations elles-mêmes pour nous conduire à la découverte de cette vérité, que nous sommes bien loin d'être servilement assujétis à leur pouvoir. Et cet effet du Sublime est bien au-dessus de celui que peut produire le Beau, j'entends le Beau dans la réalité; car, dans le Beau idéal, tout se confond, le Sublime lui-même. Dans le Beau se trouve l'accord entre la raison et les sens, et ce n'est qu'à cause de cet accord que le Beau nous charme tant. Seul il ne pourrait donc jamais nous apprendre que nous sommes capables de nous manifester comme intelligences pures. Dans le sentiment du Sublime, au contraire, la raison et les sens ne s'accordent pas, et c'est précisément cette contradiction qui produit la magie avec laquelle le Sublime saisit si fortement notre ame. Ici l'homme physique et l'homme moral sont séparés de la manière la plus distincte, car c'est justement devant ces objets sublimes où le premier ne sent que son insuffisance, que l'autre découvre sa force et se sent infiniment élevé par ce dont le premier est terrassé.

Supposons un homme possédant toutes les

vertus dont la réunion constitue le beau caractère. Qu'il trouve ses délices dans la pratique de la justice, de la charité, de la tempérance, de la constance, de la bonne foi; que l'exercice de tous les devoirs que les circonstances lui imposent, lui soit un jeu facile, et que le sort ne lui rende pénible aucune des actions auxquelles son bon cœur le porte. Qui ne sera enchanté de ce bel accord entre les instincts naturels et les lois de la raison? Qui pourra ne pas aimer un tel homme? Cependant pouvons-nous, malgré notre admiration, être convaincus qu'il est réellement vertueux, et même qu'en général il existe une vertu? Si cet homme vise tout simplement aux sensations agréables, il ne peut sans folie agir différemment; il faudrait qu'il fût l'ennemi de son propre bien-être pour s'adonner au vice. Il se peut que la source de ses actions soit pure, mais enfin nous ne lisons pas dans son cœur; nous ne lui voyons faire que ce que ferait aussi un homme raisonnable qui ne chercherait que le plaisir. Le monde des sens explique donc tout le problème de sa vertu, et nous n'avons pas besoin d'en chercher au-delà une autre cause.

Mais que ce même homme se trouve tout-à-coup dans le malheur. Que sa fortune lui soit enlevée, qu'il perde sa réputation, que la maladie l'étende sur un lit de douleurs, que la mort lui ravisse tous ceux qu'il aimait, que l'un après l'autre ses amis l'abandonnent. Dans cette position, allez le visiter et demandez à l'homme malheureux l'exercice des mêmes vertus auquel l'homme heureux se prêtait naguère avec tant de facilité! S'il est toujours le même; — si, dans la pauvreté, il exerce encore la bienfaisance; — si, entouré d'ingrats, il est toujours empressé à rendre service; — si la douleur n'a pas altéré son courage, ni le malheur sa compassion; — s'il n'est changé que dans son physique et non dans sa manière d'être, dans la matière, mais non dans la forme de ses actions; assurément alors nulle explication tirée du monde des sens et basée sur les notions naturelles (d'après lesquelles il est absolument nécessaire que le présent, comme effet, soit motivé par un antécédent comme cause), aucune explication naturelle, dis-je, ne peut plus suffire, parce que rien n'est plus contradictoire que d'exiger que l'effet soit le même, quand la cause est changée. Il faut donc abandonner toute explication naturelle et renoncer à vouloir déduire la conduite de la situation; mais il faut au contraire transporter la cause de la conduite hors de l'ordre physique, dans un monde supérieur, vers lequel la pensée peut s'élancer, mais que l'intelligence ne saurait concevoir. Cette découverte de la faculté morale, absolue, et qui est indépendante de toutes conditions naturelles, cette découverte donne au sentiment mélancolique que nous éprouvons à l'aspect d'un tel homme, tout le charme inexprimable qu'aucun plaisir des sens, quelqu'épuré qu'il soit, ne peut disputer au Sublime.

Le Sublime nous ouvre une sortie du monde sensible où le Beau voudrait à jamais nous retenir. Soudainement, comme par commotion et sans progression, (car il n'y a point de transition de la dépendance à la liberté), le Sublime enlève l'esprit des rêts dans lesquels une sensualité raffinée le tient captif. Quel que soit le pouvoir qu'elle ait obtenu sur l'homme par l'influence habituelle d'un goût amolli, — fût-elle même parvenue, sous le voile séduisant du Beau spirituel, à pénétrer jusque dans le siège intérieur de la législation morale, pour y envenimer, à leur source, la sainteté des maximes, — une seule émotion sublime peut suffire, pour déchirer ce tissu de prestiges, pour restituer toute son énergie à l'esprit, pour lui révéler sa véritable destinée et lui rendre le sentiment de sa dignité, ne fût-ce que pour un moment.

Le Beau, sous la forme de Calypso, a enchanté le vaillant fils d'Ulysse, et le pouvoir de ses charmes le retient dans une longue captivité. Il se persuade qu'il adore une divinité immortelle, tandis qu'il n'est qu'entre les bras de la volupté. Tout-à-coup une impression sublime le frappe dans l'apparition de Mentor; il se souvient qu'il a une plus noble destinée, se précipite dans les flots et recouvre sa liberté.

Ainsi que le Beau, le Sublime est répandu avec profusion dans toute la nature, et le sentiment pour l'un et pour l'autre est dans le cœur de tous les hommes; mais le germe s'en développe inégalement, et l'art doit venir à son secours. C'est dans le but de la nature que nous nous précipitons au devant du Beau, quand nous reculons encore devant le Sublime; car le Beau a nourri notre enfance, et sa tâche est de nous conduire de l'état de nature à celui de civilisation. Mais quoiqu'il reçoive nos premiers hommages et qu'il ait les prémices de notre sensibilité, la nature a voulu que le sentiment du Beau se développât plus lentement, et qu'il attendît le perfectionnement de l'intelligence et du cœur. Si le goût parvenait à sa parfaite maturité avant que la vérité et la moralité fussent gravées dans notre cœur, par des voies meilleures que celles qu'il peut suivre, le monde des sens serait éternellement la limite de nos efforts; ni nos idées, ni nos sentimens ne nous porteraient au-delà, et tout ce que notre imagination ne peut se représenter, serait sans réalité pour nous. Heureusement il est dans l'organisation de notre nature même, que le goût, quoiqu'il fleurisse le premier, soit, de toutes les facultés de l'ame, celle qui arrive le plus tard à sa maturité. Dans cet intervalle, la tête recueille une richesse de notions, — le cœur, un trésor de principes, — et la raison développe le sentiment du Grand et du Sublime.

Tant que l'homme n'est que l'esclave de la nécessité physique, qu'il n'a pas encore trouvé d'issue au cercle étroit des besoins, et qu'il ne pressent point dans son ame la sublime liberté des esprits purs, la nature *inconcevable* ne peut que lui rappeler les bornes de son intelligence, et la nature *destructive* que son impuissance physique. La première le décourage et la seconde l'effraie. Mais aussitôt qu'une réflexion claire et libre lui fait gagner du terrain contre l'aveugle influence des forces naturelles, et qu'au milieu du déluge des phénomènes, il découvre quelque chose d'immuable dans son intérieur, les masses informes de la nature dont il est entouré, commencent à parler un autre langage à son cœur, et le grand-relatif au-dehors de lui devient le miroir dans lequel il regarde le grand-absolu en lui. Désormais il s'approche sans crainte, et même avec un plaisir mystérieux, des épouvantails de son imagination ; il met en mouvement tous les ressorts de cette faculté pour saisir l'infini matériel, et, s'il succombe sous ses effets, pour sentir d'autant mieux la supériorité de la pensée sur tout ce que les sens connaissent de plus élevé. L'aspect de plaines immenses, de hauteurs à perte de vue, de l'Océan à ses pieds, ou de l'Océan encore plus vaste qui est au-dessus de sa tête, enlève l'esprit à la sphère étroite de la réalité et aux chaînes pesantes de la vie physique. La majesté mâle et simple de la nature lui présente une mesure d'évaluation plus étendue, et, entouré de ces grandes formes, il ne supporte plus la petitesse dans ses pensées. Qui nous dira combien de pensées lumineuses, combien de projets héroïques, qu'aucun cabinet, qu'aucun salon doré n'aurait jamais fait éclore, ont dû leur naissance à cette courageuse lutte de l'ame avec le grand génie de la nature, durant une promenade! Qui sait s'il ne faut pas attribuer, en partie, au défaut de commerce avec ce grand génie, que le caractère des citadins incline si volontiers vers le petit, qu'il se rabougrisse et s'appesantisse, quand le caractère du nomade reste franc et ouvert comme le firmament sous lequel il dresse sa tente?

Tout ce qui est inaccessible à l'imagination, c'est-à-dire, le Sublime de la quantité, sert à représenter le transsensuel et donne de l'essort à l'ame. Il en est de même de ce qui est inaccessible à l'intelligence, c'est-à-dire, la *confusion*, toutes les fois qu'elle a une grande étendue et qu'elle s'annonce comme œuvre de la nature, car autrement elle serait méprisable. Qui ne préférera l'irrégularité gracieuse d'un paysage naturel, à la monotone régularité d'un jardin français du temps de Louis XIV? Qui n'aimera pas mieux admirer le contraste surprenant de la fertilité et de la destruction dans les vallées de la Sicile, et repaître ses yeux des cataractes étonnantes, des montagnes nuageuses de la grande nature d'*Ossian*, que du triomphe de la patience de l'homme sur le plus rebelle des élémens dans la régulière Hollande ? Personne ne contestera que l'homme physique trouve mieux son compte dans les fertiles plaines de la Batavie que sous le cratère perfide du Vésuve, et que l'intelligence qui veut concevoir et régler, est mieux à son aise dans un potager bien arrangé que dans un paysage romantique. Mais l'homme ne borne pas ses besoins à vivre et à être à son aise, ni sa destinée à ne concevoir que les phénomènes qui l'entourent.

La même cause qui rend la sauvage bizarrerie de la nature si attrayante au voyageur sensible, ouvre à l'ame susceptible d'enthousiasme la source d'un plaisir tout-à-fait particulier, et cela même dans l'anarchie du monde moral. Sans doute, celui qui ne porte sur la grande économie de la nature que le chétif flambeau de l'intelligence; qui ne tend qu'à rétablir l'harmonie dans son sublime désordre, celui-là, dis-je, ne peut se plaire dans un monde qui paraît réglé plutôt par le capricieux hasard, que sur un plan bien conçu, et dans lequel le bien-être est si rarement la récompense du mérite. Il voudrait que la marche du grand ordre universel fût réglée comme un bon ménage. S'il se trouve déchu dans son attente, comme il n'en peut être autrement, il ne lui reste qu'à réclamer d'une existence future, d'une autre nature, la satisfaction que ni le passé ni le présent n'ont pu lui offrir. Si, au contraire, il renonce à vouloir réunir ce chaos déréglé de phénomènes en unité de connaissances, il regagnera amplement d'un autre côté ce qu'il perd de celui-ci. Ce défaut absolu de tendance vers un but supérieur, qu'on remarque dans la foule des phénomènes qui se pressent autour de nous, et qui les rend insaisissables et inutiles à l'intelligence, est précisément ce qui en fait un symbole frappant pour la raison pure, qui, dans cette extravagante indépendance de la nature elle-même, reconnaît l'image de sa propre indépendance des conditions naturelles. Car, ôtez à une suite de choses toute connexion entre elles, et vous aurez l'idée de l'indépendance qui s'accorde merveilleusement avec la notion purement rationnelle de la liberté. C'est sous cette idée de liberté, tirée de ses propres sources, que la raison réunit en unité de pensée ce que l'intelligence ne peut réunir en unité de conception; c'est par elle qu'elle s'assujétit le jeu infini des phénomènes, et qu'elle maintient en même temps son pouvoir sur l'intelligence comme faculté soumise aux conditions des sens. Or, quand on se souvient de quel prix il doit être pour un être raisonnable de se savoir indépendant des lois naturelles, on conçoit comment cette idée de liberté, quand elle s'offre aux hommes d'une disposition élevée, peut les consoler de toutes les défaites de leurs connaissances. Dans toutes ses contradictions morales et dans tous ses maux physiques, la liberté est, pour une ame noble, un spectacle bien plus intéressant que l'opulence et l'ordre sans liberté, lorsque les moutons suivent docilement le berger, lorsque la volonté autocrate s'avilit jusqu'à ne devenir qu'un rouage dans une invention mécanique. Cette condition réduit l'homme à n'être qu'une machine spirituelle, qu'un habitant heureux de la nature; tandis que la liberté en fait un citoyen et co-régent dans un système supérieur, où il est infiniment plus honorable d'occuper la dernière place que la première dans l'ordre physique.

Considérée sous ce point de vue, et sous ce point de vue seul, l'histoire universelle peut devenir un objet sublime. Le monde, comme objet historique, n'est dans le fond autre chose que le conflit des forces naturelles entre elles et avec la liberté de l'homme, et c'est l'histoire qui nous instruit du résultat de cette lutte. Jusqu'à présent l'histoire nous a entretenus plus souvent des grands mouvemens de la nature (dans lesquels il faut comprendre toutes les passions de l'homme), que des grands mouvemens de la raison autonome; et celle-ci n'a pu manifester sa puissance que par quelques exceptions à la loi naturelle, dans un Caton, un Aristide, un Phocion et d'autres qui leur ressemblent. Si l'on n'ouvre l'histoire qu'avec l'attente d'y trouver de grandes lumières et de grandes connaissances, on se verra singulièrement désappointé. Tous les essais de la philosophie pour mettre d'accord les prétentions du monde moral avec les faits du monde réel, sont renversés par le témoignage de l'expérience. Si, dans son empire organique, la nature paraît se prêter avec facilité aux principes régulateurs du jugement, il n'en est pas de même dans l'empire de la liberté; ici, elle se dégage avec impétuosité du frein avec lequel l'esprit de spéculation voudrait la conduire captive.

Il faut donc renoncer à vouloir l'expliquer, mais il faut placer, dans son incompréhensibilité même, le point de départ de notre examen. Cette circonstance, que la nature considérée en grand se moque de toutes les règles que notre intelligence veut lui prescrire; que, dans sa marche indépendante et arbitraire, elle foule aux pieds, avec une égale insouciance, et l'œuvre de la sagesse et l'œuvre du hasard; qu'elle entraîne avec elle, et jette dans le même tombeau, l'important comme le futile, le noble comme le commun; qu'ici elle protège une fourmilière, tandis que là elle saisit l'homme, sa plus belle œuvre, et l'écrase dans ses bras gigantesques; qu'elle dissipe dans un moment de folie des trésors laborieusement accumulés, tandis qu'elle voue des siècles entiers à l'édifice de la démence; en un mot, son abandon absolu de toutes les règles de l'entendement, auxquelles elles ne se soumet que dans quelques phénomènes partiels, démontre l'impossibilité absolue d'expliquer la *nature elle-même* par les lois naturelles. L'ame se voit donc irrésistiblement poussée hors du monde des phénomènes vers le monde des idées, de la nécessité vers la liberté.

La nature redoutable et destructive nous conduit encore bien plus loin que la nature physiquement infinie, du moins tant que nous sommes observateurs libres. Mais il est à regretter que l'homme matériel, ou la matérialité dans l'homme raisonnable, craigne si fort de se brouiller avec une puissance qui dispose du bien-être et de l'existence.

Nous n'avons pas de but plus élevé que celui de rester en bonne intelligence avec le monde physique, dispensateur de notre bien-être, sans être obligés de rompre avec le monde moral qui détermine notre dignité. Or, il est difficile de servir deux maîtres à la fois, et quand même (chose presque impossible) le devoir ne serait jamais en contradiction avec le besoin, il ne serait pas moins vrai que la nécessité naturelle ne transige pas, et que ni la force ni l'habileté de l'homme ne peuvent le garantir contre les perfidies du destin. Heureux donc celui qui a appris à supporter ce qu'il ne peut éviter, à abandonner avec dignité ce qu'il ne peut conserver ! Il est des cas où le destin enlève d'assaut tous les retranchemens sur lesquels l'homme fondait sa sécurité, où il ne lui reste d'autre asile que le sanctuaire de la liberté intellectuelle ; des cas où il n'a d'autre ressource, pour calmer l'instinct de conservation, que la fermeté de la volonté. Il n'est pour lui d'autre moyen de résister à la puissance de la nature que de la prévenir en abandonnant librement tout intérêt matériel, et de se suicider moralement, avant que le pouvoir physique ne l'abatte.

Rien n'est plus propre à nous fortifier dans ces dispositions, que les émotions sublimes et l'approche fréquente de la nature destructive, soit lorsqu'elle ne montre son redoutable pouvoir que de loin, soit lorsqu'elle l'exerce effectivement contre notre semblable. Le pathétique est un malheur artificiel, et, comme le malheur réel, il nous met en contact immédiat avec la loi des esprits, qui domine dans notre cœur. Mais le malheur réel ne choisit pas toujours bien son temps et sa victime, souvent il nous trouve sans défense, et, ce qui est pire encore, souvent il nous désarme. Le malheur artificiel du pathétique, au contraire, nous trouve armés de toutes pièces, et comme il n'est qu'imaginaire, le principe autonome en nous peut se préparer à la défense de son indépendance absolue. Or, plus souvent l'esprit réitère cet acte de spontanéité, plus il acquiert d'habileté et de supériorité sur l'instinct matériel, en sorte que, s'il se présente un malheur réel, il est à même de lui faire face et de le traiter comme s'il n'était qu'artificiel. Car le plus noble élan de l'homme, c'est de résoudre la souffrance réelle en une émotion sublime. On peut dire que le pathétique est l'inoculation de l'inévitable destin, qui lui ôte sa malignité et dirige son attaque vers la partie la plus forte de l'homme.

Ainsi, mettons à l'écart ce ménagement mal entendu et ce goût efféminé, qui jettent un voile sur la face sévère de la nécessité; qui, pour se mettre en faveur auprès des sens, nous leurrent de la possibilité d'une harmonie entre la sagesse de notre conduite et le bien-être, dont il ne se trouve nulle trace dans le monde réel. Que le mauvais destin nous attaque front à front! Ce n'est pas dans l'ignorance du danger (car celle-ci doit enfin cesser), mais dans notre familiarité avec lui, que gît notre salut. Nous acquérons cette familiarité par le spectacle magnifique et redoutable de l'instabilité qui détruit, rétablit et détruit de nouveau tout ce qui nous entoure; par le spectacle de la fatalité, qui tantôt mine sourdement, tantôt surprend subitement notre bonheur, par les tableaux pathétiques de l'homme luttant avec le destin, de la fuite continuelle du bonheur, de la sécurité trompée, de l'injustice triomphante, de l'innocence qui succombe, tableaux que l'histoire nous présente à chaque page, et que l'art tragique met devant nos yeux. Quel est effectivement l'homme qui verrait la lutte opiniâtre, mais infructueuse de Mithridate, la chute de Syracuse et de Carthage, et d'autres scènes semblables, sans s'incliner en frémissant devant la sévère loi de la nécessité, sans mettre aussitôt un frein à ses passions; et, saisi jusqu'au fond du cœur de l'éternelle inconstance de tout ce qui tient aux sens, se rattacher au principe immuable que nous portons dans notre sein?

La faculté de sentir le Sublime est donc une des plus magnifiques dispositions de la nature humaine; elle est digne de notre respect à cause de son origine, qu'elle prend dans la pensée et dans la volonté; elle mérite que nous lui donnions son entier développement, à cause de l'influence qu'elle exerce sur la moralité. Le Beau n'est utile qu'à l'homme, le Sublime l'est à l'esprit pur dans l'homme; et puisque notre destination veut que, malgré les obstacles des sens, nous nous réglions d'après le code des esprits purs, il faut que le Sublime se joigne au Beau pour faire un ensemble parfait de l'*éducation esthétique*, et étendre la sensibilité du cœur humain dans toute sa sphère, par conséquent même au-delà du monde des sens.

Sans le Beau il y aurait contradiction éternelle entre notre destination naturelle et notre destination rationnelle. Occupés à suivre notre vocation comme intelligence, nous négligerions notre humanité, et toujours prêts à déserter le monde sensible, nous resterions éternellement étrangers à cette sphère qui pourtant a été assignée à nos actions. Sans le Sublime, le Beau nous ferait oublier notre dignité. Dans le relâchement d'une jouissance non interrompue, nous perdrions l'énergie du caractère, et constamment attachés à cette *forme accidentelle de l'existence*, nous perdrions de vue notre destination invariable et notre véritable patrie. Ce n'est donc que par l'alliance du Sublime avec le Beau, et lorsque le sentiment pour l'un et pour l'autre a été développé dans une égale proportion, que nous devenons des citoyens parfaits de la nature, sans être ses esclaves, et sans être dépouillés de nos droits civiques dans le monde intellectuel.

Il est vrai que la nature, par elle-même, nous offre une foule d'objets sur lesquels nous pouvons exercer le sentiment du Beau et du Sublime; mais on sait qu'ici, comme en beaucoup d'autres circonstances, nous sommes mieux servis de seconde main. Nous aimons mieux recevoir de l'art une matière choisie et préparée, que puiser nous-mêmes péniblement à la source impure de la nature. L'instinct plastique, imitateur continuel, qui ne reçoit aucune impression sans aussitôt chercher à l'*exprimer*, qui ne peut voir les grandes et belles formes de la nature sans éprouver le désir de s'essayer sur elles, cet instinct, dis-je, a sur la nature le grand avantage de pouvoir poursuivre, comme but principal, et traiter, comme ensemble particulier, ce que l'autre, dans sa marche vers un but plus général et plus important, ne fait que recueillir en passant. Si, dans ses belles formations organiques, la nature est souvent *contrainte*, soit par une individualité imparfaite de la matière, soit par l'influence de forces hétérogènes ; ou bien si, dans ses grandes scènes pathétiques, elle *exerce* elle-même la contrainte, et agit sur l'homme comme puissance, tandis qu'elle ne peut devenir esthétique que comme objet d'une libre contemplation, son imitateur, l'art plastique, est entièrement indépendant, parce qu'il dégage son objet de toutes bornes accidentelles; et comme il n'imite que l'*apparence* et non la *réalité*, il laisse aussi l'ame du spectateur dans la plus parfaite indépendance. Or, toute la magie du Beau et du Sublime n'étant que dans l'apparence et non dans le fond, l'art a tous les avantages de la nature sans porter aucune de ses chaînes.

CHAPITRE X.

Du Pathétique.

La représentation de la souffrance, comme simple souffrance, ne peut jamais être le *but* de l'art, mais elle peut lui servir comme *moyen* fort important. Le but dernier de l'art est de représenter le transcendant, et l'art tragique en particulier y parvient, quand il nous montre l'homme conservant au milieu du tumulte des passions son indépendance morale à l'égard des lois naturelles. La résistance au pouvoir des sensations peut seule mettre au jour le principe libre qui nous appartient, mais cette résistance ne peut être appréciée que d'après la force de l'attaque. Ainsi, pour que l'intelligence puisse se manifester comme force indépendante de la nature, il faut que celle-ci ait d'abord déployé toute sa puissance; il faut que l'*être matériel* souffre violemment; en un mot, il faut qu'il y ait du Pathétique (Pathos) pour que l'*être rationnel* manifeste son indépendance et entre en action.

On ne saurait être convaincu que la fermeté de l'ame est l'effet de sa force morale, s'il n'a pas été prouvé qu'elle n'est pas celui de l'insensibilité. Il n'y a pas de mérite à maîtriser des sensations qui ne font qu'effleurer la superficie de l'ame, mais il faut une force de résistance infiniment supérieure à toute force naturelle pour conserver la liberté intérieure, dans un orage qui soulève toute la nature sensible. On ne peut donc parvenir à la représentation de la liberté morale, que par la représentation vivante de la nature souffrante, et le héros tragique doit commencer par se légitimer comme être sensible, s'il veut que nous lui rendions hommage comme être rationnel, et que nous croyions à l'énergie de son ame.

Le Pathétique est donc la condition première et irrémissible qui s'impose à l'artiste tragique. Il lui est permis de pousser la représentation de la souffrance aussi loin qu'il se peut, *sans nuire à son but dernier* et sans nuire à la liberté morale. Il faut que le héros ou le lecteur reçoive, pour ainsi dire, toute la décharge de la souffrance, sans quoi il serait problématique si la résistance à cette souffrance est une action de l'ame, si elle est quelque chose de *positif*, ou si elle n'est pas plutôt quelque chose de *négatif*, c'est-à-dire une absence d'action.

Ce dernier cas a lieu dans les tragédies anciennes des Français, dans lesquelles, au lieu de la *nature souffrante*, on ne voit ordinairement que les froides déclamations d'un poète ou un acteur marchant sur des échasses. Le froid de la déclamation glace tout naturel, et cette *décence* idolâtrée des Français, les met dans l'absolue impossibilité de peindre l'humanité avec des couleurs vraies. La décence, lors même qu'elle est à sa juste place, fausse l'expression de la nature, que l'art réclame cependant irrémissiblement (1). Nous avons peine à croire à la

---

(1) Voici ce qu'en a dit Beaumarchais avant Schiller : « Ajoutez-y le pédantesque abus de ces autres *grands mots* de décence et de bonnes mœurs, qui donnent un air si important, si supérieur, que nos jugeurs seraient désolés de n'avoir pas à les prononcer, et vous connaîtrez à peu près ce qui garotte le génie, intimide tous les auteurs, et porte un coup mortel à la vigueur de l'intrigue, sans laquelle il n'y a pourtant que du bel esprit à la glace et des comédies de quatre jours. » (NOTE DU TR.)

souffrance de ces héros qui nous parlent de leur position, comme le ferait l'homme le plus calme; au surplus, l'exclusive attention qu'ils mettent à l'*effet* qu'ils veulent produire, ne leur permet pas de laisser la nature libre. Les rois, les héros et les princesses de Corneille et de Voltaire, n'oublient jamais leur *rang*, pas même dans les plus violentes souffrances. Ils aiment mieux se dépouiller de leur humanité que de leur dignité; aussi ressemblent-ils à ces rois que l'on voit, dans les vieux recueils d'images, se mettre au lit, la couronne sur la tête.

Voyez au contraire les Grecs et ceux des modernes qui ont écrit dans leur esprit. Jamais le Grec ne renie la nature; il lui laisse tous ses droits, sûr néanmoins de n'être jamais subjugué par elle. Son esprit juste et pénétrant sait distinguer le nécessaire d'avec l'accidentel, dont le mauvais goût fait seul son but principal. Or, tout ce qui ne rentre pas dans l'humanité est accidentel dans l'homme. L'artiste grec, lorsqu'il veut représenter un Laocoon, une Niobé, un Philoctète, n'a que faire du roi, de la princesse, du prince; il s'en tient à l'homme seul. C'est ainsi que le sculpteur rejette les vêtemens, quoiqu'il sache bien que, dans la vie, on ne se présente pas sans eux; ils sont pour lui choses accidentelles, auxquelles le nécessaire ne doit pas être sacrifié. Au surplus, les lois de la décence ou du besoin ne sont pas celles de l'art.

De même que le sculpteur écarte le gênant et inutile fardeau des vêtemens, pour laisser plus de jeu à la nature humaine, de même le poète dégage l'homme de la contrainte aussi gênante qu'oiseuse des convenances, et de toutes ces froides règles de décence qui ne font que défigurer l'homme et farder la nature.

Le langage vrai et sincère de la nature dans Homère et dans les tragiques grecs, pénètre profondément jusqu'au cœur; toutes les passions ont un libre jeu, et la règle des convenances ne repousse aucun sentiment. Les héros y sont aussi sensibles à toutes les peines de l'humanité, que les autres hommes; ce qui les rend héros, c'est de sentir profondément la souffrance et de n'y pas succomber. Ils aiment la vie autant que d'autres, mais l'amour de la vie ne les domine pas au point qu'ils ne puissent la sacrifier, lorsque les devoirs de l'honneur ou de l'humanité l'exigent.

Philoctète fait retentir la scène de ses plaintes, et le furieux Hercule lui-même ne comprime pas sa douleur. Iphigénie vouée au sacrifice, convient avec une touchante naïveté qu'elle éprouve un vif regret de quitter le jour. Jamais le Grec ne cherche sa gloire dans l'insensibilité et dans l'indifférence pour la souffrance, mais il la trouve à la supporter, quoiqu'elle l'accable. Ses dieux mêmes doivent payer le tribut à la nature, lorsque le poète veut les rapprocher de l'humanité. Mars blessé pousse des cris comme dix mille hommes, et Vénus effleurée par une lance, regagne l'Olympe en pleurant, et jure qu'on ne la verra plus aux combats.

Cette délicate susceptibilité pour la souffrance, cette nature vraie, sincère et franche, qui nous touche si profondément dans les œuvres de l'art chez les Grecs, est un prototype pour tout artiste : c'est la règle que leur génie dicta à jamais à l'art.

La première loi qui parle à l'homme vient éternellement de la *nature*, et elle ne doit jamais être repoussée, car, avant d'être autre chose, l'homme est un être sensible. La seconde loi vient de la *raison*; car l'homme est un être sensible et raisonnable, une personne morale, et, comme tel, il est de son devoir de ne pas se laisser dominer par la nature, mais de la dominer. Quand ces deux lois sont subies, c'est-à-dire, quand *premièrement*, les droits de la nature sont reconnus, et quand *secondement*, la raison a fait valoir les siens, alors seulement la *décence* est admise à promulguer la *troisième* loi, et d'astreindre l'homme, dans l'expression de ses sentimens et de ses sensations, à certaines considérations pour la société, afin qu'il se montre comme un *être civilisé*.

Si la première loi de l'art tragique demande la représentation de la nature souffrante, la seconde exige la représentation de la résistance morale.

L'affect, comme affect, est quelque chose d'indifférent, et sa représentation considérée en elle-même, serait sans aucun mérite esthétique ; car, pour le répéter encore une fois, tout ce qui n'intéresse que la simple nature sensible, est au-dessous de la dignité de la représentation tragique, et par la même raison, toutes les affections purement dissolvantes, ainsi que les *extrêmes degrés* de l'affection, de quelque nature qu'elle soit. Ces affections dissolvantes, ces émotions simplement attendrissantes, sont du domaine de l'*agréable*, qui n'a rien de commun avec les beaux arts. Elles plaisent aux seuls sens, qu'elles relâchent et détendent; elles ne se rapportent qu'à la situation extérieure et non à la situation intérieure de l'homme. Nombre de nos romans et de nos tragédies, surtout les soi-disant drames (productions hermaphrodites du génie tragique et du génie comique), ainsi que ces tableaux de famille si fort en vogue aujourd'hui, appartiennent à cette classe. Ils ne produisent qu'une évacuation du sac lacrymal, un soulagement voluptueux des vaisseaux; mais l'esprit n'en ressent aucune satisfaction, et la faculté supérieure de l'homme est loin de s'en trouver fortifiée. La musique moderne paraît également ne viser qu'à la sensualité, en quoi elle flatte le goût dominant, qui ne demande qu'à être chatouillé agréablement, mais non à être saisi fortement, ému et enlevé. On préfère tout ce qui attendrit, et, quel que soit le bruit qui se fait dans une salle de concert, tout le monde prête avidement l'oreille lorsqu'un morceau bien attendrissant est exécuté. Alors on lit sur les physionomies une expression de sensualité qui approche de l'animalité. Les yeux se voilent, la bouche entre-ouverte exprime l'appétit, un frémissement voluptueux s'empare de tout le corps, en un mot, tous les symptômes de l'ivresse se montrent, preuve certaine que les sens se repaissent, mais que l'esprit, ou le principe de liberté dans l'homme, est en proie à l'impression sensuelle. Un goût noble et mâle repousse du domaine de l'art toutes ces émotions, parce qu'elles ne plaisent qu'à la sensualité, avec laquelle, dis-je, l'art n'a que faire.

De même sont exclus du domaine de l'art tous les extrêmes degrés d'affection, qui ne font que *tourmenter* les sens, sans profit pour l'esprit. Ils oppriment autant la liberté de l'ame par la *douleur*, que les affections attendrissantes le font par la *volupté*; ils ne peuvent donc produire que de l'aversion et non des émotions dignes de l'art, qui doit délecter l'esprit et plaire à la liberté. Quiconque devient la proie de la douleur, n'est plus qu'un animal tourmenté; il a cessé d'être un homme souffrant, car nous exigeons irrémissiblement que l'homme oppose à la douleur une résistance morale, laquelle prouve seule l'existence du principe libre en lui, c'est-à-dire, de la raison.

C'est donc mal entendre l'art, que de vouloir produire le pathétique par la force purement sensuelle de l'affect et par la trop vive représentation de la souffrance. Le poète et l'artiste qui s'y prennent ainsi, oublient que la souffrance elle-même ne peut jamais être le but dernier de la représentation, ni la source immédiate du plaisir que nous procure le tragique. Le Pathétique n'est esthétique qu'autant qu'il est sublime; or, des effets qui ne laissent supposer que des sources matérielles, des effets qui résultent de la seule affection de la faculté sensitive, ne sont jamais sublimes, quelle que soit leur force, car le Sublime n'émane que de la raison.

Une représentation de la simple passion, qui ne laisse pas présumer en même temps la force transcendante de résistance, est *commune;* la représentation contraire est *noble. Commun* et *noble,* sont les notions qui, partout où on les applique, désignent le rapport de la participation ou de la non-participation de la nature transcendante de l'homme à une œuvre ou à une action. Rien n'est *noble* que ce qui découle de la raison; tout ce que les sensations produisent seules est *commun;* la conduite d'un homme est *commune,* lorsqu'il obéit aux instigations de l'instinct sensuel; elle est *décente,* lorsqu'il n'obéit à ses penchans qu'avec égard pour des lois; elle est *noble,* lorsqu'il ne suit que sa raison au mépris de ses penchans. Nous disons qu'une physionomie est *commune,* lorsque rien en elle ne dénote l'intelligence; nous l'appelons *expres-*

sive ou *parlante,* lorsque c'est l'esprit qui a déterminé ses traits ; enfin nous disons qu'elle est *noble,* lorsque ces traits ont reçu l'empreinte d'un esprit épuré. Nous appelons *commune* l'œuvre d'architecture qui n'indique que des buts physiques; nous l'appelons *noble,* lorsque, indépendamment du but physique, elle nous représente des idées.

Nous avons dit et nous répétons que le bon goût n'admet aucune représentation, quelque vive qu'elle soit, d'affections qui n'exprimeraient que la souffrance ou la résistance purement physiques, sans dénoter en même temps un principe supérieur, c'est-à-dire, la présence d'une faculté transcendante ; et cela, par la raison déjà développée, que jamais la souffrance même, mais seulement la résistance réactive, n'est pathétique et digne de la représentation. Par conséquent, tous les degrés extrêmes et absolus de l'affection sont interdits, tant à l'artiste qu'au poète, parce qu'ils assujétissent la force intérieure de résistance, ou, pour mieux dire, parce qu'ils en supposent déjà l'assujétissement; parce que nulle affection ne peut arriver à son extrême degré, tant que l'intelligence oppose encore quelque résistance.

La question est maintenant de savoir à quoi se reconnaît cette force transcendante de résistance ? Elle se reconnaît à la domination qu'elle exerce sur l'affection, ou, pour parler plus généralement, au combat continuel qu'elle lui livre. Je dis, sur l'*affection*, car les sens aussi peuvent combattre, seulement ils ne combattent point l'affection, mais la cause qui la produit; et ce n'est pas une résistance morale, mais une résistance physique, que présente le ver qu'on foule aux pieds, ou le taureau qu'on blesse, sans qu'il y ait là du pathétique. Si l'homme souffrant cherche à exprimer ses sentimens, à éviter son ennemi, à préserver le membre souffrant, il ne fait en cela que ce que font aussi les animaux, et l'instinct l'y porte sans l'intervention de la volonté. Ce ne sont donc pas là des actes de son humanité, et ils ne le distinguent point comme intelligence. Les sens combattront toujours leur ennemi, mais jamais ils ne se combattront eux-mêmes.

Le combat contre l'affection est au contraire un combat contre les sens; il suppose par conséquent un principe différent. Contre l'objet qui le fait souffrir, l'homme peut se défendre avec le secours de l'esprit et la force de ses muscles; contre la souffrance même, il n'a d'autres armes que les idées de la raison.

Il faut donc que nous apercevions de ces idées dans la représentation, ou du moins que celle-ci nous en réveille, pour qu'il y ait du pathétique. Proprement et positivement parlant, ces idées ne sont pas susceptibles d'être représentées, puisque la simple perception extérieure n'offre rien qui leur corresponde; mais elles peuvent être représentées négativement et indirectement, lorsque la perception extérieure nous fournit une donnée, dont nous cherchons en vain les conditions dans la nature. Tout phénomène dont la cause dernière ne peut être déduite du monde sensible, est une représentation indirecte du transcendant.

Mais comment l'art peut-il représenter, sans recourir à des moyens surnaturels, quelque chose qui est au-dessus de la nature? Quel est le phénomène qui, produit par des forces naturelles, ne peut cependant, sans contradiction, être expliqué par des causes physiques? C'est là le problème; nous verrons comment il sera résolu par l'artiste.

Il faut se souvenir que les phénomènes qu'on peut remarquer dans un homme affecté sont de deux genres. Ou ils lui sont propres comme simple animal, et, comme tels ils ne suivent que la loi naturelle, sans que la volonté les détermine, ou qu'en général la force autonome ait sur eux une influence immédiate; ou ils sont produits par le seul instinct dont ils suivent aveuglément la loi : tels sont par exemple les organes de la circulation du sang, de la respiration, et la surface entière de l'épiderme. Mais les organes *soumis* aussi à la volonté n'attendent pas toujours qu'elle se prononce; souvent l'instinct en dispose immédiatement, surtout lorsque le physique est menacé d'une douleur ou d'un danger. Votre bras est bien certainement sous la domination de votre volonté, mais qu'il touche insciemment un fer rouge, le mouvement qui s'en suivra ne sera pas un acte de la volonté, mais du seul instinct. La parole dépend encore bien plus de la volonté, et néanmoins il arrive que l'instinct en dispose arbitrairement, lorsqu'une douleur vive ou une forte affection nous surprend. Qu'un stoïcien des plus imperturbables voie tout-à-coup une chose bien merveilleuse ou bien effrayante ; qu'une personne glisse devant lui sur le bord d'un précipice; une vive exclamation lui échappera involontairement, et ce ne sera pas un son inarticulé, mais un mot bien distinct. Ainsi la nature aura agi avant la volonté, ce qui prouve qu'il y a des phénomènes dans l'homme, qui peuvent être attribués, non à sa personne comme intelligence, mais à son instinct comme force naturelle.

Il y a ensuite, et secondement, des phénomènes dans l'homme qui sont sous l'influence et sous la domination de la volonté, ou qu'elle aurait pu du moins *empêcher*, et dont la responsabilité pèse par conséquent sur la personne et non sur l'instinct. Il appartient à celui-ci de veiller, avec une aveugle ardeur, aux intérêts des sens; mais il appartient à la personne de lui imposer des limites et des lois. L'instinct n'en reconnaît d'aucune espèce, mais la personne doit veiller à ce que les règles de la raison ne soient pas blessées par les actes auxquels il se livre de son propre mouvement. Il est donc certain qu'il n'appartient pas à l'instinct de déterminer seul et arbitrairement tous les phénomènes d'un homme affecté, mais que la volonté peut lui opposer des barrières. Si l'instinct seul détermine, il n'y a plus rien qui rappelle la personne, et nous ne voyons plus qu'une simple production matérielle, un animal, car enfin toute créature dominée par l'instinct, n'est pas autre chose. Si donc nous voulons représenter la personne, il faut que nous montrions dans l'homme des phénomènes qui soient, ou déterminés *contre* l'instinct, ou du moins, non déterminés *par lui*. Ce dernier cas suffit déjà à nous conduire à une source supérieure, pour peu que nous concevions que l'instinct aurait nécessairement dû déterminer autrement, si son pouvoir n'eût pas été contrarié.

Nous voilà maintenant en état d'indiquer comment, dans l'affection, la force transcendante et spontanée, ou son être moral, est susceptible de représentation. C'est lorsque, d'un côté, toutes les parties soumises à la seule nature, et dont la volonté ne peut disposer, ou du moins ne peut disposer en certaines circonstances, expriment la souffrance; et que, d'un autre côté, toutes les parties qui sont à l'abri du pouvoir aveugle de l'instinct, et qui n'obéissent pas *nécessairement* aux lois naturelles, ne portent aucune trace de souffrance, ou du moins, n'en montrent qu'une légère, et paraissent ainsi jouir d'un certain degré de liberté ; c'est dans cette discordance entre les traits empreints sur la nature animale par la loi de la nécessité, et ceux qui sont déterminés par la spontanéité de l'esprit, que l'on reconnaît la présence du principe transcendant, capable de limiter les effets de la nature, et par cela même, se manifestant comme un principe indépendant d'elle. La partie purement animale obéit à la loi naturelle ; il est donc naturel que l'affection la subjugue. C'est sur elle que s'exerce toute la force de la souffrance ; elle sert en quelque sorte de mesure pour apprécier le degré de résistance, car on ne peut juger de la force de résistance ou de la puissance morale de l'homme, que d'après la force de l'attaque. Plus l'affection se montre décidée et violente dans le *domaine de l'animalité*, sans toutefois pouvoir exercer le même pouvoir dans le *domaine de l'humanité*, plus cette dernière se reconnaît ; plus se manifestera l'autonomie morale, plus la représentation sera pathétique, et plus le pathétique (Pathos) sera sublime.

Dans le domaine de l'animalité, je comprends tout le système de ces phénomènes qui, dans l'homme, dépendent de l'aveugle pouvoir de l'instinct naturel, et qui peuvent s'expliquer sans qu'on ait besoin de supposer une volonté libre. Dans le domaine de l'humanité, je comprends ceux auxquels la liberté donne la loi. Or, si une représentation est *dépourvue* d'affection dans le domaine de l'animalité, elle sera froide ; si, au contraire, l'affection *domine* dans le domaine de l'humanité, la représentation nous répugnera et nous révoltera. Jamais l'affection ne doit se résoudre dans le domaine de l'animalité, autrement il n'y aurait point de pathétique ; la dissolution ne doit avoir lieu que dans l'empire de l'humanité. La représentation d'une personne souffrante, qui pleure et se désole, ne peut nous toucher que très faiblement, car des pleurs et des plaintes dissolvent la douleur, déjà dans l'empire de l'animalité. Nous sommes bien autrement saisis de cette douleur muette et dévorée, lorsque, ne trouvant aucun secours dans la nature, nous nous tournons vers quelque chose qui est au-delà. Or, c'est précisément ce renvoi au principe transcendant qui constitue le Pathos et la force tragique. Pour produire l'effet pathétique, il faut donc que les sens soient intéressés par la souffrance, l'esprit par la liberté. Si une représentation pathétique n'offre pas l'expression de la nature souffrante, elle est sans *force esthétique* et notre cœur reste froid. Si, au contraire, elle est dépourvue de l'expression de la disposition éthique, elle ne peut jamais être *pathétique* quelle que soit sa force physique, et elle révoltera inévitablement notre sentiment. Il faut que l'homme souffrant se fasse apercevoir au milieu de la plus grande liberté de l'ame, et l'autonomie de l'esprit, au milieu de la plus grande souffrance.

Cette autonomie dans la souffrance se manifeste de deux manières,-ou *négativement*, lorsque l'homme éthique ne reçoit pas la loi de l'homme physique, et qu'il n'est point accordé à la situation, de causalité pour les sentimens ; — ou *positivement*, lorsque l'homme éthique donne la loi à l'homme physique, et que les sentimens obtiennent causalité pour la situation. Du premier cas résulte le Sublime de la *contenance*, — du second, le Sublime de l'*action*.

Tout caractère indépendant du destin nous présente le sublime de la contenance. « Un esprit » courageux, en lutte avec l'adversité, dit Sénè- » que, est un spectacle attrayant, même pour » les dieux ! » Ce spectacle nous est donné par le sénat romain, après le désastre de Cannes. Lucifer lui-même, dans le poème de Milton, nous inspire un sentiment d'admiration, lorsque descendu dans l'Enfer il contemple sa demeure future : « Terreurs, je vous salue ! dit-il, et vous, » monde souterrain, antre profond, recevez votre » hôte ! Il vient parmi vous avec une ame que ni » les temps, ni les lieux ne peuvent fléchir. C'est » dans cette ame qu'il réside, voilà pourquoi » l'enfer même lui paraîtra un paradis ! Ici » enfin je serai libre, etc. » La réponse de Médée, dans la tragédie de ce nom, est du même genre.

Le sublime de la contenance se *voit*, car il résulte de la coëxistence. Le sublime de l'action au contraire ne peut être que *pensé*, car il résulte de la succession, et l'intervention de l'intelligence est indispensable pour faire dériver la souffrance d'une libre détermination. Aussi, n'y a-t-il que le premier qui soit à la portée de l'artiste plastique, lequel ne peut représenter que le coëxistant, tandis que le poète peut s'emparer de l'un et de l'autre. L'artiste plastique, s'il veut représenter une action sublime, est obligé de la convertir en une contenance sublime.

Le sublime de l'action exige, non-seulement que la souffrance d'un homme n'ait point d'influence sur son état moral, mais qu'au contraire, elle soit même le résultat de son caractère moral. Cela peut arriver de deux manières, — ou médiatement et d'après la loi de la liberté, lorsque, par respect pour un devoir, il *consent* à souffrir (dans ce cas l'idée du devoir le détermine comme *motif*, et la souffrance est un *acte volontaire*) ; — ou immédiatement et d'après la loi de la nécessité, lorsqu'il *expie* moralement la transgression d'un devoir, et dans ce cas, l'idée du devoir le détermine comme *puissance*, et la souffrance n'est qu'un *effet*. Régulus nous fournit un exemple du premier cas, lorsque, pour être fidèle à sa promesse, il se livre à la vengeance des Carthaginois. Il nous fournirait un exemple du second, s'il avait manqué à sa parole, et que le reproche de sa conscience l'eût tourmenté ensuite. Dans l'un et dans l'autre exemple la souffrance vient d'une cause morale, avec la différence que, dans le premier, Régulus montre son caractère moral, tandis que, dans le second, il n'eût montré que sa destination à le déployer. Dans le premier cas, il agit comme une *personne moralement grande,* dans le second il n'eût été qu'un *objet esthétiquement grand.*

Cette dernière distinction est importante pour l'art, et mérite un examen particulier.

Dans l'appréciation esthétique, tout homme qui, par sa situation, nous représente la dignité de notre destination, est un objet sublime, lors même que nous ne trouvons pas cette destination réalisée dans sa *personne.* Mais il ne devient sublime, dans l'appréciation morale, que lorsqu'en même temps et comme personne morale, il agit conformément à cette destination ; lorsque notre respect honore, non pas la simple faculté, mais l'usage qu'il en fait ; lorsque la dignité réside, non-seulement dans ses dispositions, mais dans sa conduite effective. Car, autre chose est de considérer la faculté morale en général et la possibilité d'une liberté absolue de la volonté, ou d'examiner l'usage de cette faculté, et l'existence effective de cette liberté absolue de la volonté.

Le cas est tout-à-fait différent, dis-je, et cette différence n'est pas seulement, comme on pourrait le croire, dans les objets que nous jugeons, mais dans les manières différentes de les juger. Un même objet peut nous déplaire dans l'appréciation morale, et nous intéresser beaucoup dans l'appréciation esthétique. Mais quand même il nous satisferait dans l'un et dans l'autre jugement, il ne produirait pas moins cet effet dans chacun d'eux, d'une manière tout-à-fait différente. S'il est propre pour l'usage esthétique, il n'est pas pour cela moralement satisfaisant, et s'il plaît au moral, il n'est pas toujours propre à l'usage esthétique.

Prenons pour exemple le sacrifice de Léonidas aux Thermopyles. Moralement jugeant, cette action est pour moi la représentation de la loi morale accomplie malgré toute la résistance de l'instinct; esthétiquement jugeant, je vois en elle la représentation de la faculté morale, indépendante du pouvoir de l'instinct. Le sens moral, c'est-à-dire, la raison, en est *satisfaite;* le sens esthétique, c'est-à-dire, l'imagination, en est *ravie.*

Cette différence de mes sensations, produites par un même objet, provient de la cause suivante.

De même que notre être se divise en deux principes ou natures, de même nos sentimens sont de deux genres tout-à-fait différens. Comme êtres rationnels, nous sentons de l'approbation ou de l'improbation; comme êtres sensuels, nous éprouvons du plaisir ou de l'aversion. Les deux sentimens de l'approbation et du plaisir se basent sur un accomplissement; celui-là sur l'accomplissement d'une exigence (car la raison *exige*, elle n'a pas de *besoins*); celui-ci sur l'accomplissement d'un *besoin*, d'une sollicitation, car les sens n'ont que des besoins et ne peuvent point exiger. Les exigences de la raison et les besoins des sens sont, entre eux, comme la *nécessité* est au *besoin*. Ils sont donc tous les deux renfermés dans l'idée de la nécessité, seulement avec la différence que la nécessité de la raison est absolue, tandis que celle des sens est assujétie à des conditions; mais pour l'une et pour l'autre, la satisfaction est accidentelle. Tout sentiment, soit d'approbation, soit de plaisir, repose donc en dernière analyse sur la concordance de l'accidentel avec le nécessaire. Si la nécessité est impérative, nous sentons une approbation; si elle est un besoin, nous éprouvons un plaisir. L'une et l'autre sensation auront d'autant plus de force que la satisfaction sera plus accidentelle.

Dans tout jugement moral que nous portons, la raison exige que nous agissions moralement; il y a là nécessité absolue de vouloir ce qui est juste. Mais puisque notre volonté est libre, l'exercice de la justice sera toujours (physiquement) accidentel. Si nous l'exerçons effectivement, cette concordance du hasard dans l'usage de la liberté avec l'impératif de la raison obtiendra de l'approbation, et cela d'autant plus que l'opposition du penchant aura rendu cet usage de la liberté plus chanceux et plus accidentel.

Dans le jugement esthétique au contraire, l'objet est rapporté aux *besoins de l'imagination*, qui ne peut *exiger*, mais seulement *solliciter* que l'accidentel s'accorde avec ses intérêts. Ceux de l'imagination sont d'avoir un jeu libre de toute loi. Ce penchant pour l'indépendance est loin d'être favorisé par l'*obligation* morale de la volonté, qui lui détermine rigoureusement son objet; et puisque cette obligation morale de la volonté est précisément l'objet du jugement moral, on conçoit facilement que cette manière de juger ne peut offrir de satisfaction à l'imagination. Mais on ne peut admettre une obligation morale de la volonté qu'autant qu'on lui suppose une indépendance absolue du pouvoir de l'instinct naturel. La *possibilité* de la moralité exige donc la liberté, par conséquent elle s'accorde parfaitement en cela avec les intérêts de l'imagination. Cependant, et puisque celle-ci ne peut diriger par ses besoins la volonté des individus, comme la raison la dirige par son essence impérative, la liberté, rapportée à l'imagination, est une chose accidentelle, et doit par conséquent, comme concordance du hasard avec la nécessité, faire naître le plaisir.

Si donc nous jugeons l'action de Léonidas sous le rapport *moral*, nous la considérons sous un certain point de vue, nous voyons moins son côté accidentel que son côté nécessaire, l'inverse a lieu si nous la jugeons *esthétiquement*. C'est un *devoir* pour toute volonté *libre* d'agir ainsi ; mais qu'en général il y ait une liberté de la volonté qui rende une telle action possible, c'est ce qui est une *faveur* que la nature accorde à la faculté pour laquelle la liberté est un besoin. Lors donc qu'une action vertueuse est soumise au jugement du sens moral ou de la raison, elle n'obtient autre chose que l'approbation, parce la raison trouve rarement ce qu'elle exige et jamais plus. Lorsqu'au contraire c'est le sentiment esthétique ou l'imagination qui juge cette même action, elle produit un plaisir positif, parce que, l'imagination ne pouvant exiger que la volonté s'accorde avec ses besoins, leur satisfaction effective doit la surprendre comme un heureux hasard. Nous *approuvons* que Léonidas ait effectivement pris cette détermination héroïque, mais qu'il ait *pu* la prendre, c'est ce qui nous *ravit*.

La différence entre ces deux espèces de jugemens se remarque encore davantage, lorsqu'on propose une action sur laquelle le jugement moral et le jugement esthétique ne s'accordent pas. Prenons l'Autocauste de Pérégrine-Protée à Olympie ; moralement jugeant, je ne puis approuver cette action, en ce que j'y découvre des motifs impurs auxquels est sacrifié le devoir de la conservation de soi-même; mais elle plaît au sentiment esthétique, parce qu'elle prouve une force de volonté qui résiste au plus puissant des instincts. Que ce fût un sentiment purement moral, ou une puissante tentation matérielle qui comprimât l'instinct de la conservation dans ce fanatique, c'est ce qui importe peu à l'appréciation esthétique, qui abandonne l'individu, qui ne considère pas le rapport de sa volonté avec la loi de la volonté, mais la volonté humaine en général, comme faculté du genre, dans ses rapports avec le pouvoir total de la nature. Nous avons vu que, dans l'appréciation morale, la conservation de soi-même était présentée comme un devoir; aussi sa transgression devait nous offenser. Dans l'appréciation esthétique, au contraire, elle n'était considérée que comme un intérêt, aussi son mépris devait nous plaire. L'opération que nous faisons, dans cette dernière manière de juger, est donc en sens inverse de celle que nous faisons dans la première. Là, nous opposons l'individu limité par les sens et la volonté pathologiquement affectable, à la loi absolue de la volonté et au devoir infini des esprits; ici, au contraire, nous opposons la faculté absolue de la volonté et le pouvoir infini des esprits, à la puissance de la nature et aux bornes des sens. Delà vient que le jugement esthétique nous laisse libres, nous élève et nous inspire, parce que la simple faculté de *vouloir absolument*, — parce que la simple disposition à la moralité nous donne déjà un avantage manifeste sur toutes les facultés sensuelles, — et parce que la seule possibilité de pouvoir nous soustraire à l'arbitraire puissance de la nature flatte le besoin de liberté que nous ne cessons d'éprouver. Delà vient aussi que le jugement moral nous restreint et nous humilie, parce que tout acte partiel de la volonté nous met dans une position plus ou moins désavantageuse vis-à-vis de la loi de la volonté, et parce que la restriction de la volonté à une seule et unique manière de se déterminer, que le devoir lui impose, contrarie la liberté de l'imagination. Là, nous nous élevons de la réalité à la possibilité, de l'individu au genre; ici, nous descendons de la possibilité à la réalité, et nous restreignons le genre aux bornes de l'individu. Il n'est donc pas étonnant que les jugemens esthétiques étendent notre ame, tandis que les jugemens moraux la rétrécissent et la limitent.

Il résulte de tout cela que ces deux genres de jugement, loin de s'appuyer entre eux, se sont au contraire diamétralement opposés, parce qu'ils donnent à l'ame deux directions tout-à-fait différentes; car la légalité, que la raison exige comme juge moral, ne saurait s'accorder avec l'indépendance qu'exige l'imagination comme juge esthétique. Un objet sera donc d'autant plus impropre à l'usage esthétique qu'il conviendra mieux à l'usage moral, et si nonobstant cela le poète est obligé de s'en servir, il fera bien de le traiter de manière que non-seulement notre raison soit renvoyée à la *règle* de la volonté, mais encore que notre imagination soit renvoyée à la *faculté* de la volonté. C'est dans son propre intérêt que je conseille cette voie au poète, car son empire finit avec notre liberté; il ne peut nous enchaîner qu'aussi long-temps que notre attention est fixée sur les objets extérieurs, mais nous lui échappons, dès qu'elle est repliée sur nous-mêmes. Ce cas arrive toutes les fois qu'un objet cesse de se représenter à nous comme phénomène, et qu'à son tour il nous juge comme loi.

De la manifestation de la plus sublime vertu même, le poète ne peut utiliser pour son but que ce qui, en elle, appartient à l'énergie de l'ame ou à la force de l'action. La direction que prend cette force ne le regarde pas. En mettant devant nos yeux les modèles, même d'une moralité parfaite, il n'a d'autre but, et il n'en *doit avoir d'autre,* que celui de nous réjouir par leur représentation. Or, rien ne peut nous plaire que ce qui nous rend meilleurs, et rien ne peut nous plaire spirituellement que ce qui fortifie notre faculté spirituelle. On demandera ici comment la légalité d'un autre peut nous rendre meilleurs et donner de la force à notre faculté spirituelle? Si cet autre remplit effectivement ses devoirs, la cause n'en doit-elle pas être attribuée à l'usage accidentel qu'il fait de sa liberté? Et cela peut-il prouver quelque chose pour nous qui, en pareille circonstance, aurions peut-être fait un autre usage de notre liberté? Certainement non, mais, comme lui, nous avons la *faculté* d'agir légalement; en la découvrant en lui, nous l'apercevons en nous-mêmes, et notre force spirituelle se fortifie de cette découverte. Ce n'est donc que par la représentation de la simple possibilité d'une volonté absolument libre, que l'exercice effectif de la légalité plaît à notre sentiment esthétique.

On s'en convaincra encore davantage, quand on réfléchira combien peu la force poétique de l'impression que nous font des caractères moraux ou des actions morales, dépend de leur *réalité historique*. Le plaisir que nous font des caractères fictifs ne perd rien par l'idée qu'ils sont imaginés, car c'est la vérité *poétique* et non la vérité *historique* qui produit l'effet esthétique. Or, la vérité poétique n'est pas que telle chose *soit* arrivée, mais qu'elle ait *pu* arriver; elle consiste dans la possibilité intérieure de la chose, par conséquent la force esthétique doit être dans la représentation de la simple possibilité.

Dans les évènemens relatifs aux personnages historiques, ce n'est pas l'existence qui est poétique, mais la faculté mise au jour par l'existence. La circonstance, que ces personnes ont réellement existé et que ces évènemens ont effectivement eu lieu, peut souvent augmenter notre plaisir, mais ce sera avec un mélange étranger qui est plutôt nuisible que favorable à l'impression poétique. On a cru long-temps rendre service à la poésie allemande en lui recommandant les sujets nationaux. On dit que la poésie grecque n'eut tant de pouvoir sur les cœurs, que parce qu'elle retraçait des scènes nationales et éternisait des faits patriotiques. On ne peut pas disconvenir que par ces moyens la poésie grecque n'ait produit des effets dont la poésie moderne est loin de se glorifier, mais ces effets appartiennent-ils au poète et à l'art? Malheur au génie des Grecs, s'il n'avait sur le génie des modernes que cet avantage accidentel, et malheur au goût des Grecs, s'ils n'avaient dû cet avantage qu'aux rapports historiques qu'on trouve dans leurs poètes! Il n'y a qu'un goût barbare qui ait besoin de l'aiguillon de l'intérêt personnel, pour être attiré vers le Beau; il n'appartient qu'au scribe destitué de génie, d'emprunter à la matière une énergie qu'il désespère de mettre dans la forme. La poésie ne doit pas prendre sa route par les froides régions de la mémoire; jamais elle ne doit avoir l'érudition pour interprète, ni l'intérêt personnel pour intercesseur; elle doit atteindre le cœur, parce qu'elle est partie du cœur; elle doit considérer l'homme dans le citoyen et non le citoyen dans l'homme.

Il est heureux que le vrai génie se soucie peu des avis qu'une soi-disant bonne intention se donne tant de peines à lui prodiguer; sans cela, M. Sulzer et d'autres critiques qui lui ressemblent, auraient donné une face assez bizarre à la poésie allemande. Perfectionner la moralité des hommes et réveiller l'enthousiasme national dans le citoyen, est sans doute une tâche honorable pour le poëte, et personne, mieux que les Muses, ne sait combien les arts du Sublime et du Beau y prêtent la main; mais ce que la poésie atteint parfaitement par la voie médiate, elle ne l'atteindrait que très imparfaitement par la voie immédiate. La poésie ne se charge pas auprès des hommes d'une mission spéciale; on ne saurait choisir un agent plus impropre pour bien exécuter une commission, un détail partiel. Son domaine est l'ensemble de la nature humaine, et ce n'est que par son influence sur le caractère qu'elle peut influer sur les manifestations partielles de cette nature. La poésie peut être à l'homme ce que l'amour est au héros; l'amour ne peut ni le conseiller, ni combattre avec lui, ni prendre part à aucun de ses travaux; mais il peut le rendre héros, il peut l'inspirer pour des actions grandes et généreuses, et l'armer de force pour tout ce qu'il doit entreprendre.

La force esthétique, avec laquelle le Sublime du sentiment et de l'action nous saisit, ne se base donc pas sur l'intérêt de la raison, qui veut que le bien s'accomplisse, mais sur l'intérêt de l'imagination, qui est que le bien soit *possible*, c'est-à-dire, que nulle sensation, quelque puissante qu'elle soit, ne puisse assujétir la liberté de l'ame. Or, cette possibilité éclate dans toute manifestation énergique de la liberté et de la volonté, et partout où le poète la trouve, il a un sujet convenable à la représentation. Il est indifférent pour l'intérêt poétique qu'il prenne son héros dans les bons ou dans les méchans caractères, puisqu'il faut souvent autant et plus de force pour persévérer et être conséquent dans le mal qu'il n'en faut pour demeurer dans le bien. Le jugement esthétique fait plus de cas de la force que de sa direction, plus de cas de la liberté que de la légalité. Cela est si vrai que l'expérience nous prouve tous les jours que nous préférons la manifestation de la force et de la liberté aux dépens de la légalité, à l'exercice de la légalité aux dépens de la liberté et de la force. Car toutes les fois que la loi morale s'allie à des impulsions dont la force menace d'entraîner la volonté, le caractère gagne dans l'appréciation esthétique, s'il peut résister à ces impulsions. Un criminel commence à nous intéresser aussitôt qu'il risque son bien-être et sa vie pour exercer sa malveillance. L'homme vertueux, au contraire, perd dans notre intérêt autant que le soin de son propre bien-être l'oblige à bien agir. La vengeance, par exemple, est une passion ignoble et même basse; néanmoins elle devient esthétique, toutes les fois qu'elle impose un sacrifice pénible à celui qui l'exerce. Médée, lorsqu'elle égorge ses enfans, vise au cœur de Jason, mais en même temps elle se perce le sien, et sa vengeance devient esthétiquement sublime, aussitôt que nous nous rappelons ce qu'est la tendresse maternelle.

En cela, le jugement esthétique renferme plus de vérité qu'on ne lui en accorde ordinairement. Effectivement, des vices qui décèlent une grande force de volonté annoncent plus de dispositions pour la véritable liberté morale, que des vertus qui empruntent l'appui des penchans; car le scélérat conséquent n'aurait qu'à remporter une seule victoire sur lui-même, n'aurait qu'à retourner ses maximes, pour diriger vers le bien, toute la conséquence, toute la persévérance de volonté qu'il voue au mal. D'où vient, si ce n'est de là, que nous repoussons avec répugnance les caractères à demi-bons, et que les caractères atroces nous inspirent une admiration qui nous fait tressaillir? C'est que les premiers nous font renoncer même à la possibilité d'une volonté souveraine, tandis que ceux-ci nous prouvent qu'ils n'auraient besoin que d'un seul acte de volonté, pour se relever à toute la dignité humaine.

Dans les jugemens esthétiques, ce n'est donc pas la moralité par elle-même qui nous intéresse, mais la seule liberté, et la première ne peut plaire à l'imagination qu'autant qu'elle sert à mettre la seconde dans tout son jour. C'est donc confondre les limites que d'exiger la convenance morale dans les choses esthétiques, et de vouloir repousser l'imagination de son domaine légitime afin d'étendre l'empire de la raison. Ou il faudrait subjuguer tout-à-fait l'imagination, — et alors il en serait fait de tout effet esthétique, — ou il faudrait qu'elle partageât l'empire avec la raison, — et alors la moralité n'aurait pas gagné beaucoup. En poursuivant deux buts différens, on courrait risque de manquer l'un et l'autre ; on enchaînerait la liberté de l'imagination par la légalité, et l'on détruirait la nécessité de la raison par l'arbitraire de l'imagination.

CHAPITRE XI.

Réflexions sur divers objets esthétiques.

Toutes les qualités qui rendent les choses esthétiques, peuvent se renfermer dans quatre classes qui, selon leur différence *objective* et leurs différens rapports *subjectifs* avec notre faculté passive ou active, produisent un plaisir différent non-seulement en intensité, mais aussi en mérite. Elles sont par conséquent aussi plus ou moins propres au but des beaux arts. Ces quatre classes sont : l'*Agréable*, le *Bon*, le *Sublime*, le *Beau*. Le Beau et le Sublime sont seuls du domaine de l'art. L'Agréable n'en est pas digne, le Bon n'est, du moins, pas son but. Car le but de l'art est de plaire, et le Bon, soit en théorie, soit en pratique, n'est pas propre à servir de moyen aux sens.

L'*Agréable* ne plaît qu'aux sens ; il diffère en cela du Bon, qui ne plaît qu'à la seule raison. L'Agréable plaît à cause de sa matière, car il n'y a que la matière qui affecte les sens, comme tout ce qui est *forme* ne plaît qu'à la raison.

Le *Beau* plaît, à la vérité, par l'intermédiaire des sens, en quoi il diffère du Bon, mais s'il plaît à la raison, c'est à cause de sa forme, c'est en quoi il diffère de l'Agréable. On peut dire que le *Bon* plaît par sa simple forme, *convenante à la raison*, le Beau, par sa forme *analogue* à la raison, l'Agréable sans aucune forme. Le Bon se *pense*, le Beau se *voit*, l'Agréable n'est que *senti*. Le premier plaît comme notion, le second comme aperçu, le dernier comme sensation matérielle. La différence entre le Bon et l'Agréable est celle qui saute le plus aux yeux. Le Bon étend nos connaissances, parce qu'il donne et présuppose l'idée de son objet ; la cause du plaisir que nous fait le Bon est dans son objet, quoique le plaisir même soit une situation dans laquelle *nous* nous trouvons. L'Agréable, au contraire, ne donne aucune connaissance de son objet, puisqu'il n'en a point; il n'est agréable que parce qu'il est senti, et l'idée en disparaît aussitôt que nous supprimons par la pensée l'affectibilité des sens, ou que nous nous la représentons autre. Un homme transi trouve la chaleur agréable, mais ce même homme cherche la fraîcheur de l'ombre, lorsque le soleil d'été le brûle. On conviendra cependant que dans l'un et dans l'autre cas cet homme a parfaitement jugé. L'objectif est entièrement indépendant de nous, et ce qui nous paraît vrai, convenant et raisonnable, aujourd'hui, nous paraîtra encore tel dans vingt ans, pourvu que nous ayons bien jugé aujourd'hui. Mais il n'en est pas de même de l'Agréable, qui change selon notre situation vis-à-vis de l'objet. L'Agréable n'est donc pas une qualité de l'objet, mais il résulte du rapport de l'objet avec nos sens, puisque la disposition de nos sens en est une condition nécessaire.

Le Bon, au contraire, est bon avant même que nous l'ayons pensé ou senti. La qualité par laquelle il plaît, subsiste parfaitement par elle-même, sans avoir besoin de notre sujet, quoique le plaisir qu'il fait naître en nous prenne sa source dans la réceptivité de notre être. On dira donc avec raison que l'Agréable n'*est* que parce que nous le *sentons*, tandis que le Bon n'est *senti* que parce qu'il *est*.

La différence entre le Beau et l'Agréable, quoique grande, est cependant moins frappante. Le Beau ressemble à l'Agréable, en ce qu'il doit se rendre sensible, en ce qu'il ne plaît que comme phénomène. Il lui ressemble encore, en ce qu'il ne donne ni ne présuppose la connaissance de son objet. Par contre il diffère beaucoup de l'Agréable, en ce qu'il plaît par la *forme* de son apparition et non par la sensation matérielle. Il est vrai qu'il ne plaît à l'être raisonnable qu'autant que celui-ci est en même temps doué d'organes sensitifs, qu'il plaît non-seulement à l'individu, mais aussi au genre. Quoique son existence ne date que du moment où il entre en rapport avec un être *raisonnable* et *matériel* à la fois, il n'en est pas moins indépendant de toute détermination empirique des sens, et il conserve son caractère lors même que la situation privée du sujet subit un changement. Le Beau ressemble donc au Bon précisément en ce qui le fait différer de l'Agréable, et il s'éloigne du Bon, par où il s'approche de l'Agréable.

On appelle Bon, ce en quoi la raison reconnaît une conformité à ses lois théoriques ou pratiques. Cependant un même objet peut s'accorder parfaitement avec la raison théorique et contraster de la manière la plus tranchante avec la raison pratique. Nous pouvons désapprouver le but d'une entreprise, tout en admirant sa convenance à ce but. Nous pouvons mépriser les jouissances dont l'homme sensuel fait le but de sa vie, et nous ne pouvons refuser notre admiration à l'esprit qu'il déploie dans le choix des moyens, et à la conséquence de ses principes. Tout ce qui plaît par sa seule forme est bon ; c'est le Bon absolu et sans condition, si la forme est en même temps le fond. Le Bon aussi peut être l'objet d'une sensation, mais non d'une sensation immédiate, comme l'Agréable, ni d'une sensation mixte comme le Beau. Il n'excite point d'appétits comme le premier, ni de penchant comme le second. La conception pure du Bon ne peut inspirer que du respect.

En poursuivant ces distinctions entre l'Agréable, le Bon et le Beau, on trouvera qu'un objet peut être laid, imparfait et même rejettable sous le rapport moral, et néanmoins être agréable et plaire aux sens ; qu'un autre objet peut révolter les sens et néanmoins être bon et plaire à la raison ; qu'enfin un objet peut, par son essence intérieure, blesser le sentiment moral en même temps qu'il plaît à la vue et qu'il est beau. La cause en est que ces notions différentes résultent chacune d'une faculté différente de l'ame, et l'intéressent d'une manière diverse.

Toutefois ce que je viens de dire est loin d'épuiser la classification des prédicats esthétiques; car il y a des objets qui sont laids, contraires et funestes aux sens, sans intérêt pour l'intelligence, et indifférens dans l'appréciation morale, et qui néanmoins nous plaisent, même à un tel point que nous sacrifions volontiers le plaisir des sens et de l'esprit pour nous en procurer la jouissance.

Rien, dans la nature, n'est si attrayant qu'un paysage éclairé par les derniers rayons du soleil couchant. La riche diversité et les doux contours des objets, le jeu toujours changeant de la lumière, le voile léger qui couvre les objets lointains, tout se réunit pour ravir nos sens. Qu'on y joigne encore le murmure d'un cascade, le chant du rossignol, une musique mélodieuse; nous éprouvons un sentiment délicieux de calme et de paix, et tandis que les sens sont le plus agréablement affectés par l'harmonie des couleurs, des formes et des sons, l'ame se délecte par une succession légère et spirituelle d'idées, et le cœur par l'abondance des sentimens.

Tout-à-coup s'élève un orage qui couvre la contrée d'un voile épais, fait taire ces sons mélodieux, et nous ravit toutes ces douces jouissances. De sombres nuages s'amoncèlent, le tonnerre éclate, les éclairs se succèdent avec rapidité; l'ouïe et la vue sont frappées de la manière la plus désagréable; les éclairs ne brillent que pour mieux faire voir l'horreur de la nuit. Nous voyons tomber la foudre, nous commençons à craindre d'en être atteints, néanmoins nous croyons plutôt avoir gagné que perdu, par ce changement de scène, à moins que la peur ne nous prive de la liberté de notre jugement. Ce spectacle redoutable, que nos sens repoussent, nous attire puissamment d'un autre côté, et nous le contemplons avec un sentiment qu'on n'appellera pas précisément un plaisir, mais qu'on mettra souvent beaucoup au-dessus du plaisir. Cependant ce spectacle de la nature est plutôt *destructif* que *bon*, du moins n'a-t-on pas besoin de se rappeler l'utilité des orages, pour prendre du plaisir à leur contemplation; il est plutôt laid que beau, car l'obscurité, comme privation de toute perception que donne la lumière, ne peut jamais plaire, et le fracas du tonnerre, ainsi que l'embrasement subit de l'air, est en opposition manifeste avec une des conditions du Beau, qui proscrit tout ce qui est brusque et violent. Ensuite ce phénomène est plutôt pénible qu'agréable pour les sens, parce que la transition subite de la clarté aux ténèbres, du calme au fracas tend et relâche péniblement les nerfs de la vue et de l'ouïe. Néanmoins, en dépit de tous ces motifs d'un véritable déplaisir, l'orage est un phénomène des plus agréables pour celui qui ne le craint pas.

Poursuivons! Qu'au milieu d'une plaine verte et riante, s'élève une colline agreste et sans végétation, qui dérobe à l'œil une partie de la perspective. Tout le monde voudrait voir disparaître ce morceau de terre, nuisible à la beauté du site. Supposons maintenant que cette colline s'élève de plus en plus, sans rien perdre de sa forme primitive et de manière à conserver en grand la proportion entre sa hauteur et sa largeur; d'abord notre déplaisir croîtra avec elle, parce que son accroissement ne la rend que plus visible et plus inconvenante. Mais qu'elle continue à s'élever jusqu'au-dessus de la hauteur d'un clocher, notre déplaisir diminuera insensiblement et fera place à un tout autre sentiment. Quand enfin notre colline sera parvenue à un degré d'élévation tel qu'un seul coup-d'œil ne pourra plus l'embrasser, nous en préférerons la vue à celle du paysage entier, et nous ne donnerions pas l'impression qu'elle nous cause pour aucune autre impression, quelle qu'en fût la beauté. Que l'on suppose encore à cette montagne une inclinaison telle, qu'elle semblera prête à se précipiter sur nous : la terreur se mêlera à notre précédent sentiment, mais l'objet même n'en sera que plus attrayant. Supposons maintenant que cette montagne penchante s'appuie sur une autre; notre terreur se dissipera, et, avec elle, une grande portion de notre plaisir. Supposons encore qu'on place près de cette montagne quatre ou cinq autres montagnes, dont chacune soit d'un quart ou d'un cinquième moins grande que celle qui la précède : le premier sentiment, produit par son élévation, sera sensiblement affaibli. Quelque chose de semblable aurait lieu, si l'on divisait la montagne même en dix ou douze coupures égales, ou si on l'enjolivait par des compartimens et des plantations artificielles.

Nous n'avons d'abord fait autre chose, avec cette montagne, que l'*agrandir*, sans rien changer à sa forme, et par cette seule opération, d'un objet insignifiant et même désagréable, elle est devenue un objet de plaisir. Par la seconde opération, l'objet *grand* est devenu en même temps un objet de terreur, et, par suite, le plaisir de son aspect s'est accru. Par les opérations subséquentes nous avons diminué le terrible, et par cela même, affaibli le plaisir. Nous avons *subjectivement* amoindri la conception de sa grandeur, soit en divisant l'attention de l'œil, soit en procurant à celui-ci, dans les montagnes moins grandes élevées auprès de la première, un moyen de mesurer plus facilement sa grandeur. Il en résulte que le *grand* et le *terrible* peuvent, en certains cas, devenir une source de plaisir.

Il n'y a point, dans toute la mythologie grecque, d'image plus terrible et en même temps plus affreuse, que celle des Furies sortant de l'enfer pour poursuivre un coupable. Leur figure hideusement grimacée, leur corps décharné, leur tête couverte de serpens, révoltent les sens autant qu'ils blessent le goût; mais lorsqu'on nous représente ces monstres, poursuivant le parricide Oreste, brandissant leurs torches, et le pourchassant sans relâche d'un lieu à l'autre jusqu'à ce qu'enfin, la justice satisfaite, ils se replongent dans le Ténare, nous ne les voyons pas moins avec un frisson agréable. Et non-seulement les remords du coupable personnifiés dans les Furies, mais encore l'acte criminel même, peuvent nous plaire dans la représentation. Médée, dans la tragédie grecque, Clytemnestre assassinant son époux, Oreste tuant sa mère, nous font frissonner de plaisir. Dans la vie ordinaire, nous remarquons que des objets indifférens, désagréables et même repoussans, commencent à nous intéresser aussitôt qu'ils approchent du *monstrueux* ou du *terrible*. Un homme tout-à-fait commun et insignifiant; commence à nous plaire aussitôt qu'une violente passion, qui d'ailleurs ne peut en rien augmenter son mérite, le rend un objet de crainte et de terreur; tout comme un objet commun et insignifiant devient une source de plaisir, aussitôt que nous l'agrandissons à un degré tel, qu'il menace de surpasser notre force conceptive. Un homme laid, l'est encore davantage, lorsque la colère le domine; cependant si l'explosion de sa colère, au lieu de devenir ridicule, se montre redoutable, elle peut encore le rendre intéressant. Cette remarque s'applique même aux animaux. Un taureau à la charrue, un cheval à la charrette, un chien, sont sans doute des objets très communs; mais excitez le taureau, irritez le tranquille cheval, ou supposez le chien enragé : ces animaux deviendront des objets esthétiques, et vous les considérerez avec un sentiment qui approchera du plaisir et du respect. Le penchant pour tout ce qui est passionné, commun à tous les hommes, la puissance des sentimens sympathiques, qui, *dans la nature*, nous pousse aux scènes de souffrance, de terreur et d'effroi, et qui, *dans l'art*, nous offre tant de charmes, nous attirent au spectacle qui nous fait prendre tant de goût aux tableaux des grandes infortunes. Tout cela nous indique une *quatrième* source de plaisir, que ni le Beau, ni le Bon, ni l'Agréable ne peuvent produire.

Tous les exemples que nous avons cités jusqu'ici, offrent quelque chose d'objectif dans la sensation qu'ils réveillent en nous. Tous nous donnent l'idée de quelque chose qui surpasse, ou qui menace de surpasser, soit la force conceptive de nos organes, soit leur force de résistance, sans toutefois pousser cette supériorité jusqu'à opprimer ces deux forces et à suspendre les tentatives que nous faisons pour concevoir ou pour résister. Ces exemples nous offrent une complexité qui, par nos efforts de la concevoir en unité, pousse la faculté perceptive jusqu'à ses dernières limites. Ils nous montrent une force en face de laquelle la nôtre se réduit au néant, mais que néanmoins nous sommes forcés de lui comparer. Tantôt c'est un objet qui, en même temps, *s'offre* et *se soustrait* à notre faculté perceptive, provoquant nos efforts à le saisir sans nous faire entrevoir la réussite de ces efforts; tantôt c'est un objet qui semble s'élever hostilement contre notre existence même, nous provoquer au combat, et nous faire craindre pour son issue. On remarquera également que tous les cas précités produisent un même effet sur la faculté sensitive. Tous mettent l'ame dans un mouvement d'inquiétude et de tension. Un certain sérieux, qui peut aller jusqu'au solennel, s'empare de nous, et tandis que nos organes sensitifs montrent des symptômes visibles d'anxiété, l'esprit méditatif se replie sur lui-même et semble s'appuyer sur une conscience supérieure de sa force autonome et de sa dignité. Cette conscience doit souverainement prédominer dans l'ame, pour que le grand et le terrible aient pour nous un mérite esthétique; et puisque ces représentations inspirent l'ame et l'élèvent en quelque sorte au-dessus d'elle-même, on les signale sous le nom de *Sublime*, quoique leurs objets mêmes n'aient rien de sublime, et qu'ils ne fassent qu'y conduire.

Pour qu'un objet mérite le nom de Sublime, il faut qu'il s'oppose à notre faculté sensitive. Les choses peuvent, en général, se trouver en deux rapports différens avec notre nature sensuelle, et par conséquent il doit aussi y avoir deux modes différens de résistance. Ou nous considérons les choses comme objets dont nous voulons acquérir la connaissance, ou nous les considérons comme une puissance à laquelle nous comparons la nôtre. Cela établi, il est clair qu'il y a aussi deux genres de Sublime : le Sublime de la conception, et le Sublime de la force.

Or, les facultés physiques n'ont d'autre part à la conception que de s'emparer de la matière donnée, et de combiner dans l'espace et le temps les diversités qu'elle présente. C'est à l'intelligence et non à l'imagination, qu'il appartient d'assortir et de distinguer ces diversités. L'intelligence seule connaît le dissimilaire, l'imagination ne connaît que le similaire : ce n'est donc que la *quantité* et non la qualité du similaire qui puisse mettre une différence dans la perception des phénomènes par les sens, et, pour que la faculté sensuelle succombe sous les efforts qu'elle fait pour se représenter un objet, il faut que la quantité de cet objet soit insaisissable à l'imagination. Ainsi le sublime de la conception repose sur le nombre ou la grandeur, et l'on pourrait par conséquent le nommer le *Sublime mathématique* (1).

---

(1) *Voyez* Kant ; Critique du jugement esthétique.

CHAPITRE XII.

De l'évaluation esthétique des grandeurs.

On peut, de la *quantité* d'un objet, se faire quatre idées tout-à-fait différentes :
Ce clocher est une grandeur ;
Il a deux cents toises d'élévation ;
Il est élevé ;
C'est un objet élevé.
Il est évident que chacun de ces quatre juge-

mens exprime une idée différente, quoiqu'ils portent tous sur la *quantité* du clocher.

Dans les deux premiers, le clocher n'est considéré que comme *une grandeur (Quantum)* dans les deux derniers, on le considère comme *quelque chose de grand (Magnum)*.

Tout ce qui a des parties est un *quantum;* toute vision, toute notion intellectuelle a une grandeur, aussi vrai que la première a un contenu et la seconde, une sphère. Ce n'est donc pas de la quantité en général qu'on veut parler, lorsqu'il s'agit d'une différence de grandeur entre les objets, mais d'une quantité qui appartienne de préférence à tel objet, c'est-à-dire, d'une quantité qui soit non-seulement un *quantum*, mais aussi un *magnum*.

En disant *grandeur*, notre pensée se représente une unité, dans laquelle sont réunies plusieurs parties similaires. S'il y a une différence entre deux grandeurs, elle ne peut consister qu'en ce que l'unité de l'une renferme plus de parties que celle de l'autre, ou bien que l'une ne soit qu'une partie de l'autre. Ce *quantum* qui contient un autre *quantum*, comme partie, est, par rapport à lui, un *magnum*.

Examiner combien de fois un *quantum* déterminé est contenu dans un autre, s'appelle, le *mesurer*, lorsqu'il est contenu, et le *compter*, lorsqu'il ne l'est pas. C'est donc de l'unité prise pour mesure qu'il dépend de considérer l'objet comme un *magnum*; en d'autres termes : toute grandeur est une notion de rapport.

Comparée à sa mesure, toute grandeur est un *magnum*; elle l'est encore bien plus, comparée à la mesure de cette mesure, à l'égard de laquelle celle-ci même devient un *magnum*. La même chose a lieu, lorsqu'au lieu de descendre nous remontons. Chaque *magnum* est, à son tour, petit, lorsque nous le concevons contenu dans un autre. Ici il n'y a pas de bornes, puisque le plus grand nombre possible peut encore être multiplié par lui-même.

En mesurant les objets, nous ne pouvons par conséquent connaître que la grandeur *comparative*; jamais nous ne rencontrons la grandeur *absolue*, c'est-à-dire, celle qui ne soit plus contenue dans aucun autre *quantum*, mais qui renferme tout autre grandeur sous elle. Effectivement rien n'empêche que la même opération de l'esprit qui nous fournirait une telle grandeur, nous en fournisse aussi une double, car l'intelligence procède successivement et peut, si elle est guidée par des notions de nombre, continuer sa synthèse jusqu'à l'infini. Lorsqu'on peut encore déterminer quelle est la grandeur d'un objet, celui-ci n'est pas encore grand à proprement parler; il peut par la même opération comparative être réduit à un objet très petit. Il n'y aurait donc dans la nature qu'une seule grandeur par excellence, celle du *tout infini* de la nature même, mais à laquelle nulle vision ne peut correspondre, et dont la synthèse ne peut être achevée dans le temps. L'empire des nombres étant inépuisable, il faudrait que ce fût l'intelligence qui terminât sa synthèse. Il faudrait que l'intelligence établît elle-même une unité quelconque, comme mesure extrême et dernière, et qu'elle déclarât purement et simplement *grand* tout ce qui la surpasse.

Et voilà ce qui a effectivement lieu, lorsque je dis d'un clocher qu'il est *élevé*, sans déterminer son élévation. Je n'énonce pas ici la mesure de comparaison, pourtant je ne puis attribuer à ce clocher la grandeur absolue, puisque rien ne m'empêche d'en supposer un plus grand. Il faut donc que la simple vue du clocher me fournisse un maximum de mesure, que je puisse m'imaginer avoir imposé à tout autre clocher, en disant : ce clocher est élevé. Cette mesure est donc renfermée dans la notion que j'ai d'un clocher, et elle n'est autre que la notion de sa *grandeur générique*.

Toute chose a un maximum de grandeur qui lui est prescrite par son *genre*, lorsque c'est une œuvre de la nature, et par les bornes de sa cause primitive ou par son but, lorsque c'est une œuvre de la liberté. Nous appliquons cette mesure avec plus ou moins de conscience à tous les objets qui se présentent à nous ; mais nos sensations diffèrent essentiellement selon que la mesure que nous employons est plus accidentelle ou plus nécessaire. Lorsqu'un objet surpasse la notion que nous avons de sa grandeur générique, nous en sommes en quelque sorte *étonnés*; nous sommes surpris que les expériences s'étendent; mais, à moins que nous prenions un intérêt particulier à l'objet, il n'en résultera pas autre chose que ce simple sentiment d'une attente surpassée. Nous avons abstrait notre mesure d'une suite d'expériences, et il n'y a point de nécessité qu'elle se trouve toujours applicable. Lorsque, au contraire, une production de la liberté surpasse la notion que nous nous sommes formée des bornes de sa cause, nous éprouvons déjà une certaine *admiration*; ce qui nous surprend dans une semblable expérience, ce n'est pas seulement d'avoir vu notre attente surpassée, mais encore d'avoir franchi des bornes auxquelles nous nous étions crus astreints. Là, notre attention s'arrêta à la simple production qui par elle-même était indifférente; ici, elle se dirige sur la *force productive* qui est morale, ou du moins inhérente à un être moral, et qui par conséquent doit nous intéresser nécessairement. Cet intérêt croîtra en proportion que la force qui constitue le principe moteur, sera plus noble et plus importante, et que les bornes dépassées auront été plus difficiles à franchir. Un cheval d'une grandeur extraordinaire nous surprend agréablement, mais encore plus, le cavalier vigoureux et habile qui sait le dompter. Si ce cavalier lui fait sauter un fossé large et profond, nous sommes étonnés, et s'il se précipite avec ce cheval sur un bataillon d'ennemis, le respect se joint à l'étonnement et devient admiration. Dans ce dernier cas, nous considérons son action comme une grandeur dynamique, et nous y appliquons pour mesure la notion de la *bravoure d'un homme;* alors notre appréciation dépend de notre propre complexion, et de ce que nous considérons comme dernière limite du courage. Il en est bien autrement lorsque c'est la notion de grandeur que nous avons du but, qui se trouve surpassée. Ici, nous ne nous basons pas sur une mesure empirique et accidentelle, mais sur une mesure rationnelle, et, par conséquent, nécessaire, qui ne peut être surpassée sans que le but de l'objet soit anéanti. La grandeur d'une maison d'habitation est déterminée par son seul but; la grandeur d'un clocher n'est déterminée que par les bornes de l'architecture. Si je trouve cette maison trop grande pour son but, elle doit nécessairement me déplaire. Si, au contraire, je trouve qu'un clocher dépasse l'idée que j'ai de l'élévation des clochers, il ne m'en plaira que davantage, parce que là je trouve une contradiction, tandis qu'ici je rencontre une concordance inattendue avec ce que je cherche. Je puis consentir à ce que des bornes soient reculées, mais non à ce qu'un but soit manqué.

Ainsi, lorsque je dis purement et simplement qu'un objet est grand, sans ajouter quelle est sa grandeur, je ne déclare nullement qu'il est une grandeur absolue, à laquelle aucune mesure n'est applicable; mais je ne fais que taire la mesure à laquelle je le soumets, dans la supposition qu'elle est donnée avec la notion de l'objet même. Je ne détermine pas sa grandeur complètement, et par rapport à toute autre chose imaginable, mais je la détermine toujours en partie et par rapport à une certaine classe de choses, par conséquent, *objectivement et logiquement*, puisque j'énonce un rapport et que j'opère d'après une notion. Mais cette notion peut être empirique, par conséquent, accidentelle, et en ce cas, mon jugement ne peut avoir qu'une validité subjective. Qui sait si je ne prends pas pour grandeur générique, ce qui n'est que la grandeur de certaines espèces? si je ne confonds pas mes propres bornes subjectives avec les limites de l'objet? si je ne substitue pas au jugement, l'idée personnelle que j'ai de l'usage et du but d'une chose? Il se peut donc que, en matière, mon évaluation de grandeur soit entièrement *subjective*, quoique, en forme, elle soit *objective*, c'est-à-dire, détermination effective de rapports.

L'Européen qualifie le Patagon de géant, et son jugement a pleine autorité sur le peuple chez lequel il a emprunté sa notion de la grandeur des hommes; mais les Patagons y trouveront à redire. Nulle part l'influence des raisons subjectives sur le jugement des hommes ne se montre davantage, que dans leurs évaluations de la grandeur, soit des choses corporelles, soit des choses incorporelles. On peut dire que chaque homme a, en lui, une certaine mesure de force et de vertu, d'après laquelle il se règle dans l'évaluation des actions morales. L'avare considérera le don de quarante sous, comme un grand effort de sa libéralité, quand l'homme généreux, en donnant six francs, se reprochera son avarice. Un homme croira faire preuve d'une grande intégrité, s'il s'abstient de tromper, tandis qu'un homme délicat hésitera souvent de faire un profit bien légitime. Quoique, dans tous ces cas, la mesure soit subjective, le mesurage même n'en est pas moins objectif; car on n'a qu'à rendre la mesure générale, et la détermination de grandeur se trouvera universellement juste. Il en est effectivement ainsi de toutes les mesures objectives qui sont en usage parmi les hommes, quoiqu'elles aient toutes une origine subjective et qu'elles soient empruntées au corps humain.

Mais toute évaluation comparative, qu'elle soit idéale ou corporelle, qu'elle détermine un tout ou une partie, ne conduit qu'à la grandeur relative, jamais à la grandeur absolue. Qu'un objet dépasse même la mesure que nous considérons comme le maximum de grandeur, ne pouvons-nous pas demander encore, de combien de fois il la dépasse? Cet objet sera sans doute *grand* comparativement au genre, mais il n'est pas le plus grand possible, et quand une fois la limite est dépassée, elle peut être dépassée jusqu'à l'infini. Or, nous cherchons la grandeur absolue, parce qu'elle seule peut renfermer la raison d'une *préférence*, toutes les grandeurs comparatives considérées comme telles, étant égales. Rien ne pouvant obliger l'intelligence à suspendre la marche continuelle de ses opérations, il faut que ce soit l'imagination qui lui impose une limite; en d'autres termes, il faut que l'évaluation de grandeur cesse d'être logique, il faut qu'elle soit faite esthétiquement. Lorsque j'évalue une grandeur logiquement, je la rapporte à ma faculté intellective; lorsque je l'évalue esthétiquement, je la rapporte à ma faculté sensitive. Là, j'acquiers une connaissance de l'objet; ici, j'éprouve quelque chose en moi-même, par suite de la grandeur représentée de l'objet. Là, j'aperçois quelque chose au-dehors de moi, ici quelque chose au-dedans. Aussi je ne mesure plus, je n'évalue plus de grandeur, mais je deviens à moi-même une grandeur, et même une grandeur infinie. Or, cet objet qui me rend grandeur infinie à moi-même, se nomme sublime.

Le sublime de la grandeur n'est donc pas une qualité de l'objet auquel on l'attribue, mais il est l'effet de notre propre sujet provoqué par cet objet. Il résulte, d'*une part*, de l'idée de l'impuissance de notre imagination à saisir en totalité la grandeur, telle que la raison l'établit, c'est-à-dire, comme une exigence; — de l'*autre part*, de l'idée de la puissance de la raison qui a pu établir une telle prétention. Sur la première idée repose la *force répulsive*, sur la seconde, la *force attractive* du grand et de l'infini sensible.

Mais quoique le Sublime soit un phénomène qui ne puisse avoir lieu dans notre sujet, il faut néanmoins que les objets renferment en eux-mêmes la raison pour laquelle nous éprouvons certains effets que d'autres objets, qui ne sont pas sublimes, ne sauraient produire. Et puisque notre jugement donne l'attribut du Sublime à *l'objet* (ce qui prouve que nous n'agissons pas arbitrairement, mais que nous pensons établir, par cette qualification, une loi pour tout le monde), il faut que notre sujet renferme une raison nécessaire pour qu'une certaine classe d'objets produise sur nous tels effets et non d'autres. Il en résulte que le Sublime mathématique a des conditions nécessaires, tant *intérieures* qu'*extérieures*. Du nombre des premières est un certain rapport déterminé entre la raison et l'intelligence ; du nombre des dernières, un rapport déterminé entre l'objet sensible et notre mesure esthétique d'évaluation.

L'imagination, autant que la raison, doit se

manifester avec un certain degré de force, pour que le Grand puisse nous émouvoir. Il faut que l'imagination déploie toute sa compréhension pour se représenter l'idée de l'absolu, idée sur laquelle la raison insiste impérieusement. Si l'imagination est inactive et inerte, ou si la tendance de l'ame va plutôt aux notions qu'à la vision, l'objet le plus sublime ne sera qu'un simple objet logique, et ne sera pas même porté au tribunal esthétique. C'est pourquoi des hommes doués d'une force transcendante d'intelligence analytique montrent souvent si peu de susceptibilité pour le Grand esthétique. Ou leur imagination n'est pas assez vive pour essayer seulement de se représenter l'absolu de la raison, — ou leur intelligence est tellement active, qu'elle s'empare de l'objet et l'attire du domaine de l'intuition dans celui de la discussion.

Sans une certaine force d'imagination, l'objet *grand* ne saurait devenir esthétique; sans une certaine force de raison, l'objet esthétique ne saurait devenir sublime. L'idée de l'absolu exige un développement plus qu'ordinaire de la faculté supérieure de la raison, une certaine richesse d'idées et une connaissance profonde de la meilleure partie de soi-même. Celui dont la raison n'a pas reçu quelque développement, ne saura jamais faire un usage transcendant du *grand* sensible. Sa raison ne fera aucun effort pour concevoir, et toute l'opération sera abandonnée, soit à la seule imagination, soit à la seule intelligence. L'imagination, à elle seule, est bien loin d'essayer une conception qui lui soit pénible. Elle se borne donc à la simple réception de l'objet, se souciant peu de mettre de l'unité dans ses idées. Delà la stupide insensibilité avec laquelle le sauvage reste au sein de la plus sublime nature, au milieu des symboles de l'infini, sans se réveiller de sa léthargie animale, sans concevoir la plus petite idée du grand génie de la nature qui, par l'incommensurabilité physique, parle aux ames sensibles.

Ce que le sauvage regarde avec une stupide insensibilité, le sybarite énervé le fuit comme un objet de terreur qui ne lui rappelle que son impuissance. *Les grandes conceptions s'adaptent péniblement à son esprit étroit.* Son imagination est assez irritable pour essayer de se représenter l'infini sensible, mais sa raison n'est pas assez autonome pour achever l'entreprise avec succès. Il cherche à gravir la hauteur, mais à moitié chemin, il retombe affaissé. Il veut combattre le génie redoutable, mais c'est avec des armes terrestres, tandis qu'il lui en faudrait d'immortelles. Reconnaissant sa faiblesse, il fuit un aspect qui l'accable, et va chercher du secours près de la consolatrice de tous les faibles : *la Règle*. Ne pouvant s'élever à la grandeur de la nature, il faut que celle-ci descende au niveau de sa petite conception. Il faut qu'elle se dépouille de ses formes hardies pour en prendre d'artificielles, qui lui sont étrangères, mais qui sont un besoin pour ses sens abâtardis. Il faut qu'elle soumette sa volonté à son joug de fer et qu'elle se courbe sous les chaînes d'une régularité mathématique. C'est ainsi que se forma en France le goût des jardins, qui a enfin cédé au goût anglais, sans que l'on se soit pourtant approché sensiblement du goût véritable; car le caractère de la nature n'est pas plus dans la seule diversité que dans l'uniformité monotone, et la gravité tranquille et reposée s'accorde peu avec ces promptes et frivoles transitions d'une décoration à l'autre, que le goût moderne a introduites. En changeant de forme, la nature ne se dépouille jamais de l'unité concordante; elle cache ses richesses sous une modeste simplicité, et là où elle paraît agir avec la plus grande licence, nous la voyons encore respecter la loi de la continuité. (1)

Pour première condition objective du sublime

---

(1) L'art des jardins et l'art dramatique ont eu, dans les derniers temps, à peu près le même sort, et cela, chez les mêmes nations. La même tyrannie de la règle, que nous voyons dans les jardins des Français, se trouve aussi dans leurs tragédies. L'irrégularité extravagante et désordonnée des parcs anglais se retrouve chez leur Schakspeare. Et comme le goût allemand a toujours reçu sa loi de l'étranger, il n'est pas étonnant qu'encore ici il vacille entre les deux extrêmes.

mathématique, il faut que l'objet auquel nous voulons l'attribuer soit un tout, par conséquent, qu'il montre de l'unité; pour seconde, qu'il rende insuffisante la plus grande mesure sensible que nous ayons et que nous soyons habitués d'appliquer aux grandeurs. Sans la première condition l'imagination ne serait pas même sollicitée à essayer la représentation de la totalité de l'objet; et sans la seconde, elle ne pourrait pas échouer dans son entreprise.

L'horizon surpasse toute grandeur qui puisse s'offrir à nos yeux, puisque toutes les grandeurs d'espace sont renfermées dans son cercle. Cependant une seule montagne produit souvent une plus forte impression de Sublime que tout l'horizon qui l'embrasse et mille autres grandeurs avec elle. C'est que l'horizon ne se présente plus comme objet unique, et que nous ne sommes plus sollicités à nous le représenter comme un tout. Mais qu'on écarte tous les objets qui divisent notre attention, que notre pensée nous transporte dans une plaine immense et non interrompue ou sur le vaste Océan : l'horizon lui-même deviendra un objet, et l'objet le plus sublime que l'œil puisse voir. Sa figure sphérique y contribuera beaucoup, parce que cette figure est facile à concevoir, et que par conséquent l'imagination se défendra moins à essayer de la parcourir.

Or, l'impression esthétique de la grandeur

repose sur ce que l'imagination essaie *infructueusement* de saisir en totalité l'objet donné. Ceci a lieu lorsque le maximum de mesure que l'imagination peut saisir nettement et à la fois, additionné autant de fois que l'intelligence est capable de le faire avec clarté de pensée, se trouve encore trop petit pour l'objet. Il semble s'en suivre que des objets d'égale grandeur doivent aussi produire une impression également sublime, et qu'un objet de moindre grandeur doive produire un effet moins sublime, chose qui est pourtant contestée par l'expérience ; car nous savons que la partie paraît souvent plus sublime que le tout, la montagne et le clocher plus élevé que le ciel, sous lequel ils s'élèvent, le rocher plus sublime que la mer dont les vagues battent sa base. Mais il faut ici se rappeler la condition précitée, que l'impression sublime n'a lieu que lorsque l'imagination s'attache à saisir la totalité de l'objet. Si elle néglige cette condition à l'égard de l'objet infiniment plus grand, et qu'elle l'observe à l'égard de l'objet moins grand, elle peut être esthétiquement affectée du dernier et rester insensible devant le premier. Mais si elle conçoit l'objet infiniment plus grand, comme une grandeur, elle le conçoit aussi comme une unité, et alors il doit nécessairement faire une impression d'autant plus forte qu'il surpasse davantage l'autre en grandeur.

Toutes les grandeurs sensibles sont contenues,

ou dans l'espace et s'appellent *étendues*, ou dans le temps et s'appellent *nombres*. Tout ce qui est donné dans l'espace doit aussi être saisi dans le temps ; il s'en suit que toute grandeur d'étendue est en même temps une grandeur de nombre. Néanmoins cette dernière ne peut être sublime qu'autant qu'on la convertit en une grandeur d'espace. La distance de la terre à Sirius est sans doute un quantum énorme dans le temps, et inaccessible à l'imagination, lorsqu'on veut l'embrasser en totalité. Aussi n'entreprendrai-je jamais de vouloir la saisir de l'œil, comme grandeur ; de temps en temps, au contraire, j'ai recours aux nombres, et je ne reçois l'impression du sublime que lorsqu'il me souvient que la plus énorme grandeur d'espace que je puisse concevoir comme unité (par exemple une montagne) est encore une mesure trop petite et entièrement inapplicable à cet éloignement. La mesure dont je me suis servi n'en a pas moins été empreinte de grandeur et d'étendue. Or, c'est précisément de cette mesure que dépend l'idée que nous nous formons de la grandeur d'un objet.

Le Grand, dans l'espace, se présente ou comme longueur, ou comme hauteur. Dans les hauteurs on comprend aussi la profondeur, qui n'est effectivement autre chose qu'une hauteur au-dessous de nous, tout comme la hauteur peut être considérée comme une profondeur au-dessus de nous. C'est ainsi que les poètes latins se servent de *profundus* dans l'un et dans l'autre sens indistinctement :

> Ni faceret, maria se terras cœlumque profundum
> Quippe ferant rapidi secum.

Les hauteurs nous paraissent incontestablement plus sublimes que les longueurs d'égale grandeur; la cause en est le plus souvent que le sublime dynamique se joint à l'aspect des hauteurs. Une simple longueur, quelque immense qu'elle soit, n'a rien de redoutable, tandis qu'une hauteur prend ce caractère, lorsque nous pensons que nous pouvons en être précipités. Par la même raison, une profondeur est plus sublime qu'une hauteur, parce que l'idée du redoutable s'y attache immédiatement. Pour qu'une grande hauteur nous effraie, il faut que notre pensée nous transporte d'abord sur son sommet; par conséquent il faut que nous la transformions en une profondeur. On peut facilement faire cette expérience en regardant un ciel nuageux, entremêlé d'azur, dans un puits ou dans une eau terne; son immense profondeur offrira un aspect bien plus effrayant que sa hauteur. La même chose a lieu lorsqu'on regarde le ciel à la renverse, ce qui le rend également une profondeur; et puisqu'alors il est le seul objet qui frappe nos yeux, l'imagination se trouve forcée de se le représenter en totalité. Si les hauteurs et les profondeurs nous affectent plus fortement, c'est surtout parce qu'en évaluant leur grandeur, nous ne sommes distraits par aucune comparaison. L'horizon au-dessus d'une plaine lui sert continuellement de mesure, car il la suit partout et lui fait tort dans l'appréciation. Il est vrai que la plus haute montagne elle-même n'est rien en comparaison de l'élévation du ciel; mais c'est l'intelligence qui nous l'apprend et non l'œil; ce n'est pas le ciel qui, par son élévation, rapetisse les montagnes, mais ce sont les montagnes qui, par leur grandeur, montrent l'élévation du ciel.

Il est donc optiquement et symboliquement vrai que l'Atlas porte le ciel; car de même que le ciel paraît reposer sur l'Atlas, de même notre idée de l'élévation du ciel repose sur l'élévation de l'Atlas. Dans le sens figuré, la montagne porte donc effectivement le ciel; c'est, pour notre imagination, comme si elle le soutenait en l'air. Sans la montagne le ciel s'abaisserait, c'est-à-dire, il descendrait optiquement de sa hauteur et paraîtrait moins élevé.

CHAPITRE XIII.

De la cause du plaisir que nous prenons aux objets tragiques.

Depuis les temps les plus anciens, le plaisir a été considéré comme étant le but des beaux-arts. Cette opinion est universelle, et quoique quelques esthéticiens modernes y voient un reproche avilissant pour les arts de l'imagination et du sentiment, ceux-ci ne changeront pas leur ancienne distination, aussi incontestable que bienfaisante, pour la nouvelle, à laquelle on veut généreusement les élever. Loin de craindre de s'avilir en cherchant à faire naître le plaisir, ils seront au contraire fiers de l'avantage qu'ils ont, de produire immédiatement ce que toute l'activité, toutes les directions différentes de l'esprit humain, n'atteignent que médiatement. Quiconque admet en général un but dans la nature, ne révoquera pas en doute que ce but, quant à l'homme, est son bonheur, bien que l'homme doive l'ignorer dans ses actions morales. C'est avec cette nature, ou pour mieux dire, c'est avec le créateur de la nature, que les beaux-arts ont un but commun, celui de répandre le plaisir et de faire des heureux. Ils nous font trouver, en jouant, ce que leurs frères, plus sérieux, ne nous font obtenir qu'au prix de laborieux efforts. Nous achetons les plaisirs de l'esprit par des travaux assidus, l'approbation de la raison par des sacrifices douloureux, les jouissances des sens par de pénibles privations, ou nous en payons les excès par une suite de maux. Les beaux-arts seuls nous accordent des plaisirs qui n'ont pas besoin d'être achetés, qui ne coûtent aucun sacrifice et qui ne sont troublés par aucun regret. Or, le mérite de procurer de tels plaisirs, qui pourra jamais le confondre avec le chétif mérite d'*amuser* ? — Si les beaux-arts sont au-dessus de ce mérite, s'en suit-il qu'ils soient au-dessus du mérite de *plaire* ?

La bonne intention de ne vouloir partout admettre pour dernier but que ce qui est *moralement bon,* intention qui a déjà produit et protégé tant de médiocrités dans les arts, n'a pas laissé que de faire un tort considérable à la théorie. Pour assigner aux beaux-arts un rang élevé, pour leur concilier la faveur des gouvernemens et le respect des hommes, on les a expulsés de leur domaine naturel et on leur a imposé une tâche forcée et étrangère. On croit les bien servir en leur substituant un but moral, au lieu du but frivole de plaire, et on allègue leur influence évidente sur la moralité, pour justifier la violence qu'on leur fait. On trouve de la contradiction à ce que ces mêmes arts, qui secondent si puissamment le dernier perfectionnement de l'homme, n'obtiennent ce résultat qu'incidemment, et ne doivent, en principe, tendre que vers un but aussi inférieur que paraît être le plaisir. Mais une bonne théorie du plaisir et une philosophie complète des beaux-arts, si nous les possédions, dissiperaient bien facilement cette apparente contradiction. Cette philosophie nous apprendrait qu'un plaisir libre, tel que les beaux-arts le produisent, repose sur des conditions souverainement morales, et que toute la nature morale de l'homme y participe activement. Elle nous apprendrait aussi que le but de produire ce plaisir ne peut être atteint que par des moyens moraux, par conséquent que l'art, pour atteindre son véritable but, doit suivre des voies toutes morales. Or, pour apprécier le mérite de l'art, il est entièrement indifférent que son but soit un but moral, ou qu'il n'atteigne ce but que par des moyens moraux; car dans l'un et dans l'autre cas l'art s'occupe de morale et ne peut agir que du plus intime concert avec le sentiment moral. Mais pour la perfection de l'art, il n'est rien moins qu'indifférent de savoir lequel des deux est le but ou le moyen. Si le but même est le moral, l'art perd ce qui seul le rend puissant, sa liberté, et ce qui seul le rend efficace, le charme du plaisir. Le jeu se change en une tâche sérieuse, tandis que c'est précisément le jeu qui rend la tâche facile. Ce n'est qu'en produisant le plus grand effet esthétique que l'art peut exercer une influence salutaire sur la moralité, et ce n'est qu'en pleine jouissance de sa liberté qu'il peut obtenir cet effet.

Il est certain encore que tout plaisir, tant qu'il découle d'une source morale, rend l'homme meilleur, et qu'ainsi l'effet redevient cause. Le plaisir que nous font éprouver le Beau, le Touchant, le Sublime, fortifie nos sentimens moraux, tout comme le plaisir de la bienfaisance, de l'amour, etc., fortifie ces inclinations. De même qu'un esprit gai et serein est le partage infaillible d'un homme moralement perfectionné, de même la perfection morale est, de préférence, la compagne d'une ame joyeuse. Ce n'est donc pas seulement parce que l'art plaît par des moyens moraux que son effet est un effet moral, mais aussi parce que le plaisir même que procurent les beaux-arts est un moyen d'atteindre la moralité.

L'art peut arriver à son but par autant de moyens qu'il y a en général de sources d'un plaisir libre. J'appelle plaisir libre, celui où les forces spirituelles, la raison et l'imagination, sont actives, où la sensation est le résultat d'une idée, en opposition au plaisir physique, où l'ame obéit à une aveugle nécessité naturelle, où la sensation suit immédiatement sa cause physique. Le plaisir sensuel est le seul qui soit exclu du domaine des beaux-arts. Le talent de l'exciter ne peut jamais s'élever à la hauteur de l'art, si ce n'est dans le seul cas où les impressions matérielles sont ordonnées, augmentées et modifiées suivant un plan calculé, qui se manifeste à notre conception; et là encore n'y aurait-il d'art, que ce qui est l'objet d'un plaisir libre, c'est-à-dire le goût dans l'arrangement qui plaît à l'intelligence, mais non l'attrait physique même qui ne plaît qu'aux sens.

La source commune de tout plaisir et même du plaisir sensuel est la *conformité des choses à leur but*, ou la *convenance*. Le plaisir est sensuel, lorsque cette convenance n'est pas reconnue par notre faculté conceptive, mais lorsque, par la simple loi de la nécessité, la sensation du plaisir en est la suite physique. C'est ainsi que le mouvement du sang ou des esprits vitaux, dans un organe quelconque ou dans la machine entière, lorsqu'il est convenant au but de l'organisation du corps, fait naître le plaisir corporel avec toutes ses nuances et ses modifications; nous sentons cette convenance par le medium de la sensation agréable, mais nous n'arrivons pas à nous en faire une conception ni claire ni confuse.

Le plaisir est libre au contraire, lorsque nous nous représentons la convenance, et lorsque la sensation agréable en accompagne la conception. Par conséquent, toutes les idées qui nous représentent l'image de la convenance et de la concordance, sont les sources d'un plaisir libre, et en cela propres à l'usage des beaux-arts. Elles se réduisent à ces classes : le Bon, le Vrai, le Parfait, le Beau, le Touchant, le Sublime. Le Bon occupe la raison; le Vrai et le Parfait, l'intelligence; le Beau, l'intelligence avec l'imagination; le Touchant et le Sublime, la raison avec l'imagination. Il est vrai que le Charmant, ou la force provoquée à l'activité, plaît également, mais l'art ne s'en sert que pour accompagner les sentimens supérieurs de la convenance; considéré en lui-même, le Charmant se perd parmi les sentimens de la vie physique, et l'art le dédaigne comme tous les autres attraits sensuels.

Les différentes sources auxquelles l'art puise les plaisirs qu'il nous fait éprouver, ne peuvent pas, par elles seules, constituer la classification des beaux-arts, puisqu'une seule classe réunit souvent plusieurs et même tous les genres de plaisir; mais en tant qu'on peut viser à un certain genre de plaisir, comme au but principal, ces sources peuvent servir de base, si ce n'est à une classification des arts, du moins à une *manière particulière de considérer* les œuvres de l'art. Par exemple, ceux qui plaisent de préférence à l'intelligence et à l'imagination, qui par conséquent ont pour but principal le Vrai, le Parfait et le Beau, pourraient être désignés sous le nom de *beaux-arts* (arts du goût, arts de l'intelligence). Ceux qui, au contraire, occupent de préférence l'imagination avec la raison, et dont le but principal est par conséquent le Bon, le Sublime et le Touchant, pourraient être nommés *arts touchans* (arts du sentiment, arts du cœur). Il est vrai que l'on ne saurait séparer entièrement le Touchant du Beau, mais le Beau peut fort bien subsister sans le Touchant. Si cette manière de voir n'autorise pas une classification complète des arts libres, du moins elle pourra servir à signaler plus précisément les principes qui dirigent le jugement que nous portons sur eux, et à nous faire éviter la confusion qui doit nécessairement avoir lieu, lorsqu'en établissant une législation des choses esthétiques, on mêle le Beau et le Touchant, qui ont chacun un domaine tout à fait différent.

Le Touchant et le Sublime se ressemblent, en

ce qu'ils produisent le plaisir par le déplaisir, et puisque le plaisir naît de la convenance des choses à leur but, la douleur naît de leur disconvenance, en ce qu'ils nous font apercevoir une convenance qui présuppose une disconvenance.

Le Sublime consiste, d'une part, dans le sentiment de l'impuissance où nous nous trouvons d'embrasser un objet, et de l'autre part, dans le sentiment simultané de notre supériorité, qui ne s'effraie d'aucunes bornes, et triomphe spirituellement de ce qui fait succomber nos forces matérielles. L'objet sublime combat donc notre faculté sensuelle, et cette disconvenance doit nécessairement faire naître le déplaisir. Mais elle donne en même temps lieu à réveiller en nous une autre faculté supérieure à celle qui fait succomber notre imagination; ainsi l'objet sublime, par cela même qu'il combat les sens, devient convenant à la raison et plaît à notre faculté supérieure, tout en déplaisant à notre faculté inférieure.

L'émotion, dans la stricte acception de ce mot, est le sentiment mêlé de peine et de plaisir que nous donne l'aspect de la souffrance. On ne peut donc être ému de son propre malheur, que lorsque la douleur en est assez modérée pour faire place à un plaisir tel, à peu près, que celui qu'en éprouverait un spectateur compatissant. La perte d'un grand bien nous abat et notre souffrance touche le spectateur; un an après nous nous en souvenons nous-mêmes avec émotion. L'homme faible est la proie de sa douleur : quelque grand que soit le malheur du héros ou du sage, ils n'en sont qu'émus.

De même que le sentiment du Sublime, l'émotion se compose de deux élémens : de la douleur et du plaisir; par conséquent là comme ici une disconvenance est la cause d'une convenance. La souffrance de l'homme nous paraît être une disconvenance dans la nature, qui certainement ne nous a pas créés pour souffrir, et cette disconvenance nous blesse. Mais cette blessure qui résulte de la disconvenance est convenante à notre nature rationnelle en général, et même à la société, en ce qu'elle provoque notre activité. Le déplaisir de cette disconvenance doit donc nécessairement conduire au plaisir, parce qu'il est conforme à son but. Pour déterminer lequel du plaisir ou du déplaisir caractérisera une émotion, il faut savoir si c'est l'idée de la disconvenance ou celle de la convenance qui prédomine. Or, cela dépend du nombre des buts atteints ou manqués, ou de leur rapport avec le but dernier.

La souffrance de l'homme vertueux nous touche plus douloureusement que celle du criminel, parce que là, non-seulement le but général, que l'homme doit être heureux, mais aussi le but particulier, que la vertu doit rendre heureux, sont manqués ; tandis qu'il n'y a ici que disconvenance au but général. Par contre, le bonheur du scélérat nous afflige aussi beaucoup plus que le malheur de l'homme vertueux, parce que le vice lui-même et la récompense du vice sont disconvenans. En outre, la vertu est beaucoup plus propre à se récompenser elle-même que ne l'est le vice à se punir. C'est pour cela que l'homme de bien restera plus facilement fidèle à la vertu dans le malheur, que l'homme pervers ne se convertira dans la prospérité.

Pour déterminer le rapport entre le plaisir et le déplaisir dans une émotion, il s'agit surtout de savoir si le but manqué surpasse en importance le but rempli, ou si c'est l'inverse qui a lieu. Nulle convenance ne nous touche d'aussi près que la convenance morale, et rien n'égale le plaisir qu'elle nous procure. Après tout, la convenance naturelle peut encore rester problématique, tandis que la convenance morale nous est démontrée. Elle seule est fondée sur notre nature rationnelle et sur la nécessité intérieure. Elle est la plus voisine de nous, la plus importante et en même temps la plus facile à reconnaître, parce que indépendante de toute influence extérieure, elle n'est révélée que par un principe intérieur de la raison; elle est le Palladium de notre liberté.

La convenance morale se reconnaît le plus évidemment, lorsque mise en opposition avec d'autres convenances, elle l'emporte sur elles.

La puissance de la loi morale ne se montre dans toute sa grandeur, que lorsqu'elle nous est présentée en lutte avec toutes les autres forces naturelles, qui, devant elle, perdent leur pouvoir sur le cœur de l'homme. Dans ces forces naturelles, je comprends tout ce qui ne ressort pas à la législation suprême de la raison, les sensations, les penchans, les affections, les passions, aussi bien que la nécessité physique de la destinée. Plus l'ennemi est formidable, plus la victoire est glorieuse; et comme la résistance peut seule faire connaître la force, il s'en suit « que la plus grande conscience de notre nature morale ne peut nous être acquise que par une situation violente, par une lutte, — et que la plus grande jouissance morale sera partout accompagnée de douleur. »

Il est donc constant que le genre de poésie, qui veut nous procurer cette jouissance, doit se servir de sensations mixtes et nous plaire par la douleur. C'est ce que la Tragédie fait de préférence. Son domaine embrasse tous les cas possibles, où une convenance naturelle est sacrifiée à la convenance morale, où encore une convenance morale est sacrifiée à une autre du même genre qui lui est supérieure en mérite.

Il ne serait peut-être pas impossible d'établir une échelle de progression du plaisir, d'après le rapport que l'on reconnaîtrait entre une convenance morale et une autre, et de déterminer *à priori,* d'après le principe de la convenance, le degré de l'émotion agréable ou douloureuse qui doit avoir lieu. Peut-être pourrait-on, de ce même principe, déduire un ordre déterminé de Tragédie, et distribuer toutes ces classifications possibles d'après un tarif en forme, de sorte qu'on assignerait sa juste place à chaque Tragédie donnée, et que l'on calculerait d'avance le genre et le degré d'émotion qu'elle devrait produire, et au-dessus desquels elle ne pourrait s'élever en raison de sa composition. Je réserve cet objet pour une explication particulière. Je me borne pour le moment à démontrer, par quelques exemples, combien notre ame préfère la représentation de la convenance morale, à celle de la convenance naturelle.

Quand nous voyons Huon et Amanda (1) liés au poteau, prêts par leur libre choix à subir la mort cruelle des flammes, plutôt que de gagner un trône par le parjure, pourquoi cette scène est-elle pour nous l'objet d'un plaisir céleste? — Le contraste entre leur position actuelle et le sort riant qu'ils repoussent; l'apparente disconvenance naturelle qui récompense la vertu par le supplice; l'abnégation surnaturelle de l'amour de soi-même, etc. ; toutes ces réflexions qui réveillent l'idée de la disconvenance, devraient nous remplir d'amères douleurs! Mais que nous

---

(1) Héros du poème épique d'Obéron, par Wieland.

importe la nature entière avec tous ses buts et toutes ses lois, si, par sa disconvenance, elle fournit l'occasion de présenter dans tout son éclat la convenance morale en nous ! La victoire de la loi morale est une expérience si précieuse, si essentielle pour nous, que nous sommes même tentés de nous réconcilier avec le mal auquel nous la devons. La concordance dans l'empire de la liberté nous plaît infiniment plus que toutes les contradictions dans le monde naturel ne nous affligent.

Quand Coriolan, cédant aux devoirs d'époux, de fils et de citoyen, quitte Rome sur le point de tomber entre ses mains, comprime le désir de se venger et ramène son armée, pour s'exposer à la haine d'un rival jaloux, il commet sans doute une action très disconvenante. Cette démarche lui ravit le fruit de toutes ses victoires, et le conduit droit à sa perte. Mais aussi qu'il est beau, qu'il est grand de préférer la plus grande lésion des penchans, à la lésion du sentiment moral, d'oublier, au mépris des plus chers intérêts, les règles de la prudence, dans la seule intention de se conformer aux devoirs supérieurs de la morale ! Sacrifier sa vie est souverainement disconvenant, car la vie est la condition de tout bien-être; mais la sacrifier, dans une intention morale, est souverainement convenant, car la vie n'a de l'importance que comme moyen pour atteindre la moralité, et non par elle-même et comme but. Si le cas arrive, où la moralité ne puisse être atteinte que par l'abandon de la vie, celle-ci doit être sacrifiée. « Il n'est pas nécessaire que je vive, mais il est nécessaire que Rome soit sauvée de la famine, » disait le grand Pompée, lorsque s'embarquant pour l'Afrique, ses amis le supplièrent de retarder son départ jusqu'à ce que la tempête fût appaisée.

La vie du criminel n'est pas moins l'objet d'un plaisir tragique que la souffrance de l'homme vertueux, quoiqu'elle présente une grave disconvenance morale.

Le contraste des actions du criminel avec la loi morale devrait nous indigner; l'imperfection morale que ses actions laissent supposer, devrait nous affliger, lors même que nous compterions pour rien le malheur de ses victimes. Nous n'avons pas ici la satisfaction de pouvoir croire encore à la moralité de sa personne, satisfaction qui pourrait nous dédommager de la peine que ses actions et ses souffrances nous causent; néanmoins les unes et les autres sont des objets féconds pour l'art, et nous les contemplons avec le plus grand plaisir. Il ne sera pas difficile de démontrer que ces phénomènes sont d'accord avec ce que nous avons dit précédemment.

L'idée de la convenance morale ne découle pas uniquement de l'obéissance à la loi morale, mais aussi du regret d'avoir transgressé cette loi. L'affliction causée par la conscience de notre imperfection morale est convenante, parce qu'elle correspond à la satisfaction qui accompagne l'exercice des devoirs. Le repentir, la réprobation de nous-mêmes, le désespoir, sont des sentimens moralement élevés, parce que le criminel ne pourrait s'y livrer, s'il n'avait pas au fond du cœur la conscience du juste et de l'injuste, qui fait valoir ses droits contre les plus chauds intérêts de l'amour de soi-même. Le repentir résulte de la comparaison d'une action à la loi morale; c'est l'improbation de l'action, en ce qu'elle est contraire à cette loi. Par conséquent, lorsque le repentir se fait sentir, la loi morale doit nécessairement se manifester dans l'ame, comme dernière instance; elle doit avoir pour le criminel plus d'importance que le prix du crime lui-même, parce que le remords de l'avoir transgressée empoisonne la jouissance La situation d'une ame qui reconnaît la loi morale pour dernière instance, est donc moralement convenante, et par conséquent, elle est la source d'un plaisir moral. En effet, qu'y a-t-il de plus sublime que ce désespoir héroïque qui foule aux pieds tous les trésors de la vie et la vie même, parce qu'il ne peut supporter, ou ne peut étouffer la voix improbatrice du juge intérieur? Que l'homme vertueux sacrifie volontairement sa vie, pour conformer ses actions à la loi morale, ou que le criminel, poussé par le pouvoir de la conscience, se donne la mort de ses propres mains, notre respect pour la loi morale est au même degré dans l'un et dans l'autre cas, et s'il y avait une différence, elle serait à l'avantage du dernier, parce que le doux sentiment de faire son devoir a pu tant soit peu faciliter la détermination de l'homme vertueux, et parce que le mérite moral d'une action diminue en proportion que le plaisir et l'inclination y participent. Les remords et le désespoir nous montrent le pouvoir de la loi un peu plus tard, mais non moins fortement. Ce sont des tableaux de la plus sublime moralité, quoiqu'ébauchés dans une situation violente. L'homme qui se livre au désespoir pour avoir transgressé la loi morale, rentre par cela même dans l'obéissance à cette loi, et plus la condamnation de lui-même est terrible, plus il nous paraît soumis au pouvoir de cette loi.

Il y a des cas où le plaisir moral ne peut être procuré que par une douleur morale, c'est-à-dire, lorsqu'il faut indispensablement que nous transgressions un devoir moral, afin de pouvoir mieux nous conformer à un devoir plus important et plus général.

Si Coriolan, au lieu d'assiéger sa ville natale, se fût trouvé devant Antium ou toute autre ville, avec une armée romaine; si sa mère eût été volsque, et que ses prières eussent produit le même effet, cette victoire remportée par le devoir filial ferait sur nous une impression contraire. A la tendresse d'un fils s'opposeraient alors les devoirs infiniment supérieurs du citoyen qui, en cas de collision, doivent prévaloir. Ce commandant à qui on donnait la terrible alternative, de remettre la place aux ennemis ou de voir immoler son fils, préféra, sans hésiter, la mort de son enfant, parce que l'amour filial est à juste titre subordonné à l'amour de la patrie. Au premier aperçu, notre cœur se révolte contre un père qui contrevient ainsi à l'instinct de la nature et aux devoirs de la paternité; mais bientôt nous sommes entraînés à une douce admiration, en voyant qu'une impulsion éminemment morale, lors même qu'elle est secondée par le penchant, ne peut égarer la raison dans sa législation. Quand Timoléon fait assassiner un frère chéri, mais ambitieux, parce que l'opinion qu'il s'est formée des devoirs d'un républicain l'oblige à détruire tout ce qui peut nuire à la patrie, certes nous ne voyons pas sans horreur son action sanglante, si contraire à la nature et au sentiment moral. Mais bientôt l'horreur fait place à l'admiration de l'héroïque vertu qui défend ses droits contre toute impulsion des penchans, laquelle, dans le tumulte de sentimens opposés, prend sa détermination avec autant de liberté et de justesse, que si elle était accompagnée du plus grand calme de l'ame. Que notre opinion des devoirs d'un républicain diffère entièrement de celle qu'en avait Timoléon, cela ne change rien au plaisir que son action nous fait éprouver; au contraire, c'est justement dans ces cas, où notre sympathie n'est pas du côté de la personne agissante, que nous reconnaissons combien nous mettons le devoir au-dessus de la convenance, combien nous préférons l'accord avec la raison, à l'accord avec l'intelligence.

Il n'y a point de phénomène moral, sur lequel le jugement des hommes s'accorde moins que sur celui-ci : la cause en est facile à trouver. Il est vrai que le sentiment moral est commun à tous les hommes; mais tous ne le possèdent pas avec le degré de force et de liberté qu'exige le jugement d'un pareil cas. La plupart se contentent d'approuver une action, parce que son accord avec la loi morale est facile à concevoir; ou de l'improuver, parce que son désaccord avec cette loi est évident. Mais pour déterminer avec précision les rapports entre les devoirs moraux et le principe suprême de la morale, il faut un esprit bien éclairé, une raison indépendante de toutes forces naturelles, et même de toutes impulsions morales, en ce qu'elles se manifestent par instinct. De là vient que la même action, dans laquelle un petit nombre reconnaîtra la plus haute convenance, se présentera à la masse comme une contradiction révoltante, bien que les uns et les autres n'en aient pas moins porté un jugement moral. De là vient que de telles actions ne produisent par d'émotion, aussi universellement que l'unité de la nature humaine et la nécessité de la loi morale le feraient attendre. Ne sait-on pas que souvent le plus vrai, le plus grand, le plus sublime, est taxé d'exagération et de galimatias, parce que le degré de raison qu'exige la conception du sublime, n'est pas également réparti entre ceux qui jugent? Une ame étroite s'affaisse sous le poids d'une grande conception, ou se sent péniblement entraînée au-delà de sa sphère morale. La grande masse ne voit-elle pas souvent la plus détestable irrégularité, là où l'esprit pensant admire le plus grand ordre?

En voilà assez sur le sentiment de la convenance morale, en ce qu'il est la base de l'émotion tragique et du plaisir puisé dans la douleur. Il y a néanmoins des cas où la convenance naturelle paraît nous plaire, même aux dépens de la convenance morale. La conduite conséquente d'un scélérat, dans l'arrangement de ses machinations, nous plaît souverainement, quoique ses machinations, autant que leur but, soient contraires à notre sentiment moral. Un tel homme est capable de nous inspirer le plus vif intérêt. Nous tremblons de voir échouer les mêmes trames dont nous devrions ardemment désirer l'inutilité, s'il était vrai que nous rapportions tout à la convenance morale. Toutefois ce phénomène ne détruit pas ce que nous avons dit de la convenance morale et de son influence sur le plaisir des émotions tragiques.

Car, dans toutes les circonstances possibles, la convenance, ou la conformité des choses à leur but, fait plaisir, lors même qu'elle ne se rapporte pas à la moralité, ou même qu'elle lui est contraire. Nous jouissons de ce plaisir dans toute sa pureté, tant que nous n'apercevons pas le but moral auquel il contrevient ; de même que l'instinct animal, quand il ressemble à l'intelligence, par exemple, l'industrie des abeilles, du castor, etc., nous plaît sans que nous rapportions cette convenance naturelle à une volonté intelligente, et encore moins à un but moral ; de même la convenance de toute occupation humaine, nous plaît par elle-même, pourvu que n'y voyions autre chose que le rapport des moyens avec leur but. Mais aussitôt qu'il nous vient dans l'idée de rapporter ce but et ces moyens à un principe moral, et qu'alors nous les trouvons contraires à ce dernier, en un mot, aussitôt qu'il nous souvient que c'est un être moral qui agit, une profonde indignation prend alors la place du plaisir que nous éprouvions d'abord, et nulle convenance avec l'intelligence ne pourra nous faire oublier la disconvenance morale. Jamais il ne doit nous souvenir que ce Richard III, ce Yago, ce Lovelace sont des hommes, ou bien notre intérêt se convertira en un sentiment opposé. Mais une expérience journalière nous apprend que nous avons la faculté de détourner l'attention d'un certain côté des choses, et de la diriger vers un autre; et le plaisir même que nous ne pouvons obtenir autrement nous engage à exercer cette faculté.

Souvent une scélératesse bien raffinée obtient notre approbation, par cela même qu'elle est un moyen de nous procurer le plaisir de la convenance morale. Plus les embûches que Lovelace dresse à la vertu de Clarisse sont dangereuses; plus les épreuves que l'astuce du cruel despote fait essuyer à la constance de sa victime sont dures, plus le triomphe de la convenance morale est éclatant. Nous sommes ravis de voir combien le pouvoir du sentiment des devoirs moraux, présente d'obstacles au génie du séducteur. Par contre, nous comptons au scélérat persévérant, comme une espèce de mérite, la victoire qu'il remporte sur le sentiment moral, dont il a dû nécessairement combattre la résistance, parce que cette victoire dénote une certaine force d'ame et une convenance d'intelligence assez grande, pour ne s'être laissé détourner par aucune impulsion morale.

Au reste, il est hors de doute qu'une scélératesse, quelque convenance qu'elle ait avec son but, ne peut être l'objet d'un plaisir parfait qu'autant qu'elle échoue contre la convenance morale. Dans ce cas, elle devient même une condition essentielle du suprême plaisir, puisqu'elle peut seule mettre dans tout son jour la prépondérance du sentiment moral. Rien n'en peut fournir une preuve plus convaincante que la dernière impression que nous fait éprouver Clarisse. La plus grande convenance d'intelligence, que nous admirons involontairement dans les trames de Lovelace, est glorieusement vaincue par la convenance de raison que Clarisse déploie contre son redoutable ennemi : ce qui nous met à même de réunir au suprême degré le plaisir de l'une et de l'autre.

Le poëte tragique, s'il s'attache à nous donner la vive conscience du sentiment de la convenance morale, et s'il choisit et combine avec intelligence les moyens d'y parvenir, ne peut manquer de captiver doublement les suffrages du connaisseur et par la convenance morale et par la convenance naturelle. La première donnera de la satisfaction au cœur, la seconde à l'intelligence. La plus grande partie des hommes éprouvent, pour ainsi dire, aveuglément, l'effet dirigé contre le cœur, sans pénétrer la magie par laquelle l'art exerce sur lui un si grand pouvoir. D'un autre côté, il y a un certain genre de connaisseurs sur lesquels l'artiste manquera totalement l'effet calculé pour le cœur, mais dont il peut captiver le goût par la convenance des moyens. La culture la plus exquise du goût dégénère souvent en cette singulière contradiction, surtout quand le perfectionnement moral est resté en arrière de la culture de l'esprit. Ce genre de connaisseurs ne considèrent le Touchant et le Sublime que sous le rapport de l'intelligence. Ils conçoivent et jugent parfaitement en matière de goût, mais qu'on se garde d'en appeler à leur cœur ! L'âge et la civilisation nous entraînent vers cet écueil ; vaincre heureusement l'influence pernicieuse de l'un et de l'autre, est la plus grande gloire du caractère d'un homme civilisé. Parmi les peuples de l'Europe, nos voisins les Français se sont le plus approchés de cet extrême, et, comme en tout, nous sommes disposés à suivre leur exemple.

CHAPITRE XIV.

De l'Art tragique.

L'émotion en elle-même, abstraction faite de toute application de son objet à notre amélioration ou à notre pervertissement, a quelque chose qui nous charme; nous tendons à être émus, dût-il nous en coûter quelques sacrifices. Cette tendance est la base de tous nos plaisirs. Que l'émotion porte sur un appétit ou sur une aversion, qu'elle soit pénible ou agréable, c'est ce que nous ne considérons aucunement ; au contraire, l'expérience nous apprend que c'est l'affection douloureuse qui offre le plus d'attrait, par conséquent, que le plaisir des affections est en raison inverse de leur contenu. Par un phénomène universel de notre nature, le triste, le terrible, l'effroyable même, nous charment avec une magie irrésistible. Les scènes de désolation et d'horreur nous attirent et nous repoussent avec une égale force. Tout le monde se presse avec une avide attention autour du narrateur d'une histoire sanglante ; nous dévorons les contes les plus extravagans de spectres et de revenans, et plus nos cheveux se dressent, plus nous sommes attentifs.

Ce sentiment se manifeste naturellement avec plus de vivacité, lorsque les objets sont devant nos yeux. Un ouragan engloutissant une flotte entière, si nous le voyions du rivage, nous réjouirait d'autant plus qu'il révolterait davantage la sensibilité de notre ame. Il serait difficile de croire avec Lucrèce que ce plaisir naturel provînt de la comparaison de notre propre sûreté, avec les périls que nous avons devant les yeux. Voyez la foule innombrable qui suit le criminel au lieu de son supplice ! Ce n'est ni l'amour de la justice, ni le sentiment ignoble de la vengeance, qui peut expliquer ce phénomène. Ce malheureux trouve peut-être des excuses dans le cœur du spectateur; la pitié la plus sincère peut faire des vœux pour sa conservation : n'importe, un désir curieux fait diriger l'œil et les oreilles vers l'expression de sa souffrance. Si l'homme dont l'éducation a épuré les sentimens, fait exception à la règle, ce n'est pas que ce sentiment soit étranger à son ame, mais c'est que la force douloureuse de la compassion l'emporte sur lui, ou qu'il se retient par respect pour les lois de la bienséance. L'enfant de la nature qui n'est retenu par aucun sentiment délicat d'humanité, s'abandonne sans crainte à ce puissant attrait. Il faut donc admettre que ce sentiment se trouve dans la disposition primitive de l'ame, et l'on doit pouvoir l'expliquer par une loi psychologique et générale.

Quoique nous regardions ce sentiment grossier comme incompatible avec la dignité humaine, et que, par conséquent, nous hésitions d'en déduire une loi pour le genre entier, il n'est pas moins vrai que mille expériences prouvent évidemment l'existence et l'universalité du plaisir des émotions douloureuses. La lutte pénible entre des penchans, ou entre des devoirs opposés, qui est une source de malheur pour celui qui la soutient, nous plaît lorsque nous en sommes spectateurs. Nous suivons avec un plaisir toujours croissant les progrès d'une passion, jusque sur le bord de l'abîme où elle précipite sa victime. Le même sentiment délicat qui nous fait fuir l'aspect de la souffrance physique, ou de l'expression physique d'une souffrance morale, nous fait trouver, dans la sympathie avec la douleur purement morale, une jouissance d'autant plus douce; et l'intérêt qu'inspire la représentation de semblables objets est universel.

Naturellement ceci ne s'entend que de l'affection *communiquée* ou ressentie; car le rapport intime de l'affection *primitive* avec le désir de notre bien-être, nous occupe ordinairement trop pour que nous puissions nous livrer au plaisir que cette affection pourrait nous offrir par elle-même, si elle était désintéressée. Celui qui est effectivement dominé par une passion douloureuse, n'éprouve d'autre sentiment que celui de la peine, quelque grand que pût être le plaisir que le tableau de sa situation ferait éprouver aux spectateurs ou aux auditeurs. Toutefois la douleur de l'affection primitive n'est pas entièrement sans plaisir pour celui qui en est l'objet, seulement le degré en diffère selon la nature sensitive de l'homme. S'il n'y avait pas aussi de la jouissance dans l'inquiétude, dans le doute, dans la crainte, les jeux de hasard auraient moins d'attrait, un courage téméraire ne nous précipiterait pas au-devant des dangers, et ce ne serait pas précisément au moment de la plus grande illusion, — lorsque nous nous confondons avec l'objet, — que la sympathie avec une souffrance étrangère nous charmerait le plus. Il n'en résulte pourtant pas que les affections pénibles puissent *par elles-mêmes* causer du plaisir ; personne ne voudra soutenir pareille chose; seulement ces situations d'ame sont les conditions sous lesquelles il sera possible de goûter un certain genre de plaisir. Ceux donc qui se sentent particulièrement portés vers ce genre de plaisir, se réconcilieront aussi plus facilement avec les conditions désagréables, et ils ne perdront pas entièrement leur liberté dans le tumulte le plus violent des passions.

C'est de l'application de son objet à notre faculté sensuelle ou morale, que vient le déplaisir que nous éprouvons dans les émotions fâcheuses, tout comme le plaisir des émotions agréables vient de la même source. Or, le degré de liberté que nous pouvons conserver dans une émotion, se règle d'après le rapport qui existe entre notre nature physique et notre nature morale; et puisqu'en fait d'actions morales il n'y a point d'alternative pour nous, et que d'un autre côté l'instinct matériel est soumis à la législation de la raison, par conséquent, à notre pouvoir, on conçoit qu'il est possible de conserver une liberté entière dans les émotions qui ont affaire à l'instinct égoïste, et que nous sommes les maîtres de restreindre cette affection ou de nous y livrer. La force de l'affection diminue à mesure que le sentiment moral de l'homme l'emporte sur le désir du bien-être, à mesure que l'amour égoïste pour son individu s'affaiblit, et que l'homme rentre sous l'obéissance aux lois de la raison. Un être ainsi disposé sentira beaucoup moins l'application de l'objet d'une affection à son instinct de bien-être, par conséquent il éprouvera moins du déplaisir qui ne résulte que de cette application même. Par contre, il remarquera mieux le rapport de cet objet avec sa moralité, et par cela même, il sera plus sensible au plaisir que l'application à la moralité mêle assez souvent aux plus douloureuses souffrances physiques. Une telle disposition nous rend éminemment propres à jouir du plaisir de la compassion, et à retenir l'affection primitive elle-même dans les bornes de cette compassion.

De là le grand mérite d'une bonne philosophie pratique, qui, en nous renvoyant aux lois générales, désarme l'égoïsme, nous apprend à oublier notre chétive individualité dans le grand tout, et nous rend ainsi capables de ne nous considérer que comme personnes tierces. Cette élévation de l'ame est le partage des esprits forts et philosophiques, qui, par un travail continuel sur eux-mêmes, sont parvenus à dominer l'instinct égoïste. La perte la plus sensible ne les entraîne pas au-delà d'une émotion douloureuse, à laquelle peut encore se mêler un certain degré du plaisir. Eux, qui seuls savent se mettre au-dessus de leur individu, jouissent aussi seuls de la prérogative de prendre part à eux-mêmes et de sentir leur propre peine dans le doux reflet de la sympathie.

Ce que nous venons de traiter contient un grand nombre de motifs propres à attirer notre attention sur les sources du plaisir des affections en général, et surtout de l'affection triste. Comme on vient de le voir, ce plaisir est d'autant plus grand dans les ames morales, et il agit avec d'autant plus de liberté, qu'elles se sont affranchies du joug de l'instinct égoïste. Nous avons reconnu ensuite que ce plaisir est plus vif dans les affections tristes où l'amour de soi-même est blessé, qu'il ne l'est dans les affections agréables qui laissent supposer la satisfaction de l'amour de soi-même. Ainsi le plaisir des affections tristes augmente, lorsque l'instinct égoïste est blessé; il diminue lorsque cet instinct est flatté. Or, nous ne connaissons que deux sources de plaisir : la satisfaction du désir de bien-être, et l'accomplissement des lois morales. Par conséquent, un plaisir qu'on a prouvé ne pas découler de la première source, doit nécessairement prendre son origine dans la seconde. De notre nature morale donc dérive le plaisir que nous cause la communication des affections douloureuses, affections qui, en certaines circonstances, peuvent encore nous émouvoir agréablement, lors même qu'elles sont primitives.

On a essayé plusieurs voies pour expliquer le plaisir de la compassion; mais peu de ces explications ont pu être satisfaisantes, parce qu'on en a cherché les motifs plutôt dans les circonstances que dans la nature même de l'affect. Plusieurs psychologues ne voyent dans la compassion que le plaisir qu'éprouve l'ame dans sa propre sensibilité ; d'autres l'attribuent à la forte occupation de nos forces, au grand mouvement de nos désirs, en un mot, à la satisfaction de l'instinct et à l'activité. D'autres encore la font consister dans la découverte des beaux traits moraux du caractère, qui se manifestent dans le combat entre l'adversité et les passions ; mais nul n'a encore dit pourquoi c'est la peine elle-même, la souffrance proprement dite, qui nous attire le plus puissamment vers l'objet de notre compassion; tandis que, d'après ces explications, un moindre degré de souffrance serait évidemment plus favorable aux causes alléguées du plaisir des émotions. La force et la vivacité des idées, réveillées dans notre imagination, l'excellence morale des personnes souffrantes, le regard du sujet compatissant sur lui-même, peuvent sans doute fortifier le plaisir de l'émotion, mais ils n'en sont pas la cause. Il est vrai que la peine d'une ame faible, la douleur d'un scélérat, ne nous procurent pas cette jouissance ; mais c'est parce qu'elles n'excitent pas notre compassion au même degré que le héros souffrant et l'homme vertueux luttant contre l'adversité. Nous revenons donc toujours à la question : pourquoi est-ce précisément le degré de souffrance, qui détermine le degré du plaisir sympathique dans une émotion? En voici la solution : l'attaque dirigée contre les sens est-elle même la condition sous laquelle se réveille cette force de l'ame, dont l'activité produit le plaisir des souffrances sympathiques.

Or, cette force n'est autre que la raison, et de ce que son activité illimitée, comme spontanéité absolue, mérite par excellence le nom d'activité; de ce que l'ame ne se sent entièrement indépendante que lorsqu'elle agit moralement, on peut effectivement dire que le plaisir des émotions tristes prend son origine dans la satisfaction de l'instinct d'activité. Mais alors ce n'est pas le nombre et la vivacité des idées, ni l'activité de la volonté en général, qui en sont la source, mais ce sera un genre déterminé d'idées et une activité déterminée de la volonté dirigée par la raison, qui feront naître le plaisir des émotions tristes.

L'affection communiquée a donc en général quelque chose d'agréable pour nous, parce qu'elle satisfait notre besoin d'activité. L'affection triste produit cet effet à un degré supérieur, parce qu'elle satisfait davantage à ce besoin. L'ame ne manifeste toute son activité que lorsqu'elle est en parfaite liberté, et qu'elle a toute la conscience de sa nature rationnelle, parce qu'alors seulement elle déploie une force supérieure à toute résistance.

Il en résulte que la situation d'ame qui sollicite le plus efficacement cette force, qui réveille le plus fortement l'activité supérieure, est celle qui convient par excellence à un être raisonnable, et qui donne le plus de satisfaction à l'instinct d'activité; par conséquent, elle doit aussi être accompagnée d'un degré majeur de plaisir. C'est l'affection triste qui fait naître cette situation d'ame, et le plaisir qu'elle nous procure doit l'emporter sur celui de l'affection agréable, dans la même proportion que nos facultés morales l'emportent sur nos facultés matérielles.

Ce qui, dans le système général des buts, n'est qu'un chaînon subordonné, l'art peut l'enlever de son ensemble et le poursuivre comme but principal. Il se peut que, pour la nature, le plaisir ne soit qu'un but médiat; pour l'art, il est le but suprême. Il est donc essentiellement de l'intérêt de l'art de ne pas négliger le plaisir délicieux des émotions tristes. Or, c'est l'art tragique qui s'occupe particulièrement du plaisir qui résulte de la compassion.

L'art atteint son but par l'imitation de la nature, en remplissant les conditions sous lesquelles le plaisir devient possible dans la réalité, et en réunissant pour ce but, dans un cadre bien ordonné, les élémens épars de la nature, afin d'atteindre, comme but dernier, ce que la nature ne poursuit que comme but secondaire. L'art tragique imitera donc la nature dans ceux pe ses actes qui sont particulièrement propres à réveiller l'affection compatissante.

Pour tracer la marche générale que doit suivre l'art tragique, il importe avant tout de signaler les conditions sous lesquelles le plaisir de l'émotion est produit avec le plus d'intensité et de succès, et d'indiquer en même temps les incidens qui peuvent l'entraver ou même le rendre impossible.

L'expérience nous fait connaître deux causes opposées qui empêchent le plaisir des émotions. D'abord, quand la compassion est trop faiblement excitée; ensuite, quand elle est tellement forte que l'affection communiquée prend la vivacité d'une affection primitive. Le premier défaut vient, ou de la faiblesse de l'impression que nous fait la souffrance primitive, — et nous disons alors que notre cœur reste froid, que nous ne sentons ni peine ni plaisir, — ou il vient de ce qu'il y a, dans notre ame, d'autres sensations plus fortes qui combattent l'impression première, et qui, par leur prépondérance, affaiblissent ou détruisent entièrement le plaisir résultant de la compassion.

D'après ce que j'ai établi dans le Traité précédent, nous avons, dans toute émotion tragique, l'idée d'une disconvenance, qui, pour que l'émotion soit agréable, doit toujours nous conduire à l'idée d'une convenance supérieure. C'est du rapport de ces deux idées que dépend la solution de cette question : lequel, du plaisir ou du déplaisir, caractérisera l'émotion. Si l'idée de la disconvenance est plus vive que celle de la convenance, ou si le but manqué est d'une plus grande importance que le but rempli, le déplaisir prédominera, soit qu'il s'agisse objectivement du genre humain en général, ou subjectivement d'individus isolés.

Lorsque le déplaisir que nous inspire la cause d'un malheur devient trop fort, il affaiblit la compassion pour le malheureux. Deux sensations tout-à-fait opposées ne peuvent pas simultanément agiter notre ame. L'indignation contre l'auteur de la souffrance devient l'affection dominante, à laquelle tout autre sentiment doit céder. L'intérêt disparaît également, si celui que nous devons plaindre s'est attiré son malheur par une faute impardonnable, ou si, manquant de courage ou d'intelligence, il n'a su en sortir lorsqu'il en était encore temps. L'intérêt que nous portons au malheureux roi Lear, maltraité par ses filles ingrates, est infiniment diminué par l'abandon que fait si légèrement de sa couronne ce vieillard enfant, et par l'imprudent partage qu'il a fait de son amour entre ses filles. Dans la tragédie de Cronegk, «Olinte et Sophronia», les épouvantables souffrances auxquelles sont livrés ces martyrs de la foi, leur sublime héroïsme même, n'excitent notre compassion et notre admiration que bien faiblement, parce que la démence seule peut commettre un acte tel que celui par lequel Olinte se place, lui et son peuple, sur le bord d'un précipice.

La compassion n'est pas moins faible, si l'auteur d'un malheur, dont nous avons à plaindre les victimes, nous inspire de l'exécration. Il sera toujours essentiellement nuisible à un ouvrage, qu'un poète tragique ne puisse se passer de scélérat, et qu'il soit obligé de régler le degré de la souffrance sur le degré de la scélératesse : Yago et Lady Macbeth dans Schakespear, Cleopatre dans Roxelane, et François Moor dans les Brigands de Schiller en sont la preuve. Le poète qui connaît son véritable avantage ne fera jamais provenir le malheur d'une volonté malveillante, et encore moins du manque d'intelligence, mais uniquement de la force des circonstances. Si le malheur ne provient pas de motifs moraux, mais de choses extérieures qui ne sont assujetties à aucune volonté, la compassion est plus pure ; du moins elle ne sera pas affaiblie par l'idée de disconvenance morale. Mais alors il ne peut être fait grâce au spectateur du sentiment pénible d'une disconvenance de la nature, qui, dans ce cas, peut seule sauver la convenance morale. La compassion est encore plus forte, si l'auteur du malheur et le malheureux lui-même, en deviennent tous deux les objets. Cela ne peut avoir lieu que lorsque l'auteur du malheur n'excite ni notre haine ni notre mépris, et qu'il est poussé malgré lui à devenir la cause du malheur.

C'est une beauté admirable, dans l'Iphigénie allemande, que le roi de Tauride, le seul qui soit un obstacle aux vœux d'Oreste et de sa sœur, non-seulement ne perde rien dans notre estime, mais finisse même par nous forcer à l'aimer.

Un autre genre d'émotion est encore supérieur à celui-là : c'est lorsque la cause du malheur, non-seulement n'est pas contraire à la moralité, mais encore est rendue possible par la seule moralité, lorsque les souffrances réciproques ne proviennent que de l'idée d'en être l'auteur. De ce genre est la situation de Rodrigue et de Chimène dans le Cid de Pierre Corneille, pièce qui, sous le rapport de l'intrigue, est incontestablement un chef-d'œuvre de l'art tragique. L'honneur et le devoir filial arment Rodrigue contre le père de son amante, et sa valeur triomphe de son ennemi. L'honneur et le devoir lui suscitent en Chimène une accusatrice, une persécutrice redoutable. Tous les deux agissent contre le vœu de leur cœur, qui tremble autant à l'idée du malheur de l'objet qu'ils poursuivent, que le devoir moral les rend avides de l'attirer sur lui. Tous les deux gagnent dans notre estime, parce qu'ils remplissent un devoir moral aux dépens du penchant; tous les deux excitent notre intérêt au plus haut degré, parce qu'ils souffrent volontairement, et par un motif qui captive notre respect. Ici notre compassion est si peu troublée, qu'elle s'embrâse au contraire d'une double flamme. Seulement l'impossibilité de faire accorder les plus légitimes droits au bonheur, avec l'idée du malheur, pourrait encore jeter sur notre plaisir sympathique, un léger nuage de douleur; car quelque bon qu'il soit que le mécontentement de cette disconvenance ne porte pas sur un être moral, mais sur la seule nécessité, il n'est pas moins vrai que l'aveugle soumission au destin est toujours humiliante et affligeante pour des êtres libres et qui se déterminent eux-mêmes. Voilà ce qui, dans les excellentes pièces du théâtre grec, nous laisse toujours quelque chose à désirer; parce que dans toutes ces pièces on finit par en appeler à la nécessité, et qu'il y reste toujours un nœud à dénouer pour notre raison, qui cependant veut se rendre raison de tout. Mais au sommet du perfectionnement moral auquel l'art touchant peut élever l'homme, cette difficulté disparaît aussi, et toute ombre de déplaisir s'enfuit avec elle. Cela a lieu, lorsque le mécontentement contre le destin cesse et se perd dans un pressentiment, ou plutôt dans une conscience certaine d'un enchaînement téléologique des choses, d'un ordre suprême, d'une volonté bienveillante. Alors se joint au plaisir que nous éprouvons de la concordance morale, l'idée bienfaisante de la plus parfaite convenance dans le grand tout de la nature. Sa lésion apparente, qui nous a peinés dans le cas particulier, n'est plus pour notre raison qu'un motif de rechercher la justification de ce cas particulier dans les lois générales, et de résoudre la dissonance momentanée dans l'harmonie totale. Jamais chez les Grecs l'art ne s'est élevé à cette hauteur pure de l'émotion tragique, parce que ni leur religion ni leur philosophie ne pouvaient éclairer leurs pas dans la route qui y conduit. C'est à l'art moderne, qui jouit de l'avantage de recevoir d'une philosophie épurée des matériaux plus choisis, qu'il est réservé de remplir cette dernière condition et de déployer ainsi toute la dignité morale de l'art. S'il est vrai que nous devons renoncer, nous autres modernes, à faire revivre l'art des Grecs; si le génie de la philosophie du jour et la culture moderne ne sont pas en général favorables à la poésie, il n'est pas moins vrai qu'ils influent moins désavantageusement sur l'art tragique, qui repose davantage sur la moralité; peut-être est-ce à lui que notre culture rendra raison du vol qu'elle a fait à l'art en général! Si le mélange de sentimens et d'idées déplaisantes dans une émotion tragique en affaiblit la force et en diminue le plaisir, une trop grande proximité de l'affection primitive, au contraire, porte l'émotion à un tel degré que la douleur seule prédomine dans l'ame. Nous avons vu que le déplaisir que nous éprouvons dans les affections provient de l'application de son objet à notre être matériel, comme le plaisir provient de l'application de l'affection même à notre moralité. On suppose donc qu'il y a, entre notre nature matérielle et notre nature morale, un rapport déterminé qui décide du rapport du déplaisir au plaisir, dans les émotions tragiques, et qu'on ne peut changer ou retourner, sans en même temps retourner et changer en leurs contraires les sentimens du plaisir et du déplaisir. Plus les sensations matérielles agitent notre ame, moins la moralité pourra s'y manifester, et vice versâ. Par conséquent, tout ce qui donne la prépondérance à ces sensations doit nécessairement diminuer le plaisir de l'émotion, parce que la moralité, seule source des émotions, se trouve restreinte, comme tout ce qui donne de l'essor à la moralité, ôte l'amertume à la douleur, même dans les affections primitives. Or, les sensations obtiennent cette prépondérance, quand l'idée de la souffrance prend un tel degré de vivacité, qu'il nous devient impossible de ne pas confondre l'affection communiquée avec l'affection primitive, notre propre individu avec le sujet souffrant, en un mot, la vérité avec l'illusion. Elles l'obtiennent également quand elles sont trop alimentées par l'accumulation d'objets matériels, qu'une imagination échauffée présente dans un jour trop séduisant. Par contre, rien n'est plus propre à maintenir les sensations dans leurs bornes, que l'assistance d'idées morales et transcendantes, dont la raison refoulée se saisit comme d'un appui spirituel, pour s'élancer au-dessus de l'épaisse atmosphère des sens, dans un horizon sans nuages. De là le charme qu'ont eu pour tous les peuples civilisés ces vérités morales ou sentences, mêlées en temps et lieu de dialogue, et dont les Grecs faisaient un emploi presque trop fréquent. Rien n'est plus réjouissant pour une ame morale, après un état soutenu de souffrance, que d'être dégagée de la servitude des sens, que d'être rappelée à sa spontanéité, et réintégrée dans la jouissance de sa liberté.

En voilà assez sur les causes qui affaiblissent la compassion et entravent le plaisir des émotions tristes. Il nous reste à signaler les conditions qui augmentent la compassion et qui produisent le plaisir des émotions avec le plus de succès et de force.

Toute compassion suppose l'idée de souffrance, et le degré de la première dépend de la vivacité, de la vérité, de l'intensité et de la durée de la seconde.

1° Plus ces idées sont vives, plus l'ame est active, plus les sens sont agités, et plus fortement, par conséquent, est provoquée la résistance de la faculté morale. Or, les idées de souffrance peuvent nous venir de deux manières différentes, et qui ne sont pas également favorables à la vivacité de l'impression. Les souffrances dont nous sommes témoins, nous affectent infiniment plus que celles qui nous sont communiquées par le récit ou par la description. Les premières suspendent le libre jeu de l'imagination, et, en frappant immédiatement nos sens, arrivent plus directement à notre cœur. Le récit, au contraire, généralise d'abord l'individuel, pour nous le faire distinguer ensuite dans l'ensemble, et cette opération nécessaire de l'intelligence nuit infiniment à la force de l'impression. Mais une impression faible ne s'empare point exclusivement de l'ame; des idées étrangères s'y introduisent avec elle, paralysent son effet et détournent l'attention. Souvent encore la communication narrative nous transporte de la situation de la personne agissante dans celle du narrateur, ce qui détruit l'illusion si nécessaire à la compassion. Si la personne du narrateur se fait sentir, il s'opère une interruption dans notre attention, et par conséquent aussi dans l'affection qu'on nous communique. Ce même inconvénient a lieu dans le dialogue, lorsque le poète s'oublie au point de placer, dans la bouche de ses personnages, des réflexions qui ne peuvent être faites que par le spectateur. Je doute qu'aucune de nos tragédies modernes soit exempte de ce défaut, mais les Français seuls l'ont érigé en règle. L'actualité immédiate, la présence réelle des objets, sont donc indispensables pour donner à l'idée de la souffrance le degré de force qu'exige une émotion vive.

2°. Il peut arriver qu'avec une très forte impression de la souffrance, nous n'éprouvions cependant qu'une compassion très faible; c'est lorsque ces impressions manquent de vérité. Pour que nous puissions compatir à une peine, il faut nécessairement que nous la *concevions*. Pour que nous la concevions, il faut qu'elle ait une concordance avec quelque chose de préexistant en nous; car la possibilité de la compassion repose sur la perception ou sur la supposition d'une similitude entre nous et le sujet souffrant. Toutes les fois que cette similitude se fait sentir, la compassion est nécessaire; si elle n'existe pas, la compassion est impossible. Plus la similitude est palpable et grande, plus sera forte la compassion, et vice versâ. Pour que nous puissions ressentir l'affection éprouvée par une autre personne, il faut que toutes les conditions intérieures de cette affection existent en nous-mêmes, afin que les causes extérieures qui, par leur conflit avec les causes intérieures, ont fait naître l'affection, puissent produire le même effet sur nous. Il faut que nous puissions, sans nous faire violence, changer de personne avec le sujet souffrant, et nous mettre à sa place. Et comment serait-il possible de sentir *en nous* la situation d'un autre, si nous ne nous sommes pas préalablement reconnus *en lui?*

Cette similitude porte sur toute la situation fondamentale de l'ame, en ce qu'elle est nécessaire et générale. Or, la nécessité et la généralité appartiennent par excellence à notre nature morale. Nos facultés physiques peuvent être différemment déterminées par mille causes accidentelles, notre entendement même dépend de conditions variables. Il n'y a que le moral qui repose sur lui-même, donc il est le plus propre à servir de mesure à cette similitude. Il s'en suit que nous disons qu'une représentation a de la vérité, lorsque nous la trouvons conforme à notre manière de penser et de sentir, lorsque nous y reconnaissons une certaine connexité avec nos propres idées, lorsqu'enfin notre ame la conçoit avec facilité.

Si la similitude porte sur les particularités de notre être, sur la manière individuelle dont le caractère général de l'homme a été déterminé en nous, et qui, sans préjudice pour ce caractère général, aurait pu être autre, la représentation n'est vraie *que pour nous ;* mais si elle porte sur la forme générale et nécessaire que nous supposons au genre entier, cette vérité équivaut à la vérité objective. Pour le Romain, le jugement du premier Brutus, le suicide de Caton, sont d'une vérité subjective. Les idées et les sentimens d'où découlent les actions de ces deux hommes, ne sont pas une conséquence immédiate de la nature humaine en général, mais une conséquence médiate d'une nature humaine particulièrement déterminée. Pour partager de semblables sentimens, il faut avoir un cœur romain, ou, du moins, être apte à l'adopter momentanément, tandis qu'il suffit d'être homme, dans le sens général, pour être profondément ému du sacrifice de Léonidas, de la mort volontaire de Socrate et de la tranquille résignation d'Aristide, ou pour verser des larmes au récit de la chute de Darius. C'est aux idées de ce dernier genre que nous attribuons la vérité objective, en opposition aux premières, parce qu'elles concordent avec la nature de tout le monde, ce qui leur donne une généralité et une nécessité aussi absolues que si elles étaient indépendantes de toute condition subjective.

Toutefois, les représentations subjectivement vraies ne doivent pas, parce qu'elles portent sur des déterminations accidentelles, être confondues avec les représentations arbitraires. En dernière analyse, la vérité subjective aussi découle de l'organisation générale de l'ame humaine, qui fut particulièrement déterminée par des circonstances particulières; l'une et l'autre, la vérité objective et la vérité subjective, sont des conditions nécessaires de cette organisation générale; car si l'acte de Caton était contraire aux lois générales de la nature, il ne serait ni objectivement ni subjectivement vrai; seulement les représentations du dernier genre ont un cercle d'action plus resserré, parce qu'elles supposent encore d'autres déterminations que celles du caractère général de l'homme. L'art tragique peut en tirer un grand effet intensif, s'il veut renoncer à l'effet extensif; cependant, le vrai absolu, ce qui est purement humain dans les relations humaines, sera toujours la source la plus féconde pour l'art tragique, parce qu'elle seule lui assurera l'universalité sans nuire à la force de l'impression.

3°. Pour qu'une représentation tragique soit animée et vraie, il faut encore qu'elle soit complète. Tout ce qui est extérieur doit être épuisé en elle, afin que l'ame soit soumise au mouvement qu'on a l'intention de lui imprimer. Quelque ressemblance qu'ait le caractère du spectateur avec un caractère romain, pour qu'il puisse s'identifier avec la situation de Caton et s'approprier sa dernière résolution, il faut encore qu'il en trouve le motif, non seulement dans l'ame de ce Romain, mais aussi dans les circonstances qui le poussaient; il faut que sa situation entière, tant intérieure qu'extérieure, soit approfondie par le spectateur; il faut qu'il ne manque aucun anneau à la chaîne des motifs, à laquelle la dernière détermination de Caton est attachée comme par nécessité. En général, la vérité d'une représentation ne saurait être reconnue sans que toutes ces conditions soient remplies; car la similitude des circonstances, qui doit nous être évidente, peut seule justifier notre opinion sur la similitude des sentimens, parce que l'affection ne résulte que de la coïncidence des conditions intérieures et extérieures. Pour déterminer si nous eussions fait comme Caton, il faut avant tout nous identifier avec toute sa situation extérieure, alors seulement nous serons à même de comparer ses sensations aux nôtres, de conclure s'il y a similitude, et de juger de sa vérité.

Cette intégrité de la représentation ne peut être atteinte que par la combinaison de plusieurs idées et sensations, qui aient entre elles le rapport des effets aux causes, et qui, par leur cohérence, forment un ensemble pour notre conception. Pour que nous en soyons vivement émus, il faut que toutes ces idées frappent immédiatement nos sens, et puisque la forme narrative ne peut qu'affaiblir cette impression, il faut qu'elles viennent d'une action présente. Il entre donc dans l'intégrité d'une représentation tragique, qu'elle soit composée d'une suite d'actions partielles représentées, qui soient à l'action tragique comme la partie est à son tout.

4°. Pour pouvoir produire une émotion à un haut degré, il faut enfin que les idées de souffrance soient continues. L'affect causé par une souffrance étrangère est un état de contrainte d'où nous cherchons à sortir, et l'illusion, si nécessaire à la compassion, ne s'évanouit que trop facilement. Il faut donc enchaîner l'ame à cette idée, et la priver de la liberté de se soustraire trop tôt à l'illusion. Pour cela, la vivacité des idées et la force des impressions qui affaiblissent le pouvoir des sens, ne sont pas seules suffisantes, car plus la faculté réceptive est attaquée, plus se manifeste la force répulsive de l'ame pour vaincre l'impression qu'elle a reçue. Or, le poète qui vise à l'émotion, doit prendre garde d'affaiblir cette force spontanée de l'ame, car c'est de la lutte qui existe entre elle et la souffrance que jaillit précisément la grande jouissance des émotions tristes. Pour que l'ame reste enchaînée aux sensations de la souffrance, il faut que celles-ci soient périodiquement interrompues, et même remplacées momentanément par des sensations d'un genre opposé, afin qu'elles retournent ensuite avec une force toujours croissante, et qu'elles renouvellent d'autant plus la vivacité de la première impression. Il n'est pas de remède plus efficace contre la lassitude et l'effet de l'habitude que l'alternation des sensations. Elle ravive les sens épuisés, en même temps que la gradation des impressions réveille la faculté spontanée d'une résistance proportionnelle. Cette faculté doit continuellement être occupée à défendre sa liberté contre l'assaut des sens, mais elle ne doit remporter la victoire qu'au moment du dénouement; encore moins doit-elle succomber dans la lutte. S'il en était autrement, il en serait fait de la souffrance dans le premier cas, et de l'activité dans le second, tandis que l'émotion ne résulte que de la réunion de ces deux principes. C'est l'habile conduite de cette lutte qui constitue le grand secret de l'art, et c'est là qu'il se montre dans tout son éclat.

Pour que cette lutte soit convenablement représentée, il faut également qu'il y ait une suite d'idées alternantes, par conséquent, une combinaison convenante de plusieurs actions qui correspondent à ces idées, et desquelles l'action principale, ainsi que l'impression tragique, se déroule comme le fil se déroule d'un fuseau, afin qu'elles enveloppent successivement notre ame, comme dans un réseau indestructible. Le vrai artiste recueille d'abord économiquement tous les rayons épars de l'objet dont il a fait l'instrument de son but tragique, mais bientôt sa main habile en forme une gerbe de feu qui embrâse tous les cœurs. Tandis que l'écolier lance à la fois et sans effet toute la foudre de la crainte et de la terreur sur l'ame du spectateur, l'autre arrive au but pas à pas, et en ne frappant que de petits coups; il pénètre l'ame tout entière, par cela même qu'il ne l'émeut que successivement et par degrés.

Si nous examinons maintenant les résultats des recherches précédentes, nous trouvons que l'émotion tragique dépend des conditions suivantes. Il faut 1° que l'objet de notre compassion soit de notre genre, dans toute l'acception de ce mot, et que l'action à laquelle on veut que nous nous intéressions, soit une action morale, c'est-à-dire, une action du domaine de la liberté. Il faut 2° que la souffrance, sa source et ses degrés nous soient complétement donnés par une suite d'évènemens cohérens. Enfin il faut 3° que la souffrance nous soit communiquée d'une manière sensible, non pas médiatement par la description, mais immédiatement par une action présente. C'est l'art de la tragédie qui réunit et remplit toutes ces conditions.

D'après cela, la tragédie serait donc l'imitation poétique d'une suite cohérente d'évènemens qui nous montrent l'homme dans l'état de souffrance, et qui ont pour but de nous inspirer de la compassion.

Elle est, *premièrement,* l'imitation d'une action : l'imitation la distingue des autres genres de poésie purement narratifs ou descriptifs. La tragédie nous représente les évènemens partiels, au moment où ils se passent, comme effectivement présens devant nous, et cela immédiatement et sans l'intervention d'une tierce personne. L'Epopée, le Roman et le Récit reculent l'action même par leur simple forme, qui place le narrateur entre la personne agissante et l'auditeur. Or, nous savons que l'éloignement, le passé, affaiblit nécessairement l'impression et l'affection compatissante, tout comme l'actualité les fortifie. Les formes narratives font du présent le passé, les formes dramatiques font du passé le présent.

La tragédie est, *secondement*, l'imitation d'une suite d'évènemens. Elle représente imitativement, non-seulement les sensations et les affections des personnes tragiques, mais aussi les évènemens qui les ont fait éclore, et par l'effet desquels elles se manifestent. C'est en quoi elle se distingue de la poésie lyrique qui imite bien aussi certaines situations de l'ame, mais non des actions. L'Elégie, la Romance, l'Ode peuvent, soit dans la personne du poète même, soit dans celle d'un personnage idéal, nous mettre imitativement sous les yeux la situation d'ame du poète, déterminée par des circonstances particulières, et en cela ces genres de poésie sont compris dans l'idée de la tragédie, mais ils ne complètent pas cette idée, parce qu'ils se bornent simplement à la représentation des sentimens. Au surplus, la différence des buts de ces genres de poésies présente des différences encore bien plus essentielles.

La tragédie est, *troisièmement*, l'imitation d'une action complète. Un évènement partiel, quelque tragique qu'il soit, n'est pas encore pour cela une tragédie. Il faut que plusieurs évènemens motivés les uns par les autres, comme l'effet par la cause, se joignent en un tout convenant pour que nous reconnaissions la vérité, c'est-à-dire, la concordance d'une affection, d'un caractère, etc., avec la nature de notre ame, de laquelle seule dépend l'intérêt que nous prendrons à la représentation. Si nous ne sentons pas qu'en pareille circonstance, nous eussions souffert et agi de même, notre compassion ne s'éveillera pas. Il importe donc que nous poursuivions l'action représentée dans toutes ses relations, que nous la voyons dériver de l'ame de son auteur par une gradation naturelle et sous la coopération de circonstances extérieures. C'est ainsi que nous voyons naître, croître et s'accomplir devant nous la curiosité d'Œdipe, la jalousie d'Othello; c'est ainsi que se remplit l'intervalle immense qui existe entre la paix d'une ame innocente et les remords d'un criminel, entre l'orgueilleuse sécurité et la chute terrible d'un favori de la fortune, en un mot, l'intervalle qui se trouve entre le calme d'ame de l'auditeur au commencement de la représentation, et sa vive agitation à la fin de l'action.

Une suite de plusieurs évènemens cohérens est nécessaire pour opérer dans notre ame une alternation de sensations, qui soutienne l'attention, occupe toutes les facultés de l'esprit, ranime l'activité défaillante, et l'enflamme par les retards qu'elle apporte à la satisfaire. L'ame ne trouve des secours contre les souffrances des sens, que dans la moralité. Pour la provoquer plus vivement, il faut que l'artiste tragique prolonge les tourmens des sens, tout en leur faisant entrevoir de la satisfaction, afin de rendre la victoire de la moralité d'autant plus difficile, et par cela même plus glorieuse. Tout cela n'est possible qu'avec une suite d'actions combinées habilement pour ces fins.

La tragédie est, *quatrièmement*, l'imitation poétique d'une action digne d'exciter la compassion, en quoi elle est opposée à l'imitation historique, ce qu'elle serait effectivement si elle avait un but historique, si elle cherchait à nous instruire des évènemens passés et des circonstances qui les accompagnèrent. S'il en était ainsi, la tragédie serait obligée de s'en tenir strictement à l'exactitude historique, parce qu'elle ne pourrait alors remplir son but qu'en nous représentant fidèlement des faits arrivés. Mais la tragédie a un but poétique, c'est-à-dire, elle représente une action pour nous émouvoir et pour nous réjouir par l'émotion. Si donc elle traite dans ce but une matière donnée, elle acquiert par cela même une pleine et entière liberté pour l'imitation; elle est même obligée de subordonner la vérité historique aux lois de la poésie, et de traiter le sujet donné d'après ses besoins. Mais comme elle ne peut atteindre son but, l'émotion, que sous la condition de la plus parfaite concordance avec les lois de la nature, elle reste, sans préjudice pour sa liberté historique, sous la loi sévère de la vérité naturelle, qu'on nomme vérité poétique, en opposition avec la vérité historique. On conçoit ainsi comment, en observant fidèlement la vérité historique, la vérité poétique peut se trouver en souffrance, et comment la plus grossière lésion de la première tourne souvent à l'avantage de la seconde. Le poète tragique, comme tout poète en général, n'ayant à observer d'autres lois que celles de la vérité poétique, l'observation la plus exacte de la vérité historique ne peut jamais devenir un motif pour le dispenser des devoirs du poète, ne peut jamais l'autoriser à transgresser la vérité poétique, ou lui faire pardonner le manque d'intérêt. Vouloir traduire le poète tragique au tribunal de l'histoire, demander de l'instruction à celui qui, par son nom, ne s'est engagé qu'à nous émouvoir et à nous plaire, dénoterait une idée bien rétrécie de l'art tragique et de la poésie en général. Lors même que le poète, par une soumission méticuleuse à la vérité historique, aurait renoncé à sa prérogative et concédé à l'histoire la juridiction sur ses productions, l'art ne le citerait pas moins à son tribunal, et la *mort d'Arminius, Minona* et *Fust de Stromberg*, s'ils ne supportaient pas l'épreuve de ce tribunal, ne seraient que des tragédies médiocres, malgré toute leur fidélité dans la représentation des costumes, des caractères, des temps et des mœurs.

La tragédie est, *cinquièmement*, l'imitation d'une action qui nous montre l'homme dans l'état de la souffrance. L'expression *homme* n'est ici rien moins qu'oiseuse, car elle sert à fixer les limites dans lesquelles la tragédie est renfermée pour le choix de ses objets. La souffrance d'êtres sensibles et moraux, tels que nous, peut seule inspirer de la compassion. Par conséquent, des êtres qui ont abjuré toute moralité, tels que la superstition et l'imagination des poètes nous peignent les mauvais génies, de même que les hommes qui leur ressemblent, sont des objets impropres à la tragédie. Il en est de même des êtres qui se sont affranchis du pouvoir des sens, tels que nous nous représentons les intelligences pures, ainsi que les hommes qui se sont soustraits à ce pouvoir, plus que ne le permet la faiblesse humaine. L'idée de la souffrance en général, et d'une souffrance à laquelle nous devons compatir, détermine par elle-même que ce ne sont que des hommes, dans toute l'étendue du mot, qui en puissent être les objets. Une intelligence pure ne peut souffrir, et un être humain qui en approcherait de très près ne saurait jamais produire un grand effet pathétique, parce qu'il trouverait, dans sa nature morale, trop de secours contre les souffrances des sens. Un être purement matériel, de même que les hommes qui lui ressemblent, est à la vérité susceptible d'éprouver la plus terrible souffrance, à cause de l'influence qu'exercent sur son ame les sensations matérielles; mais n'étant relevé par aucun sentiment moral, il devient la proie de la douleur; or, une souffrance tout-à-fait irremédiable, une inaction absolue de la raison, ne peuvent nous inspirer que de l'indignation et du dégoût. (1) C'est donc avec raison que le poète tragique donne la préférence aux caractères mixtes, et que l'idéal de son héros est aussi loin de la perfection que de la dernière imperfection.

Enfin la tragédie réunit toutes ces qualités pour produire l'affection compatissante. Parmi les dispositions dont se sert le poète tragique, il en est qui pourraient fort bien s'appliquer à un autre but, par exemple, à un but moral, historique, etc.; mais en se proposant exclusivement le but tragique, il s'affranchit de toutes autres conditions qui ne seraient pas en rapport direct avec celui-ci. Par contre, il s'impose l'obligation de ne jamais s'en écarter dans l'application particulière des règles que nous venons d'établir.

Le principe dernier auquel se rapportent toutes les règles d'un genre déterminé de poésie, s'appelle son *but* ; -- la réunion des moyens par lesquels ce but est atteint, s'appelle sa *forme*. Le but et la forme sont donc dans un rapport intime entre eux. Le but détermine et prescrit la forme comme nécessaire, et le but rempli sera le résultat de la forme heureusement observée.

---

(1) Telle est la situation de Meinau, dans la larmoyante pièce de Kotzebue : *Misantropie et repentir*.

(NOTE DU TRAD.)

Comme chaque genre de poésie poursuit un but particulier, il se distinguera en cela même des autres genres, par une forme particulière, puisque la forme est le moyen pour atteindre au but. L'effet qu'il produit exclusivement doit provenir de sa propriété exclusive. Or, le but de la tragédie est l'émotion ; sa forme, l'imitation d'une action qui entraîne la souffrance. Plusieurs genres de poésie peuvent avoir pour objet la même action que la poésie tragique ; plusieurs genres de poésie peuvent poursuivre le but de la tragédie, qui est l'émotion, quoique l'émotion ne soit pas leur but principal. Ce qui distingue la tragédie, c'est le rapport entre le but et la forme, c'est-à-dire, la manière dont elle traite son objet relativement à son but, la manière dont elle atteint son but par l'objet.

Si le but de la tragédie est de faire naître l'affection compatissante, et si sa forme est le moyen de l'atteindre, l'imitation d'une action touchante doit être la réunion de toutes les conditions qui produisent le plus efficacement cette affection. La forme la plus propre à provoquer l'affection compatissante, est donc celle de la tragédie. On dit que la production d'un genre de poésie est parfaite, lorsque le poète a tiré tout le parti possible de la forme propre à ce genre, pour atteindre son but. Une tragédie parfaite est donc celle dans laquelle la forme tragique, c'est-à-dire, l'imitation d'une action touchante, a le mieux réussi à provoquer l'affection compatissante. La meilleure tragédie serait par conséquent celle où la compassion serait moins l'effet de la matière que de la forme parfaitement réussie, et voilà ce que nous donnons comme l'idéal de la tragédie.

Nombre de pièces, d'ailleurs remplies de grandes beautés poétiques, sont dramatiquement vicieuses, parce qu'elles ne cherchent pas à atteindre le but par le meilleur emploi de la forme tragique. D'autres méritent ce reproche, parce qu'elles atteignent, par leur forme, un but qui n'est pas celui de la tragédie.

Plusieurs de nos pièces les plus en vogue nous touchent par leur seul sujet, et nous sommes assez généreux ou assez insoucians pour ténir compte de cette qualité de la matière, comme d'un mérite, à l'artiste mal habile. Il y en a qui semblent nous faire oublier entièrement l'intention dans laquelle le poète nous a rassemblés devant la scène; et, contens d'être agréablement divertis par un jeu brillant de l'imagination et de l'esprit, nous ne nous apercevons pas même que nous quittons le théâtre avec un cœur froid et indifférent. Faut-il qu'un art vénérable, car c'est ainsi qu'on peut nommer celui qui s'adresse à la partie la plus divine de notre être, faut-il, dis-je, que cet art plaide sa cause avec de semblables avocats et devant un semblable tribunal? La facilité du public n'encourage que la médiocrité; elle insulte, elle effraie le génie.

CHAPITRE XV.

Le théâtre considéré comme institution morale.

Un goût irrésistible et universel pour le nouveau et le merveilleux, et l'attrait d'une situation passionnée ont, suivant Sulzer (1), donné naissance au théâtre. Epuisé par les travaux de l'esprit, fatigué par les occupations monotones et

---

(1) Célèbre critique du 18ᵉ siècle.

souvent accablantes de la vie, et rassasié des plaisirs des sens, l'homme devait sentir dans son intérieur un vide contraire à son éternel instinct d'activité. Aussi incapable de demeurer plus longtemps à l'état purement animal, que de continuer les travaux plus subtils de l'esprit, notre nature aspirait à un état moyen, qui réunît les deux extrêmes contraires, qui convertît la tension en harmonie, et qui facilitât la transition réciproque d'une situation à l'autre. Or, tous ces avantages se trouvent en général dans la disposition esthétique ou dans le sentiment du beau. Mais, comme le premier soin d'un sage législateur doit être de choisir entre deux effets celui qui a le plus d'étendue, il ne se contentera pas de désarmer les penchans de sa nation, mais il cherchera encore à s'en emparer pour atteindre un but plus élevé, et les convertir en autant de sources de bonheur. C'est ainsi qu'il choisira le théâtre qui ouvre une sphère infinie à l'esprit avide d'activité, qui alimente toutes les forces de l'ame sans en fatiguer aucune, et qui joint le plus noble des divertissemens à la culture de l'esprit et du cœur.

Celui qui, le premier, a fait la remarque que la religion est la plus forte colonne d'un gouvernement, que, sans elle, les lois elles-mêmes perdaient leur force, a, peut-être sans y penser, plaidé la cause du théâtre; car cette insuffisance et cette nature précaire et vacillante des lois politiques qui rendent la religion nécessaire à l'état, sont précisément aussi ce qui détermine l'influence morale du théâtre. Les lois, a-t-il voulu dire, ne roulent que sur des devoirs négatifs; la religion étend ses prétentions sur les actions positives. Les lois ne font qu'empêcher des actions qui rompraient les liens de la société; la religion en commande qui les raffermissent. Les lois règnent sur les actes manifestes de la volonté, les faits seuls leur sont soumis; la religion porte sa juridiction jusques dans les replis les plus secrets du cœur, et descend à la source même de la pensée. Les lois sont souples et polies, variables comme l'humeur et la passion; la religion lie sévèrement et à tout jamais. Mais supposons même, ce qui est loin de notre pensée, que la religion ait ce grand pouvoir sur tous les cœurs, s'en suit-il qu'elle complétera la culture de l'homme, et même que cela lui serait possible? C'est, en général, sur la partie sensuelle du peuple, que la religion fait le plus sentir son pouvoir (je sépare ici le côté politique du côté divin); peut-être ne doit-elle ses grands effets qu'à ce qui en elle est sensuel, qu'à ce qui parle plutôt à l'imagination qu'à l'intelligence. Otez-lui cela et toute sa force s'évanouira; or, par quels moyens agit le théâtre? La religion n'est plus rien pour la plupart des hommes, si vous la dépouillez de ses figures, de ses symboles, de ses tableaux, de l'enfer; et cependant ce ne sont là que des tableaux pour l'imagination, énigmes sans mots, épouvantails ou appâts présentés de loin ? Quel renfort pour la religion et la loi si toutes les deux elles se coalisaient avec le théâtre, où il y a vision directe, présence vivante, où le crime et la vertu, le bonheur et le malheur, la folie et la sagesse passent devant nos yeux sous une forme vraie et intelligible; où la Providence résout des énigmes et déroule le plan du destin; où, dans les tourmens des passions, le cœur avoue ses mouvemens les plus secrets; où tous les masques tombent, où tout fard disparaît, et où la vérité tient ses assises, inflexible comme Rhadamante.

La juridiction du théâtre commence aux confins du domaine des lois politiques. Lorsque la justice est éblouie par l'or du corrupteur, ou lorsqu'elle est à la solde des passions; lorsque l'audace des grands se rit de son impuissance, ou lorsque la crainte retient le bras des magistrats, le théâtre s'empare du glaive et de la balance, et traîne les vices devant son tribunal redoutable. Tout le domaine de l'imagination et de l'histoire, le passé et le présent sont à sa disposition. La voix toute-puissante de la poésie évoque les audacieux criminels depuis longtemps ensevelis dans la poussière des tombeaux, et leur fait recommencer une vie coupable, effroyable instruction pour la postérité. Ceux qui furent le fléau de leur siècle passent devant nos yeux, impuissans comme l'ombre, et nous maudissons leur mémoire avec terreur et volupté. Quand la morale n'est plus enseignée, quand la religion ne trouve plus de croyance, quand nulle loi n'existe plus, Medée épouvante encore nos yeux, lorsque d'un pas chancelant elle descend les marches du palais où elle a égorgé ses enfans.

Des frissons salutaires glaceront le cœur de l'homme, et chacun bénira en secret la pureté de sa conscience, quand il verra Lady Macbeth, la terrible somnambule, laver ses mains, et appeler à elle tous les parfums de l'Arabie pour dissiper l'affreuse odeur de meurtre qui la poursuit. Comme une représentation visible produit un effet plus puissant que la lettre écrite et le froid récit, de même l'effet de la scène est plus profond et plus durable que celui de la morale et des lois.

Dans les cas que je viens de citer, le théâtre ne fait que seconder la justice sociale, mais un champ plus vaste lui est ouvert. C'est lui qui punit mille vices que la justice sociale n'atteint pas ; c'est lui qui recommande mille vertus dont la loi ne parle point. Ici il est l'allié de la sagesse et de la religion. C'est à cette source pure qu'il puise ses doctrines ; c'est là qu'il prend ses modèles, tout en revêtant le sévère devoir d'une belle et gracieuse enveloppe. Quelles nobles sensations, quelles louables résolutions, quelles passions généreuses ne fait-il pas naître dans notre ame? Quels exemples divins ne présente-t-il pas à l'émulation? Quand le bon Auguste, grand comme ses dieux, tend la main au perfide Cinna qui attend son arrêt de mort; quand il lui dit : *soyons amis, Cinna!* quel spectateur, en ce moment, ne tendrait volontiers la main à son plus cruel ennemi, pour ressembler au magnanime Romain? — Quand Franz de Sickingen (1) qui est parti pour châtier un despote et combattre pour des droits étrangers, tourne tout-à-coup ses regards en arrière et voit monter la fumée du château dans lequel sa famille reste exposée et sans défense; quand néanmoins il continue son chemin, parce qu'il est lié par sa promesse, — combien alors l'homme me paraît grand, et combien me paraît petit et méprisable cet *invincible destin* tant redouté! Si le miroir de la scène nous présente la vertu dans toute son amabilité, il nous montre aussi le vice dans toute sa laideur. Quand, au milieu de la nuit et des orages, l'infortuné roi Lear, tombé en enfance, frappe en vain à la porte de ses filles, arrache ses cheveux blancs et les jette aux vents, racontant aux élémens soulevés la conduite dénaturée de sa Régane; quand enfin il exhale sa violente douleur en ces paroles : *moi, qui vous donnai tout !* Oh! qu'alors l'ingratitude nous pa-

---

(1) Personnage d'une tragédie de Goethe.

rait hideuse; avec quelle solennité ne promettons-nous pas d'aimer et de vénérer les auteurs de nos jours!

Mais la juridiction du théâtre s'étend encore plus loin, elle s'occupe de notre perfectionnement, là encore où la religion et les lois croient au-dessous de leur dignité de se mêler des sensations humaines. Les folies troublent bien autant la société que les vices et les crimes. Une expérience aussi vieille que le monde nous apprend que, dans le tissu des choses humaines, les poids les plus pesans sont souvent suspendus aux fils les plus minces, et que si nous remontons à la source des actions, nous avons à sourire dix fois pour une que nous aurons à nous effrayer. Chaque jour ajouté à mon âge diminue ma liste des scélérats et augmente celle des sots et des fous. Si toutes les fautes de l'un des deux sexes découlent d'une même source, si tous les épouvantables vices qui l'ont viciée ne sont que des formes variées, des degrés plus saillans d'une faiblesse qui finit par nous faire rire et se faire aimer, pourquoi la nature n'aurait-elle pas suivi les mêmes voies dans l'autre sexe?

Le *seul* secret pour garantir l'homme du pervertissement est de défendre son cœur contre la faiblesse.

En cela le théâtre lui est d'un grand secours. C'est lui qui présente le miroir à la classe nombreuse des fous et jette un ridicule salutaire sur les mille formes de leur folie. Les effets que nous lui avons vu produire par l'émotion et la terreur, il les obtient ici, peut-être avec plus de promptitude et plus infailliblement, par la plaisanterie et la satyre. Si nous voulions juger la tragédie et la comédie d'après la somme des effets produits, peut-être l'expérience accorderait-elle la préférence à la dernière. La dérision et le mépris blessent bien plus cruellement l'orgueil des hommes que l'exécration ne tourmente leur conscience. La poltronerie nous fait éviter l'aspect du terrible, mais elle nous livre aux traits de la satyre. Les lois et la conscience nous mettent *souvent* à l'abri des crimes et des vices, mais pour nous mettre à l'abri de la dérision, il faut un tact plus délicat et tout-à-fait particulier, qui ne s'exerce nulle part mieux qu'au théâtre. Nous pouvons encore autoriser un ami à attaquer nos mœurs et notre cœur, quand nous avons de la peine à lui pardonner un seul sarcasme. Nos méfaits souffrent un surveillant, même un juge, tandis que nos sottises souffrent à peine un témoin. Le théâtre seul peut se moquer de nos faiblesses, parce qu'il ménage notre amour-propre et n'appelle pas par son nom le fou qu'il châtie. Nous ne rougissons pas en voyant se refléter notre image dans son miroir, et nous lui rendons grâce de la douceur de ses corrections.

Le théâtre, plus qu'aucune autre institution publique, est une école de sagesse pratique, un guide à travers la vie sociale, une clef sûre pour les avenues les plus secrètes de l'ame. Je conviens que l'égoïsme et l'endurcissement de la conscience font souvent manquer les meilleurs effets de la scène, que mille vices osent encore affronter son miroir, que souvent les plus beaux sentimens se rebouchent contre le cœur glacé du spectateur. Je pense que l'Harpagon de Molière n'a pas converti un seul usurier; que le suicide Beverley a détourné peu de ses confrères de l'abominable fureur du jeu; que la déplorable histoire de Charles Moor n'a pas rendu les routes plus sûres; mais si nous contestons ces grands effets à la scène, si nous sommes même assez injustes pour les nier tous, quelle immense influence ne lui reste-t-il pas encore! Si la scène n'a détruit ni n'a diminué la somme des vices, du moins ne nous les a-t-elle pas fait connaître? Ne sommes-nous pas obligés de vivre avec ces scélérats, avec ces fous, avec ces sots? Il faut les éviter ou les affronter, il faut les déjouer ou devenir leur proie. Le théâtre nous ayant appris à les connaître et à nous mettre en garde contre eux, ils ne peuvent plus nous surprendre, car nous connaissons leurs trames. C'est lui qui arracha le masque de l'hypocrisie, et dévoila les prestiges dont l'astuce et l'intrigue nous entouraient. C'est lui qui tira la supercherie et la perfidie de leurs labyrinthes tortueux et fit voir au grand jour leurs faces hideuses. Peut-être que Sara mourante n'a jamais effrayé aucun libertin, que les tableaux de la séduction punie n'ont jamais affaibli les feux impurs d'un suborneur; peut-être même qu'une actrice intrigante cherche sérieusement à empêcher de semblables effets; mais qu'importe! Il suffit que l'innocence confiante connaisse désormais les lacs dont le séducteur l'entoure; il suffit que le théâtre lui ait appris à se méfier des sermens et à fuir les adulations.

Le théâtre appelle notre attention non-seulement sur les hommes et sur leurs différens caractères, mais encore sur leurs destinées, et il nous apprend le grand art de nous y soumettre. Dans le drame de notre vie, le *hasard* et la *volonté* jouent un rôle également important. Nous dirigeons la dernière, mais il faut nous soumettre en aveugle au premier, heureux si un destin inévitable nous trouve au moins armés de quelque énergie, si notre courage et notre expérience se sont déjà exercés en pareilles circonstances, si notre cœur est déjà affermi contre le coup qui va le frapper! Le théâtre nous présente une scène variée des souffrances humaines. Il nous enveloppe artificiellement dans des malheurs étrangers, et nous dédommage d'une peine momentanée par des larmes délicieuses, par un accroissement de courage et d'expérience. A l'aide du poète dramatique, nous suivons Ariadne délaissée, dans l'île qui retentit de ses plaintes, nous descendons dans la tour d'Ugolin, nous montons sur l'effroyable échafaud, et nous assistons à l'heure solennelle de la mort. Là nous entendons la nature surprise affirmer hautement ce que notre ame éprouvait dans de vagues pressentimens. Sous les voûtes du Tower la faveur de sa reine abandonne le favori abusé. Au moment où les terreurs de la mort s'approchent du parricide, François Moor voit s'écrouler l'échafaudage de ses perfides sophismes. L'éternité *renvoie* un mort, pour dévoiler un secret qu'aucune ame vivante ne pouvait connaître, et le scélérat se voit expulsé du dernier refuge sur lequel il fondait sa sécurité, car les tombeaux mêmes témoignent contre lui.

Le théâtre nous rend plus justes envers les malheureux et nous apprend à les juger avec plus d'indulgence. Car ce n'est qu'après avoir mesuré toute la profondeur de leurs maux, que nous avons le droit de prononcer. Nul crime n'est sans doute plus avilissant que le vol; mais lorsque nous nous perdons au milieu des circonstances pressantes qui portaient Edward Ruhrberg à cet acte criminel, pouvons-nous les condamner sans verser une larme de compassion ? Le suicide est universellement réprouvé comme un forfait téméraire; mais lorsque effrayée des menaces d'un père en courroux, poussée par l'amour et la sombre idée du cloître, Marianne(1)

---

(1) Héroïne de la tragédie de Schiller : *Intrigue et Amour.*

vide la coupe fatale, qui osera condamner cette victime d'un préjugé détestable? L'humanité et la tolérance commencent à devenir l'esprit dominant de notre siècle (1). Leurs rayons ont pénétré jusques dans les tribunaux, et, ce qui plus est, jusques dans les cœurs de nos princes. Quelle part n'a pas eue le théâtre dans cette œuvre divine! N'est-ce pas lui qui fait connaître l'homme à l'homme, et qui découvre les mouvemens secrets qui lui donnent l'impulsion?

Une classe remarquable d'hommes, plus qu'aucune autre, doit être reconnaissante envers le théâtre. Là seulement, les grands de ce monde entendent ce qu'ils n'entendaient jamais, ou peu souvent, la vérité; là seulement ils voient ce que leur œil ne voyait jamais, l'homme.

Telle est la grandeur et la variété du mérite d'un bon théâtre pour la culture morale de l'homme. Il n'est pas moins précieux pour le développement total de son intelligence, et c'est précisément dans cette sphère supérieure que le penseur profond et l'ardent patriote savent en tirer le plus grand avantage.

Parcourant d'un coup-d'œil la race humaine, comparant ensemble les nations et les siècles, ils remarquent que la grande masse du peuple traîne servilement la chaîne des préjugés et des opinions qui s'opposent éternellement à son bonheur, que les rayons purs de la vérité n'éclairent

(1) La fin du dix-huitième siècle.

que quelques têtes isolées qui, peut-être, ont
acheté ce petit avantage au prix d'une vie entière. Or quel est le moyen dont un sage législateur doit se servir pour faire participer la nation
à la lumière céleste?

Le théâtre est le canal par lequel la lumière
de la sagesse découle de la partie pensante de
la société, pour se répandre dans toutes les autres classes; c'est par là que leur viennent des
idées plus justes, des principes et des sentimens
plus épurés, qui dissipent successivement les
brouillards de la barbarie et de la sombre superstition, et chassent les ténèbres devant la
lumière triomphante. Parmi tant de nobles fruits
d'un bon théâtre, je n'en veux citer que deux.
Depuis peu de temps, la tolérance religieuse
n'est-elle pas devenue presqu'universelle? Avant
que Nathan le Juif et Saladin le Sarrasin nous
confondissent, en proclamant cette doctrine divine que la résignation en *Dieu* ne dépend en
rien de nos opinions *sur* Dieu; avant que Joseph
II combattît l'hydre affreuse de la haine pieuse,
le théâtre avait déjà semé les germes de l'humanité et de la tolérance; les tableaux effrayans
de la fureur des prêtres payens nous avaient
appris à détester le fanatisme. C'est après s'être
reconnu dans ce terrible miroir, que le christianisme se lava de ses souillures. (1) Le théâtre

---

(1) Tout ceci, bien entendu, appartient en propre à
Schiller, et nous ne prétendons pas assumer sur nous la

pourrait combattre avec autant de succès les erreurs de l'éducation ; mais nous n'avons point encore de pièce qui se soit chargée de cette tâche. Rien n'a plus d'influence sur le bonheur de la société que l'éducation de la jeunesse, et cependant rien n'est plus livré au hasard et abandonné à l'erreur et à la frivolité. Le théâtre seul pourrait nous arracher à notre insouciance, en nous mettant sous les yeux les victimes d'une éducation négligée. Ici nos pères pourraient apprendre à abandonner des maximes routinières, nos mères, à nous aimer plus raisonnablement. Souvent de fausses idées égarent le cœur du meilleur précepteur, plus encore si elles ont le prestige de la méthode, si elles entrent dans les établissemens d'instruction publique pour perdre systématiquement la tendre jeunesse, comme cela se pratique dans les pensionnats et autres institutions de ce genre.

D'habiles administrateurs pourraient encore, par le moyen du théâtre, rectifier l'opinion de la nation sur le gouvernement et sur son chef. Le pouvoir législatif parlerait ici aux citoyens par des symboles auxiliaires, se défendrait de leurs plaintes avant qu'elles fussent portées, et préviendrait leur défiance sans qu'il y parût. L'industrie et l'esprit d'invention même s'anime-

---

responsabilité de ses idées tout empreintes des doctrines philosophiques de Voltaire et de l'abbé Raynal.

(NOTE DU TRAD.)

raient devant la scène, si les poètes croyaient qu'il vaut la peine d'être patriotes, et si les gouvernemens daignaient les écouter.

Je ne passerai pas sous silence la grande influence qu'un bon théâtre exercerait sur l'esprit national. J'appelle esprit national l'analogie et l'accord des opinions et des goûts d'une nation, à l'égard d'objets dont une autre nation a une opinion et un sentiment différens. Le théâtre peut seul augmenter et fortifier cet accord, parce qu'il parcourt tout le domaine des connaissances humaines, épuise toutes les situations de la vie, et porte son flambeau jusques dans les replis les plus secrets du cœur; parce qu'il embrasse toutes les classes de la société et qu'il prend la route la plus frayée pour arriver à l'intelligence et au cœur. Si toutes nos pièces avaient un seul but principal; si nos poètes voulaient s'entendre et se coaliser pour l'atteindre; si un choix scrupuleux précédait leurs travaux; s'ils ne vouaient leurs talens qu'à des objets nationaux; — en un mot, si nous avions un *théâtre national*, nous ne tarderions pas à devenir une *nation*. Qu'est-ce qui donnait une si grande force de cohésion à la Grèce? Qu'est-ce qui attirait si puissamment le peuple au théâtre? rien autre chose que le sujet patriotique de leurs pièces, l'esprit grec, l'intérêt souverain de la patrie et de l'humanité qu'elles respiraient.

Enfin, tout ce qu'on a voulu prouver jusqu'à

présent en faveur du théâtre, relativement à son influence salutaire sur les mœurs et la propagation des lumières, a été sujet à controverse, tandis que ses ennemis mêmes se réunissent pour le déclarer la meilleure des inventions du luxe, et lui accorder la préférence sur tous les amusemens de la société. Dans cette sphère, à la vérité peu apparente, le théâtre est encore d'une utilité plus grande qu'on ne le croirait.

La nature humaine ne résiste pas au fardeau continuel des occupations sérieuses, et l'attrait des plaisirs sensuels disparaît aussitôt qu'ils sont satisfaits. Rassasié de jouissances physiques, fatigué de longs efforts, aiguillonné par son éternel instinct d'activité, l'homme éprouve le besoin de plaisirs plus exquis et il se jette dans un tourbillon de dissipations désordonnées qui accélèrent sa ruine et troublent la société. Des plaisirs *bachiques*, des jeux ruineux, mille frénésies qu'enfante l'oisiveté, sont inévitables, si le législateur ne sait pas diriger cette tendance du peuple. L'homme public court risque d'expier par l'abominable spleen, son dévouement au bien général; l'homme de lettres s'expose à devenir un pédant ennuyeux, et le peuple est en danger de tomber dans l'état de la brute. Le théâtre est l'institution qui écarte tous ces dangers; il joint le plaisir à l'instruction, le repos aux efforts, l'amusement à la culture de l'esprit; il ne tend point une force de l'ame au préjudice de l'autre, et n'accorde point le plaisir au détriment de l'ensemble. Lorsque les chagrins rongent notre cœur, et qu'une humeur sombre empoisonne notre solitude, lorsque le monde et les affaires nous répugnent, lorsque mille fardeaux nous accablent et menacent de paralyser l'activité de notre ame, la toile se lève, et les rêves d'un monde fictif nous font oublier le monde réel. Nous nous sentons rendus à nous-mêmes, nos sensations se raniment, des passions salutaires nous agitent et donnent un nouvel essor à la circulation du sang engourdie. Le malheureux, en versant des larmes sur des peines étrangères, oublie les siennes propres; l'homme heureux revient de son ivresse et la sécurité conçoit des craintes. Le sybarite sentimental retrempe son ame, le farouche barbare commence à sentir pour la première fois, — et enfin, quel triomphe pour toi, ô nature tant de fois foulée aux pieds et tant de fois relevée, — quel triomphe pour toi de voir des hommes de toutes les classes, de tous les pays, dégagés de la chaîne des convenances et de la mode, enlevés à l'oppression du destin, et devenus frères par la toute-puissance de la sympathie, se fondre de nouveau en une seule famille, s'oublier eux-mêmes et le monde entier, et se rapprocher de leur origine céleste ! Chaque spectateur partage le ravissement de tous, et reflété par mille yeux, ce ravissement revient avec plus de force et d'éclat dans son cœur, qui n'est alors rempli que d'un seul sentiment, celui d'être homme.

FIN.

TABLE DES MATIÈRES.

Chapitre 1er. — Réflexions sur les migrations des peuples, les croisades et le moyen-âge. Page 1.

Chap. II. — Qu'appelle-t-on histoire universelle, et pourquoi l'étudie-t-on ? P. 19.

Chap. III. — Des premières sociétés. — § 1er. Passage de l'homme à la liberté et à l'humanité. — § 2. La vie domestique. — § 3. Différence des genres de vie. — § 4. L'égalité des conditions abolie. — § 5. Le premier Roi. P. 50.

Chap. IV. — La mission de Moïse. P. 77.

Chap. V. — De la législation de Lycurgue et de Solon. P. 110.

Chap. VI. — De l'utilité des mœurs esthétiques. P. 158.

Chap. VII. — Des bornes nécessaires dans l'emploi des belles formes. P. 173.

Chap. VIII. — Pensées sur l'emploi du Commun et du Bas dans les beaux-arts. P. 211.

Chap. IX. — Du Sublime. P. 222.

Chap. X. — Du Pathétique. P. 248.

Chap. XI. — Réflexions sur divers objets esthétiques. P. 280.

Chap. XII. — De l'évaluation esthétique des grandeurs. P. 293.

Chap. XIII. — De la cause du plaisir que nous prenons aux objets tragiques. P. 311.

Chap. XIV. — De l'art tragique. P. 332.

Chap. XV. — Le théâtre considéré comme institution morale. P. 369.

ERRATA.

Page 17, ligne 11. — Enfant de l'anarchie, *lisez* : nourri dans l'anarchie.

— 23, dernière ligne. — N'entrevoit que ce but, *lisez* : plus de but.

— 29, ligne 9 d'en bas. — Dans les dieux, *lisez* : dans ses dieux.

— 29, ligne 10 d'en bas. — Etaient souvent, *lisez* : était souvent.

— 32, ligne 11 d'en haut. — Gallées, *lisez* : Galilées.

— 35, ligne 16 d'en haut. — Non pas seulement, *lisez* : et pas seulement au-delà du Tage et de la Guadiana, *en supprimant le reste de la phrase*.

— 41, ligne 16 d'en haut. — Varier : *supprimez* le point.

— 42, ligne 8 d'en bas. — L'histoire étant indépendante, *lisez* : dépendante.

— 167, ligne 7 d'en haut. — Et par des lois, *lisez* : et non par des lois.

— 183, ligne dernière. — De remplacer, *lisez* : de parfaire.

— 185, ligne 2 d'en haut. — Acquisitions, *lisez* : connaissances.

— 187, ligne 1re d'en haut. — Se mettre, *lisez* : le mettre.

— 188, ligne 10 d'en bas. — Résiste.... à, *lisez* : fournit.

— 205, ligne 14 d'en haut. — La flamme sacrée purifie, *lisez* : sa flamme sacrée consume.

Page 229, ligne 7 d'en bas. — Ne règle pas nécessairement celui de nos sens, *lisez* : ne se règle pas nécessairement d'après celui de nos sens.
— 236, ligne 11 d'en haut. — L'influence, *lisez* : l'affluence.
— 294, ligne 3 d'en bas. — Contenu, *lisez* : continu.
— 302, ligne 11 d'en haut. — Lieu dans, *lisez* : lieu que dans.
— 320, ligne 6 d'en bas. — Révélée, *lisez* : déterminée.
— 341, ligne 12 d'en haut. — Entre, *lisez* : contre.
— 371, ligne avant-dernière. — Tableaux de l'enfer, *lisez* : tableaux du paradis et de l'enfer.
— 375, ligne 11 d'en bas. — Viciée, *lisez* : flétri.
— Id. ligne 9 d'en bas. — Faiblesse, *lisez* : propriété.

www.ingramcontent.com/pod-product-compliance
Lightning Source LLC
Chambersburg PA
CBHW052045230426
43671CB00011B/1788